天津市哲学社会科学规划研究项目
"党史、新中国史、改革开放史、社会主义发展史"研究专项
"新中国成立以来中国农地制度的历史变迁与经验研究"
（项目编号：TJSSZX20–38）

ZHONGGUO TESE NONGDI ZHIDU
SANQUAN FENZHI GAIGE JI SHIXIAN LUJING YANJIU

中国特色农地制度
"三权分置"改革及实现路径研究

袁　云◎著

人民出版社

目　录

序 ·· 1

导　论 ·· 1

第一章　中国特色农地制度"三权分置"改革的依据
与内容 ·· 14

第一节　中国特色农地制度"三权分置"改革的理论依据 ······ 14
一、西方制度变迁和现代产权理论 ·························· 14
二、马克思的土地产权制度理论 ···························· 18
三、中国特色农地产权制度理论 ···························· 28

第二节　中国特色农地制度"三权分置"改革的现实依据 ······ 35
一、适应国内农业现代化和国际农业竞争的现
实需要 ·· 35
二、解决农民弃耕抛荒问题的现实需要 ·················· 37
三、解决承包权与经营权分离的现实与政策及
法理矛盾的客观需要 ························· 38
四、新型农业经营体系下坚守"三条底线"的客
观需要 ·· 40

第三节　中国特色农地制度"三权分置"改革的内容
与特点 ·· 44

一、中国特色农地制度"三权分置"改革的内容 ············ 44

二、中国特色农地制度"三权分置"改革的特点 ············ 55

第二章 新中国成立后中国农地制度的历史演进过程 ········ 61

第一节 从"两权合一"到"两权分离" ················ 61

一、"农民所有,自主经营"土地产权制度的确立
（1949—1953 年） ···························· 61

二、"农民所有,集体经营"土地产权制度的确立
（1954—1956 年） ···························· 62

三、"集体所有,集体经营"土地产权制度的确立
（1957—1978 年） ···························· 64

四、农地产权制度变迁的评介 ···················· 65

第二节 从"两权分离"到"三权分置" ················ 67

一、"两权分离"农地承包政策的形成和发展 ·········· 67

二、"两权分离"农地权利立法的进展 ·············· 70

三、"两权分离"农地制度的评介 ·················· 74

第三节 "三权分置"的确立过程与可行性分析 ·········· 79

一、"三权分置"的确立过程 ···················· 79

二、"三权分置"的现实可行性 ·················· 84

第三章 中国特色农地制度"三权分置"改革的难点
问题与调查分析 ························ 93

第一节 难点一:农村土地承包关系长久不变问题 ········ 94

一、"长久不变"是我国农地承包制度的基本方向 ······ 94

二、"三权分置"下实现土地承包关系长久不变
面临的问题 ·························· 95

三、关于徐庄镇农村土地承包关系长久不变的

调查研究 …………………………………………… 98

第二节　难点二:农村土地流转与农业适度规模经营问题 … 107

一、土地流转是实现农业适度规模经营的重要途径…… 108

二、东营市垦利县通过农地流转实现农业适度

规模经营的调查研究 ……………………………… 109

第三节　难点三:多元主体从事农地经营问题 …………… 121

一、多元主体从事农地经营的基本情况…………… 122

二、东营市垦利县关于新型经营主体从事农地

经营的调查研究 …………………………………… 123

第四节　难点四:农村土地承包经营权抵押问题 ………… 135

一、"三权分置"为解决农地承包经营权抵押困

局提供制度基础 …………………………………… 136

二、设定农地承包经营权抵押的制度障碍 ………… 136

三、枣庄市农村承包土地经营权抵押工作探索

的调查研究 ………………………………………… 138

第四章　中国特色农地制度"三权分置"改革的实现路径 … 147

第一节　中国特色农地制度"三权分置"改革的目标

要求与基本原则 …………………………………… 147

一、中国特色农地制度"三权分置"改革的目标要求 … 147

二、中国特色农地制度"三权分置"改革的基本原则 … 150

第二节　中国特色农地制度"三权分置"改革的具体思路 … 153

一、"三权分置"改革的主线 ……………………… 154

二、"三权分置"改革的基本取向 ………………… 155

三、"三权分置"改革中须把握的重点 …………… 158

第三节　中国特色农地制度"三权分置"改革的对策分析 … 163

一、构建农村土地承包关系长久不变实现机制………… 163

二、建立健全农地承包经营权流转制度……………… 176

三、构建培育新型农业经营主体的政策体系………… 189

四、健全农业适度规模经营发展的政策措施………… 194

五、构建农村承包土地经营权抵押实现机制………… 199

六、完善相关法律制度……………………………… 202

七、农地制度"三权分置"改革的配套措施 ………… 205

结　论 ……………………………………………… 210

参考文献 …………………………………………… 214

后　记 ……………………………………………… 234

序

　　中国土地制度是国家基本性制度,是构成生产关系和一切经济关系的基础,事关"三农"问题的解决和经济社会发展的全局。自有人类社会以来,建立和完善与生产力发展相适应的土地制度,就成为国家政治经济制度变迁的重要内容,并推动着社会的演化与发展。好的土地制度,往往具有稳定与发展的双重功能。土地制度结构的第一层次是所有制,坚持土地集体所有制是中国社会主义基本经济制度的主要组成部分,也是中国农村制度有别于世界其他国家和地区的最为独特的制度安排。换句话说,它是中国特色社会主义里面最"特"的制度安排。这是不能改变的,改革所能做的是探索土地公有制的实现形式。第二层次是权利构成。由于第一层次是锁定的,改革只能在第二个层面寻求突破。新中国成立后,我国土地制度经历了"两权合一"和"两权分离"。当前,面对人地关系和农业经营主体的变化,习近平总书记指出,要在坚持农村土地集体所有的前提下,促使承包权和经营权分离,形成所有权、承包权、经营权三权分置、经营权流转的格局。

　　"三权分置"是马克思土地产权制度理论与中国实际相结合的产物,是积极推进的适合当前中国国情农情的农地产权制度设计。它创新了农村土地产权制度,丰富了农村土地集体所有制的有效实现形式,极大地拓展了马克思主义研究的新领域,是马克思土地产权制度理论新的理论解读,成为马克思主义中国化的重大理论创新。自 2013 年,习近平总书记在湖北考察时明确提出相关议题,经过 2014 年 9 月,在中央全面深化改革领导小组第五次会议上习近平总书记明确提出"三权分置",再到 2020 年 11 月,习近平总书记对新时代推进农村土地制度改革、做好农村承包地管理工作作出重要指示。时至今日,专家学者在新闻媒体、权威报纸、各类期刊上对相关政策文件进行了多角度的全面论证和详细解读。然而,由于中国的土地制度改革一直是一个热门话题,同时又是难以达成共识的议题,社会各界对"三权分置"土地制度改革存在着一些不同的声音,特别是法学界。一种观点认为,"三权分置"改革与我国现行法律相悖,不具备可行性。另一种观点认为,"三权分置"符合法律逻辑,具备必要性和可行性。还有一种观点认为,不能因为现行法律缺乏相关规定或相关规定过于笼统模糊甚至与当前状况相互矛盾而断然否定,而是要深入研究,围绕"三权分置"尽快修改、完善或制定法律。本书的写作初衷就是系统梳理中国农地制度从"两权合一"到"两权分离"再到"三权分置"的演进脉络,总结蕴含其中的内在逻辑,结合近些年的试点先行和实践检验,得出"三权分置"是我国农地产权制度改革的既定选择。作为中国特色现代农地制度的核心内容,我们应该把关注点集中到"三权分置"改革的推进落实上。

本人历时四年完成的这本专著,通过对新中国成立以来我国土地制度变迁的纵深回顾与经验总结,诠释了"三权分置"的科学内涵与基本特征,清晰界定了所有权、承包权、经营权在占有、使用、收益、处分等方面的权能界限及相互关系,力图促进形成"三权"独立行权、相互衔接、大致均衡、同等保护的格局。同时,基于本人连续几年对农村土地制度改革的跟踪调查和长期思考,结合农地制度改革的国际经验,本书对我国农地制度"三权分置"改革的进展与问题进行了较为全面的总结分析。落实"三权分置",需要以整体性视域把握全局,针对现实问题,综合考虑农地产权制度、农地流转制度、农地经营制度、农地管理制度,以及政策扶持、法律法规、社会保障等因素,提出全面系统的具有针对性、可行性和前瞻性的"三权分置"实现路径。

本人以案例调查为基础，通过与山东省枣庄市和东营市农业部门合作，对"三权分置"下现有农村土地承包关系长久不变问题、农地流转与农业适度规模经营问题、多元主体从事农地经营问题、农民承包地经营权抵押问题等进行了实地调研，找出其中的典型经验和不足之处，追本溯源，分析原因所在，并给出具有针对性和可操作性的对策建议，力求为"三权分置"农地制度改革实践顺利展开推进提供方法论指导，同时为党和政府推进农地制度改革实践提供决策参考。这既是本书研究的主要内容和直接目标，也契合党的十九大的精神要旨。

最后，需要说明的是，本书难免存在各种缺点和不足。比如，山东省是农业大省，推行"三权分置"改革较早，枣庄市是首批入选国家农业改革试验区的地区，东营市垦利县是传统农业区，其农业生产经营情况带有普遍性和一般性。但是，由于地域特点、风土人情、经济发展水平等因素影响，对山东省两地的调研不可能涵盖全省乃至全国涉农区县的全部情况。此外，受个人时间和能力所限，对山东省两地的调研不可能包罗万象、面面俱到，只能总结较为典型的经验，找出普遍性的问题。再比如，"三权分置"农地制度改革是一项涉及多个利益主体的综合性改革，实施改革本身难度大，有些问题认识不一，有些问题尚未显露。随着生产力的发展和各地实践的不断推进，各种问题还会不断显现。因此，本书只是"三权分置"农地制度改革研究的阶段性成果，本人将会继续关注，并在持续的关注中不断深化研究。同时，扩大社会调研的范围，以使调研数据更具有广泛性和代表性，进一步深化对这一重大课题的研究，提出更多有价值的成果。

袁 云

2018 年 11 月

导　　论

习近平总书记指出,改革前,我国实行集体所有权和经营权"两权合一"的人民公社制;改革后,我国实行集体所有权和承包经营权"两权分离"的家庭联产承包责任制,它是我国农村改革的重大创新,解决了集体农地产权虚置的问题;现在,实行所有权、承包权和经营权"三权分置"是农村改革的又一大创新①。习近平总书记强调,要在坚持农村土地集体所有的前提下,形成"三权分置"、经营权流转的格局②。党的十八届五中全会进一步提出,要完善"三权分置"办法。党的十九大进一步指出,深化农村土地制度改革,完善承包地"三权分置"制度。深刻理解习近平总书记的重要讲话精神,落实党的十八届五中全会和十九大的部署要求,正确诠释"三权分置"的科学内涵,加快构建"三权分置"的理论体系,积极探索"三权分置"的有效实现路径,是"十三五"时期深化农村改革重大而紧迫的任务。

"三权分置"作为兼具理论性和实践性的新课题,亟须研究者们运用马克思主义立场、观点和方法进行深入思考。以新时代背景为立论依据,以问题意识和创新意识对"三权分置"农地制度改革进行深度研

---

① 韩长赋:《土地"三权分置"是中国农村改革的又一次重大创新》,《光明日报》2016 年 1 月 26 日。

② 《习近平主持召开中央全面深化改革领导小组第五次会议强调　严把改革方案质量关督察关　确保改革改有所进改有所成》,《人民日报》2014 年 9 月 30 日。

究,结合当前农地制度改革的时代语境,深入研究其理论渊源、演进脉络、内在规律、发展现状、现存障碍、实现路径及未来趋势,具有重要的理论研究意义和实践指导价值。

纵观改革开放以来的土地制度改革,如果把党的十一届三中全会后实行的家庭联产承包责任制看作是第一轮土地改革,它实现了"两权分离",那么,自十八届三中全会之后开展的"深化农村土地制度改革",就可作为第二轮土地改革。随后,从 2013 年夏,习近平总书记明确提出"三权分置"相关议题,到 2013 年底以新华社权威解读的形式首发,经过 2014 年中央农村工作会议、2014 年中央一号文件相关论述,2014 年中央全面深化改革领导小组第五次会议上明确提出,特别是 2015 年党的十八届五中全会之后,"三权分置"成为广泛的社会共识[①]。加快构建"三权分置"的理论体系,积极探索实现路径,在农地产权制度、双层经营体制内涵、农业适度规模经营等方面丰富和发展中国特色农地制度改革理论,对深化农地制度改革具有独到的学术价值,体现了中国特色社会主义的理论魅力,为全面建成小康社会和实现中华民族伟大复兴的中国梦提供了"三农"领域新的理论基础。

同时,在国际农业竞争激烈和国内人地矛盾复杂的紧张形势下,农业现代化面临着发展瓶颈。"三权分置"通过新的制度设计,保持现有农地承包关系长久不变以实现农民财产权,促进经营权流转以实现农业适度规模经营,赋予新型经营主体更多的农地权能,加快构建新型农业经营体系,提高土地产出率、劳动生产率和资源利用率,充分发挥市场在资源配置中的决定作用和政府的主导作用,兼顾农民问题和农业问题,为实现中国特色新型农业现代化提供制度保障。

因此,"三权分置"具有极大的理论价值和重要的实践意义。作为

---

① 王立彬:《农村土地"三权分离"概念首发过程亲历》,《中国记者》2015 年第6 期。

当前中国特色农地制度的核心①，"三权分置"仍将是我国未来农地制度改革的方向。农地制度改革对于每个国家而言都至关重要，一直以来都是各国在农业现代化进程中要审慎处理的最基本问题。梳理中外学者对农地制度改革理论与实践的研究成果，将为我们进一步研究中国特色社会主义农业现代化过程中"三权分置"农地制度改革提供理论借鉴和实践经验。

国外大部分国家土地私有，产权清晰，不存在"三权分置"。国外的研究大多集中于土地产权及其交易的影响因素、土地使用效率和对中国农地制度的研究。

米切尔·卡特等首先提出，产权的界定和分配作为土地制度的核心，是影响农业绩效的最重要因素，只有产权界定清晰，才能促进交易，进而提高农业绩效②。一些发展经济学家关注土地制度对农业生产率和农业发展的影响，比如，舒尔茨充分肯定了所有权和经营权合一的家庭农场制和地租的重要功能，认为它们可以极大地提高农地使用效率③。马尔科姆·吉利斯认为，农业生产率受制于土地所有制，土地归农民所有，农民就会提高技术和专心致志，反之，就未必出现这种现象④。还有制度经济学家通过对农业的制度分析，确立了制度创新机制。速水佑次郎、弗农·拉坦认为，导致制度变革的主要源泉是由技术变革引起的不均衡。他们既进一步构建了诱导性制度创新模型，又发展了诱导机制⑤。

---

① 蔡立东、姜楠：《农地三权分置的法实现》，《中国社会科学》2017年第5期。
② 米切尔·卡特等：《土地制度与农业绩效》，转引自洪名勇：《马克思土地产权制度理论研究——兼论中国农地产权制度改革与创新》，人民出版社2011年版，第3页。
③ 参见[美]西奥多·W.舒尔茨：《改造传统农业》，梁小民译，商务印书馆1987年版，第23—60页。
④ [美]马尔科姆·吉利斯：《发展经济学》，转引自洪名勇：《马克思土地产权制度理论研究——兼论中国农地产权制度改革与创新》，人民出版社2011年版，第2页。
⑤ 参见[日]速水佑次郎、[美]弗农·拉坦：《农业发展的国际分析》，郭熙保、张进铭译，中国社会科学出版社2000年版，第130页。

J.B.巴雷尔梳理了中华人民共和国成立以来农地制度在土地改革时期、合作化运动时期、初级社到高级社时期、人民公社化时期和包产到户时期的演变历程，认为获得既有制度下无法获得的利益是制度变迁的根本原因①。美国著名经济学家盖尔·约翰逊一直强调中国政府的政策对农地制度变迁的重要性，提出"政策需要随实际情况的改变而适时调整"②。罗伊·普罗斯特曼等通过对中国17个涉农省份的全面调研，认为土地承包经营权30年不变的政策推动了农户投资和农地流转。他进一步指出，为了避免地方政府侵害农民权益，应当通过立法保障农民对耕地的永久权利③。卢克·埃里克森也指出立法保障农民对耕地永久权利的重要性和可行性，同时，他否定了土地私有化的主张④。而美国学者 Louis Putterman 则认为中国农村集体所有权制度导致土地资源的低效利用，建议将其改为土地私人所有权制度⑤。

国外学者关于农地制度的研究，为本书提供了丰富的资料。根据笔者从国家图书馆和外文网搜索的百余种相关文献资料进行分析，农地制度改革有着内在的发展规律和科学的学理支撑，为本书研究提供了一个直接相关、完整而有价值的研究文本。

但是，国外学者缺乏制度层面系统性研究的缺陷自然地体现在了西方学者对于中国农地制度的研究中。国外学者多采用定量分析方法，更加微观具体地研究某一现象，是大多研究并未深入其中的根本原

---

① J.B.巴雷尔:《中国农村土地管理制度的改革》,转引自洪名勇:《马克思土地产权制度理论研究——兼论中国农地产权制度改革与创新》,人民出版社 2011 年版,第 3 页。

② 参见[美]D.盖尔·约翰逊:《经济发展中的农业、农村、农民问题》,林毅夫、赵耀辉译,商务印书馆 2004 年版,第 36 页。

③ 参见[美]罗伊·普罗斯特曼:《17 省土地调查报告:保障土地所有权,推动农村大发展——中国 17 省调查报告的结论与建议》,2010 年 6 月 12 日,见 http://www.chianreform.net/2010/06/12。

④ [美]卢克·埃里克森:《关于中国农村土地私有化的辩论》,官进胜译,《国外理论动态》2008 年第 8 期。

⑤ Louis Putterman, "The rule of ownership and Property Rights in China's Economic Transition", *China's Quarterly*, No.144(1995) , p.1047.

因。其研究结果必然表现为对现实问题的一种判断，而没有从制度层面加以分析。此外，部分国外学者主张中国农地私有化，认为只有土地私有才能真正实现农业经济的持续发展。他们显然是忽略了中国的国情农情与西方国家截然不同。中国面临人多地少、农业投入大收益小等诸多问题，原有农地制度的问题在当前相对集中的出现，如农业生产率低，但农地依然承担社会保障功能；农业劳动力大量转移，但新型城镇化进程中农民的就业、养老、医疗、教育等公共服务和社会治理方面尚未及时有效跟进等。西方学者在这些因素对中国农地制度的综合影响及其改革路径等方面研究不足，亟待开辟能够驾驭农地制度改革全过程的新的研究视野。

需要说明的是，本书中的农地主要针对的是农用地。国内研究主要集中在政策解读、法律探索、体系效应、实现研究四个方面。

根据我国的历史经验，土地改革一般采取实践先行、政策指导、文件解读、法律兜底的"模式"。"三权分置"农地制度改革也不例外，它在经过了地方实践，国家政策文件给予充分肯定之后，专家学者随之在新闻媒体、权威报纸、各类期刊上对相关政策文件进行多角度的详细解读。叶兴庆从中国农地产权制度历史演进的角度系统梳理了改革开放以来农地所有权与承包经营权分离的制度框架形成过程，指出"三权分离"顺应了改革开放以来农地产权向农地使用权倾斜的大趋势，是适应农业劳动力大量转移、农地流转加快和融资需求扩张的必然选择[①]。藏波、张清勇等认为，关于"三权分置"系列政策文件的出台表明，改革正有序进行，当前已步入国家意志推动的机制设计阶段[②]。郭晓鸣表示，《关于引导农村土地经营权有序流转发展农业适度规模经营的意见》（以下简称《规模经营意见》）确立了农村改革的基本方向，

① 叶兴庆：《从"两权分离"到"三权分离"》，《中国党政干部论坛》2014年第6期。
② 藏波、张清勇、丰雷：《2014年土地科学研究重点进展评述及2015年展望——土地市场和土地制度分报告》，《中国土地科学》2015年第2期。

是对农村改革的定调,否定了某些专家主张的私有化方向,为今后土地流转过程中更多的制度创新提供了空间,同时提出了"工商资本进入农村土地经营是一个不可逆转的发展趋势""在新的经济基础上重构集体经济组织"等观点①。农业部部长韩长赋认为,农村土地承包权与经营权分离条件基本成熟②,从"两权分离"过渡到"三权分置"是巨大的政策飞跃,它适应了中国工业化、城镇化的需要,维护了农民的合法权益,推动了农业现代化的实现③。王曙光指出,《规模经营意见》中土地流转的政策话语由以往地方的"推进""加快推进"转变为顶层设计的"引导",而且坚持了党的十八届三中全会肯定农村土地金融权能的政策,进一步打开了农地金融创新的空间④。张红宇认为,"三权分置"解决了"谁来种地"和"怎么种地"的问题,使新的经营主体不断的产生和发育有了坚实的基础,确保了国家农产品有效供给和粮食安全。同时指出,在"三权分离"制度框架下亟须解决土地承包关系长久不变、进城农民土地退与留等现实土地问题⑤。刘守英认为,"三权分置"改革是对我国变革环境下人地关系和经营主体变化的回应,亟须在理论、政策和法律层面研究,同时必须深化集体所有制改革,解决农村发展的制度困境⑥。

"三权分置"涉及法律的制定和修改。目前,法律界对"三权分置"众说不一。一种观点认为,"三权分置"改革与我国现行法律相悖,不

① 郭晓鸣:《习近平定调土地制度改革,明确三权分置》,《第一财经日报》2014 年9 月 30 日。

② 农业部部长:《农村土地承包权经营权分离条件基本成熟》,2014 年 10 月 17日,见 http://finance.chinanews.com/cj/2014/10-17/6691864.shtml。

③ 韩长赋:《土地"三权分置"是中国农村改革的又一次重大创新》,《光明日报》2016 年 1 月 26 日。

④ 王曙光:《农地改革打开金融创新的空间》,《中国农村金融》2015 年第 7 期。

⑤ 张红宇:《三权分离、多元经营与制度创新——我国农地制度创新的一个基本框架与现实关注》,《南方农业》2014 年第 2 期。

⑥ 刘守英:《农村集体所有制与三权分离改革》,《中国乡村发现》2014 年第 3 期。

具备可行性。丁关良从法理角度分析"三权",得出农村集体土地产权"三权分离"是违背法理不科学的理论①。陈小君甚至指出,"三权分离"的农地产权结构在法律上行不通,这种安排违背一物一权原则,是立法技术的倒退②。申惠文指出,从法学的角度看,所有权是法律概念,而承包权和经营权不是法律术语,因此,"三权分置"存在明显的逻辑悖论③。另一种观点认为,"三权分置"符合法律逻辑,具备必要性和可行性。丁文认为,土地承包权与土地承包经营权应当分离。他进一步提出分离的途径,既要形成权利分置的理论共识,又要重视土地承包权和土地承包经营权权利分置的制度构建④。当前,应当界定"三权"的权能。孙中华认为,集体所有权的权能包括发包权、调整权、使用监督权、流转管理权、收回权、收益权和补偿权⑤。叶兴庆认为,对于集体所有权既不能过分夸大权能,也不能过分淡化虚化,着重发挥集体所有权在占有、处分方面的权能,发挥集体所有权在土地撂荒方面的监督作用、在建设基础设施方面的组织作用、在平整改良土地方面的主导作用、在促进土地规模经营方面的桥梁作用⑥。高远至指出,"三权分置"后承包权应体现在财产收益权、财产补偿权和继承权等方面⑦。赵鲲指出,经营权的核心权能是种植决策权、田间管理权和产品处置权⑧。

---

①　丁关良:《农村集体土地产权"三权分离"论驳析》,《山东农业大学学报(社会科学版)》2009 年第 4 期。

②　陈小君:《我国农村土地法律制度变革的思路与框架》,《法学研究》2014 年第 4 期。

③　申惠文:《农地三权分离改革的法学反思与批判》,《河北法学》2015 年第 4 期。

④　丁文:《论土地承包权与土地承包经营权的分离》,《中国法学》2015 年第 3 期。

⑤　孙中华:《关于农村土地"三权分置"有关政策法律性问题的思考》,《农业部管理干部学院学报》2015 年第 3 期。

⑥　叶兴庆:《集体所有制下农用地的产权重构》,《毛泽东邓小平理论研究》2015 年第 2 期。

⑦　高远至:《三权分离:农地产权新路径渐清晰》,《半月谈》2014 年第 3 期。

⑧　赵鲲:《共享土地经营权:农业规模经营的有效实现形式》,《农业经济问题》2016 年第 8 期。

吴兴国则分别指出承包权和经营权的特点及权能:承包权是成员权、财产权、既得权,主体是农户,主要权能是收益权和处分权,承包人对土地间接占有;经营权是以土地承包经营权为存在基础的派生权利,本权是债权,主体具有复杂性,权属证明是经营权证,经营权人享有有限处分权①。还有一种观点认为,不能因为现行法律缺乏相关规定或相关规定过于笼统模糊甚至与当前状况相互矛盾而断然否定,而是要深入研究,围绕"三权分置"尽快修改、完善或制定法律。潘俊指出了现行法律框架下土地承包经营权的流转方式并非都是承包权和经营权分离的可选路径,只有抵押、入股、信托等是实现承包权和经营权分离的最佳选择②。楼建波运用功能主义分析路径力图调和法学界和经济学界关于"三权分置"的对立状态③。蔡立东、姜楠认为,应当进一步促进农地三权分置政策向可运作的法律实现机制转化④。

目前,"三权分置"的研究还涉及其体系效应研究。蔡立东、姜楠认为,"三权分置"可以通过设定独立的经营权的方式实现农地使用权的物权化流转,对于债权流转模式(出租、转包、代耕等)无需制度化、法定化,可以通过合同机制加以调整⑤。孟勤国认为,"现行法律考虑到土地承包经营权的社会保障功能,要严格限制其抵押,否则将危及社会稳定"⑥。而温世扬认为,土地承包经营权可以抵押,实现承包经

①　吴兴国:《承包权与经营权分离框架下债权性流转经营权人权益保护研究》,《江淮论坛》2014年第5期。

②　潘俊:《农村土地承包权和经营权分离的实现路径》,《南京农业大学学报(社会科学版)》2015年第4期。

③　楼建波:《农户承包经营的农地流转的三权分置——一个功能主义的分析路径》,《南开学报(哲学社会科学版)》2016年第4期。

④　蔡立东、姜楠:《农地三权分置的法实现》,《中国社会科学》2017年第5期。

⑤　蔡立东、姜楠:《承包权与经营权分置的法构造》,《法学研究》2015年第3期。

⑥　孟勤国:《中国农村土地流转问题研究》,法律出版社2009年版,第65页。

权为农民提供融资渠道的主要功能①。陈锡文将承包经营权抵押的客体解释为:允许抵押的仅是经营权而非承包权②。房绍坤认为,"三权分置"使抵押权的客体只能是经营权,土地承包关系长久不变。他认为,抵押标的物是经营权,不涉及地上农作物;抵押人只能是农户而不是农户内的家庭成员,抵押权人只能是经主管部门批准并取得资质的金融机构;土地承包经营权抵押贷款只能用于农业生产经营;抵押时无需征得发包方同意,但仍需将抵押合同向发包方备案,备案之后采取登记生效主义,抵押当事人应当到主管部门办理登记手续,否则,抵押权不成立;抵押权的实现只能采取拍卖、变卖的方式,不能采取折价方式,如果以拍卖、变卖方式实现抵押权时,出现无人受让经营权的状况则实行强制管理的抵押权实现方式③。孙中华指出,在承包地的抵押权能设置上,承包农户的承包经营权抵押属于法定的用益物权,政策与法律上相一致,而经营者的土地经营权抵押作为债权,政策上赋予的抵押权能与现行法律冲突,不宜简单允许承租人以土地经营权向金融机构申请抵押贷款,可允许承租人采取土地经营收益评估贷款、经营者信用贷款等方式④。黄静指出,农村土地权利"三权分置"下,家庭承包的土地经营权与"四荒地"承包经营权在国家政策的意图、土地经营权分离的法理逻辑和稳定家庭为基础的土地承包法律关系上的不同决定了规范新的农地财产权利法律关系,目前难以整合两种不同承包方式之间的关系,因而,不能在土地经营权上构建一体的抵押担保法律制度⑤。汪洋认为,土地承包经营权具有明显的社会保障性和成员身份性,不具有

---

① 温世扬:《农地流转:困境与出路》,《法商研究》2014年第2期。
② 陈锡文:《农村土地制度改革,底线不能突破》,《人民日报》2013年12月5日。
③ 房绍坤:《论土地承包经营权抵押的制度构建》,《法学家》2014年第2期。
④ 孙中华:《关于农村土地"三权分置"有关政策法律性问题的思考》,《农业部管理干部学院学报》2015年第3期。
⑤ 黄静:《"三权分置"下农村土地承包经营权流转规范问题研究》,《河南财经政法大学学报》2015年第4期。

可继承性①。刘凯湘则认为,以家庭承包方式设定的土地承包经营权具有可继承性,并对其进行了专业解读②。蔡立东、姜楠认为,实行"三权分置"后,经营权取得主体摆脱了身份限制,经营权可以作为继承权的客体。因此,承包权与经营权分置有效克服了土地使用权继承特别是遗嘱继承的制度障碍③。

现有文献对"三权分置"的研究还体现在其实现研究上,学者指出"三权分置"改革面临实现困境,困境多集中于法律层面和经济风险层面。申惠文认为,农地产权"三权分置"的经济产权性质不同于法律产权,其法理意义有待考量④;骆传刚等认为,相关法律滞后于"三权分置"农地制度改革,使得改革实施过程中遇到多重困难⑤。叶兴庆提出防范"地租侵蚀利润"、农业补贴政策激励效应减退和陷入"流转僵局"⑥;马凤娟等强调要警惕"三权分置"农地产权的利益分割、产权资本化等可能引致的经济风险⑦。

应该说,国内学者对"三权分置"的研究经历了不断探索、不断深化的过程。目前,学术界对于农地制度"三权分置"改革的研究已经形成了一批有价值的学术成果,比如,"三权"的权能界定、法律论证和实现研究等,为今后作进一步的研究提供了可供参考的文本,扩展了学术空间。但是,因中央正式提出"三权分置"的时间短,截止到目前,对

---

① 汪洋:《土地承包经营权继承问题研究——对现行规范的法构造阐释与法政策考量》,《清华法学》2014年第4期。

② 刘凯湘:《论农村土地承包经营权的可继承性》,《北方法学》2014年第2期。

③ 蔡立东、姜楠:《承包权与经营权分置的法构造》,《法学研究》2015年第3期。

④ 申惠文:《农地三权分离改革的法学反思与批判》,《河北法学》2015年第4期。

⑤ 骆传刚、周贵义、刘畅:《破解三权分置法律瓶颈助推土地经营权融资》,《黑龙江金融》2015年第2期。

⑥ 叶兴庆:《集体所有制下农用地的产权重构》,《毛泽东邓小平理论研究》2015年第2期。

⑦ 马凤娟、赵红霞、孙秀芳:《对我国农地产权"三权分离"相关问题的思考》,《农业经济》2015年第1期。

"三权分置"的研究还存在不足和薄弱之处,主要表现为:

其一,"三权分置"的理论支撑有待进一步挖掘。

当前,关于"三权分置"的研究成果大多集中于政策解读、法律争辩和具体落实,缺乏理论体系的构建。目前,涉及理论依据的仅有3篇,从马克思主义中国化角度对"三权分置"进行理论分析的论文尚未发现,致使所提出的政策建议或具体措施缺乏系统的理论支撑。

其二,当前研究缺乏整体性、系统性和协同性。

作为农地制度改革的指导思想,"三权分置"被明确提出的时间短。目前,学界有的集中于政策层面的解读,有的仅仅提出问题但未作出回答,有的只从单一学科领域研究,有的过分关注于某一地区实践中出现的暂时困境而否定"三权分置"。总之,由于目标和角度的差异等导致政策措施容易陷入局部的或表面化甚至相互矛盾的"怪圈",这是当前研究面临的一大问题。

"三权分置"农地制度改革本身是一项涉及面广泛的综合性工程,而且涉及的问题之间关联度高。比如,农民的农地承包经营权退出,既是一个经济要素的流动问题,更是农民的社会心理问题(惜地、恋地情结等);推动土地流转,既要构建农地产权主体的"退出机制",又要形成能者种地、能者种粮的"进入机制";"三权分置"改革既要解决农民问题,保护农民权益,又要解决农业问题,实现农业现代化,保证国家粮食安全,提高农业国际竞争力;"三权分置"改革还要兼顾国家、集体和个人的利益,构建相容性的制度安排;等等。因此,对"三权分置"改革的研究应当坚持全面、务实、客观的态度,把握整体性、系统性和协调性,尊重历史传统和当前现实,寻找科学、有效的实现路径,坚决反对任何片面、激进的方案。

其三,当前研究思维导向较为单一。

当前,"三权分置"研究的学科视角不断丰富,但是理论界包括经济学界、社会学界、法学界的研究大多囿于较为明显的就农地论农地、就农地制度论农地制度的思维导向,以至于在研究"三权分置"时,其视野和思路受到了较大的局限,缺乏联系和发展的眼光与方法,未能摆脱单一思维的桎梏,未能将"三权分置"置于国际国内大战略大背景下来研究当前农地制度改革。当然,这也是笔者在进行中国特色农地制度"三权分置"改革研究时重点挖掘和力图解决的问题。

本书以马克思主义唯物史观为指导,以新的发展理念为引领,聚焦当前农地制度的主要矛盾和突出问题,进行整体性、针对性和前瞻性研究,以"改革依据—历史梳理—现状分析—厘清问题—对策建议"为线索,基于理论与实际相结合、历史与现实相结合、国内与国外相结合对"三权分置"进行分析研究。具体研究思路如下:

导论部分着重论述了选题意义和研究思路,系统梳理"三权分置"的国内外研究现状,为进一步论证"三权分置"奠定基础。

第一章侧重于"三权分置"的依据与内容。基于理论和现实的考量,"三权分置"成为当前我国农地制度改革的必然选择。深入阐述"三权分置"是马克思土地产权制度理论和中国特色农地产权制度理论在新形势下的继承和发展,是对我国结构变革环境下人地关系新变化的回应,具有丰富的内涵并呈现出自身鲜明的特点。

第二章侧重于农地制度的历史分析。系统梳理新中国成立以来我国农地制度从"两权合一"到"两权分离"再到"三权分置"的演进过程,深入分析农地制度的阶段特征和主要内容,从中国农地制度的演进脉络和复杂的表象中揭示农地制度变迁的必然规律和内在逻辑,深度研究"三权分置"的历史必然性。

第三章侧重于难点问题与调查分析。理论创新和制度创新的目的在于指导实践。通过实地调研,分析落实"三权分置"的难点问题及其深层原因,力图为进一步推进改革提出建设性的观点和切实可行的思路设计。

第四章侧重于对策分析。"三权分置"已上升至政策层面、理论层面和制度层面,贯彻落实中央精神,明确目标,坚持原则,抓住主线,结合实地调研情况,有针对性地深入探讨"三权分置"的具体实现路径,最终为解决"三农"问题和全面建成小康社会提供重要支撑和助推力。

结语部分从整体角度对全文进行总结,对现有研究的不足之处进行反思,以动态的视角展望"三权分置"的前景趋势。

第一章　中国特色农地制度"三权分置"
　　　　　改革的依据与内容

　　"三权分置"是一个崭新的时代命题,是适应我国当前国情农情的中国特色农地产权结构设计和产权制度创新,但它的存在和发展却具有深厚的理论根基。马克思的土地产权制度理论和中国特色农地产权制度理论为其提供了主要理论渊源。在全面建成小康社会的攻坚期,深入分析"三权分置"农地制度改革的理论依据,对于拓展中国特色农地制度改革的研究向度,推动"三权分置"改革具有重要的理论和实践指导价值。

第一节　中国特色农地制度"三权分置"
　　　　　改革的理论依据

一、西方制度变迁和现代产权理论

(一) 制度变迁的一般理论

　　制度对经济发展发挥着至关重要的作用。对于什么是"制度",学者们可谓仁者见仁,智者见智,他们提出了各种关于"制度"的独到见解,但目前尚没有一个统一的定义。归结起来,制度具有以下特征:其一,制度是人与人之间结成的社会关系的总和,在不同的历史阶段,人与人结成的复杂的社会关系促成了相应的制度产生。其二,制度是能够使个人在人们的相互交往中形成合理预期的社会规则、守法程序和道德伦理规范,这些社会规则、守法程序和道德伦理规范可以促使人们和睦相处。其三,制度的存在最终是为了约束人们的机会主义行为。

制度分为正式制度和非正式制度,两者相互区别又彼此联系。其中,正式制度是指权力机构制定的、强加于社会的行为规则,其具体形式包括宪法、法律、法规、政策等界定的制度,具有强制性。正式制度为非正式制度提供强有力的保障。而非正式制度是指社会意识形态和人们社会观念的集合,是支配人们行为的非强制性准则,包括村规民约等。非正式制度虽然不是通过正式形式确认的行为规范,但它是长期以来价值观念和行为方式的积淀,在经济行为中往往发挥重要作用。非正式制度为正式制度提供厚重的基础。在正式制度和非正式制度的运行中,两者的协调和配合是至关重要的①。

制度变迁可以理解为一种效益更高的制度取代原有制度的过程,一般也被称为制度创新,包括权利界限的重新界定和制度的创立等。其中,经济当事人原有权利的重新界定是制度变迁的核心问题,通过权利的再界定实现自身效用最大化则是经济当事人在制度变迁中的最终目标。制度变迁源于制度需求,如果在原有的制度安排中,经济当事人显然已经无法获得更多利益,而只要改变制度,就能获得原有制度下无法获得的额外利润,这时,经济当事人就会产生获取高于预期成本的预期利益的需求,新的制度安排就有可能产生。制度供给是对制度需求的回应,是为了规范人们的行为而提供的法律、经济或伦理的准则,它受制于现有制度安排、决策者能力、宪法秩序和道德规范等。当制度供给和制度需求相吻合的时候,我们称之为制度均衡。但是,任何一项制

---

① 邹秀清:《中国农地产权制度与农民土地权益保护》,江西人民出版社 2008 年版,第 5 页。

度不可能永恒不变地适应所有的环境情况,社会经济环境发生变化,经济当事人产生制度变迁的需求,初始均衡被打破,制度变迁的供给产生,旧制度或自我扬弃,或自我创新。当新制度的边际收益与旧制度的边际成本相等时,达到新的制度均衡。因此,制度变迁不断经历从制度的初始均衡到不均衡再到均衡的运动过程。

(二) 强制性制度变迁和诱致性制度变迁理论

制度变迁分为强制性制度变迁和诱致性制度变迁两种方式。两种变迁方式各有利弊,同时又相互影响、相互转换。诱致性制度变迁具有自发性和渐进性,是自下而上的改革,改革的主体来自基层。诱致性制度变迁会极大程度地发挥个人选择和民间力量的推动作用,但是容易出现外部效应、寻租和经济主体获利后制度变迁的供给动力不足等问题,以致影响制度变迁的持续进行。强制性制度变迁,可能是渐进式的,也可能是激进式的,它是自上而下的改革,由政府担任制度变迁的主体,通过政府命令和法律得以实现。强制性制度变迁的特点是可以节约成本,并能在较短时间内触及核心制度和配套制度,但同时也存在官僚主义、集团利益冲突和意识形态刚性等问题。制度变迁是一个长期的演变过程,一般情况下,要根据社会经济发展水平和经济当事人的习俗、道德规范认知水平等综合因素,通过诱致性制度变迁和强制性制度变迁的相互转换,不断实现经济当事人的利益最大化。

(三) 路径依赖理论

20 世纪 90 年代,制度变迁理论中引入了路径依赖概念,并且逐渐构建了分析制度变迁路径依赖的理论框架。制度变迁中的路径依赖理论回答了"各国经济演进模式的决定因素"和"绩效差的经济何以长期存在"两大理论问题,进而解释了历史上不同国家的发展差异问题。在制度变迁中,路径依赖是一种"锁定"状态,制度变迁一旦走上某个路径,就会在惯性支配下自我强化,并且按既定方向进入"锁定"路径,这个路径可能使制度更加优化,也可能使之进入无效率的状态。换句话说,路径依赖对制度变迁具有极强的制约作用,如果路径选择正确,制度变迁就会沿着预定方向,实现资源的收益最大化;如果路径选择不正确,制度变迁就不能带来收益递增,极易出现特权阶层、社会不公和秩序混乱,这种"锁定"状态将很难摆脱,许多发展中国家在这方面教训深刻。同时,路径依赖是一种过程,它将收益递增机制纳入分析框架,追求对历史变迁动态过程的理解,强调初始条件和过去的制度包括正式制度和非正式制度对现在的影响,有助于更加深入地阐释制度的涌现、持续和变革等问题。

(四) 现代产权理论

诺思将产权理论与制度变迁结合起来。产权是社会经济制度的重要组成部分,产权制度的变化必然遵循一般的制度变迁规律,即从均衡到不均衡再到均衡的过程。只有明确界定产权才能降低交易费用,减少交易中的不确定性和机会主义行为,提高资源的配置效率。西方产权理论是建立在个体"经济人"基础之上的,将产权看作规定人们之间利益交换关系的制度,强调产权对经济效率和资源配置的意义,认为产权结构通过创造有效率的市场和推动技术进步,进而推动制度变迁。需要说明的是,制度变迁讨论的着力点在于资本主义私有产权制度前提下经济生活的各种具体制度的变迁问题。

西方土地产权制度变迁理论是建立在产权制度变迁的基础理论之上的,主要内容包括土地产权由国家界定和实施;人口增加使得土地的相对稀缺性更加严重,土地相对价格发生变化,建立排他性产权的压力增大;面对强大利益集团的影响和弱小势力集团的威胁,国家在确立土地产权制度时往往综合权衡两个因素,并借助为产权提供有效法律保护的方式,将土地产权的权利束作为自变量进入决策者的效用函数,决策者根据效用最大化原则作出相应的制度选择,从而促进土地资源的优化配置。

二、马克思的土地产权制度理论

马克思的土地产权制度理论是科学的理论体系,同时也是指导我国进行"三权分置"农地产权制度改革的理论基础。它是关于未来社会,也就是资本主义社会之后社会主义社会实行单一的建立在生产资料公有制基础上全民所有的产权理论,其核心是生产资料归属问题,即生产资料所有制决定产权的走向。这一理论体系既包括土地产权权能理论、土地产权制度变迁理论、土地习俗制度理论、土地产权制度多样性理论和土地产权配置市场化理论等内容,还包括研究理论本身运用的科学方法。本节通过对蕴藏于马克思经典著作中的土地产权制度理论进行挖掘整理,使之形成一个科学的理论体系,力图为中国当前"三权分置"改革提供充分必要的理论镜鉴。

(一) 马克思产权制度理论的分析方法

产权制度是土地制度的基础,西方产权制度理论从个体"经济人"出发,所谓的法权、交易、自然权利都是为了维持这个基本出发点而存在。与西方产权制度理论不同,马克思产权制度理论坚持历史唯物主义的指导,运用宏观整体历史考察的方法,从人类历史以及未来道路的客观角度看待经济变迁。历史唯物主义是关于人类社会发展一般规律的科学,马克思深刻揭示了生产力与生产关系、经济基础与上层建筑之间的辩证关系,为我们正确认识人类社会及其规律提供了科学的指导原则。马克思的制度分析正是在历史唯物主义指导下进行的,它通过分析生产力和生产关系、经济基础和上层建筑之间的辩证关系,阐释了制度变迁的根本动力、演进规律和内在逻辑,并在此基础上构建了完整的制度理论。马克思的制度分析与西方经济学的根本不同之处就在于它以历史唯物主义为指导、以唯物辩证法为根本方法论的。正如林岗所说,西方产权理论及其制度变迁理论与马克思主义,从方法论上看是有极大区别的,可以总结为个体方法与整体方法、法权关系与经济关

系、交易关系与生产关系、自然权利与历史权利之间的区别①。马克思
研究产权制度及其制度变迁理论的具体方法可归结为本质分析法、动
态分析法及整体主义和个体主义结合分析法。

1. 本质分析法形成理论分析的基本层面

唯物辩证法是唯物论、辩证法和认识论的统一,它分为客观辩证法
和主观辩证法。其中,透过千差万别的现象把握事物的本质是认识的
主观辩证法,它主要通过归纳推理,再经过演绎推理,最终揭示掩盖于
现象背后的本质。马克思的制度分析理论正是通过剖析资本主义经济
运行现象,演绎资本主义经济制度的内在本质和变化趋势,进而揭示深
层次的人类社会整体制度发展变化的规律。不难看出,这一研究绝不
是停留在解决经济运行中的具体问题,而是上升到本质层次的研究,我
们称之为本质分析法。本质分析法在马克思制度理论中的运用具体表
现在制度变迁的根本动力、制度结构的本质联系和制度创新的实质上。

首先,马克思认为,制度变革的根本动力是生产力的发展。他是从
生产力与生产关系、经济基础与上层建筑的辩证关系中得出的这一结
论。从马克思关于生产力与生产关系、经济基础与上层建筑的经典论
述中,可以看出,生产力是不断发展的,当它发展到一定阶段,相对稳定
的生产关系就变得不能与之相适应,这时,就产生了生产关系变迁的动
力。同时,马克思也强调了适应生产力发展的生产关系或经济制度对
生产力的促进作用,但是,制度变迁的根本动力是生产力的发展。马克
思认为生产力中包含科技,因此,他把生产技术引入,进一步分析了生
产力推动制度变迁的具体机理,即生产技术进步——生产技术组织形
式改进——生产关系变化——上层建筑变化。

其次,在马克思的制度结构分析中,各个制度之间是相对独立又相

---

① 转引自石莹等:《马克思主义与中国农村土地制度变迁》,经济科学出版社 2002
年版,第 110 页。

互联系的。生产力与生产关系、经济基础与上层建筑的矛盾运动规定了社会基本结构的性质和联系,囊括了社会基本结构的主要方面。社会基本结构包括经济结构、政治结构和观念结构,经济结构主要指经济制度,政治结构主要指政治法律制度及设施和政治组织,观念结构主要指社会意识形态。马克思的制度结构严谨、系统,不仅深入细致地规定了各项制度的内涵,而且深度分析了制度之间的辩证关系。与此相比,目前新制度经济学的制度分析结构,尚不能构成一个严密完整的体系。比如,"斯诺意识到了各项制度包括正式制度和非正式制度对经济增长的作用,但他对各项制度的分析尚处于表面,因而,注定无法解释制度结构的本质联系"①。

最后,马克思认为制度分析的实质是为了实现人的自由而全面的发展。马克思没有停留在促进经济增长的层面,而是通过剖析资本雇佣劳动的现象揭示了资本主义生产关系的本质,得出制度分析的实质是变革旧的生产关系,使之适应生产力的发展,最终实现人的自由而全面的发展。

马克思的本质分析法对于我国的改革具有重要指导意义。中国改革正是在马克思的本质分析法指导下进行的。实践证明,40年来,我们取得了举世瞩目的成就。它使我们对改革的实质、方向和目的时刻保持清醒的认识,从而使改革能够一直沿着正确的道路不断前行。改革就是要调整生产力与生产关系、经济基础与上层建筑不相适应的方面和环节,从而促进生产力的发展和各项事业的进步。我们的改革是全面的改革,包括经济、政治和法律等各个方面,我们的改革成果最终体现在劳动者的利益是不是得到保障,体现在老百姓满意不满意上。全面深化改革背景下,我们进行的"三权分置"农地制度改革亦是适应

---

① 霍炜、汪彤、宋文玉:《论马克思主义的制度分析方法》,《中共中央党校学报》2006年第5期。

当前生产力发展水平和新形势的发展需要进行的一项涉及经济、法律、社会等各方面的综合改革,需要对原有制度安排中已不适应新情况的内容进行调整完善,同时,抓住改革的正确方向和目标要求,切实维护农民的利益,从而推动改革顺利有序前行。

2. 动态分析法演绎制度变迁的过程

如前所述,马克思在制度分析中认为各项制度是相互联系的。同时,各项制度又是动态变化的。任何一种制度建立后,都会随着生产力与生产关系、经济基础与上层建筑的矛盾运动而发生变化,经历由均衡到不均衡再到均衡的发展过程。制度的变迁体现了合规律性与合目的性的统一,首先,它是一个自然历史过程,必须要遵循其中的规律;其次,社会是可以被认识的,并按照人的目的进行改造的。

此外,马克思的分析方法是对社会基本制度的宏观剖析和动态分析。马克思利用批判性的眼光看待制度变迁,认为任何一种制度总会被更高一级的制度取代,而新制度经济学则是在坚持现有制度存在合理性的前提下,调整的是存在其中的具体制度①。由此可见,马克思制度分析的动态分析方法是更科学的方法论。

实践从未停止过,中国农地制度改革的不断实践推动着农地制度创新理论的产生,马克思的动态分析法为当前"三权分置"改革理论提供了重要的方法。在推进改革的过程中,一定要根据国情农情和实践变化的需要,进行与时俱进的、具有前瞻性的制度设计。

3. 整体主义和个体主义结合分析法贯穿制度分析的始终

制度的创立和变迁始终围绕着"人"的发展,因此,马克思特别强调整体主义和个体主义结合分析法在制度分析中的作用。具体说来,整体主义和个体主义结合分析法主要体现在制度创新的主体、制度变

① 霍炜、汪彤、宋文玉:《论马克思主义的制度分析方法》,《中共中央党校学报》2006 年第 5 期。

迁的过程和制度的价值评判上。

首先,马克思认为,实现人的自由而全面的发展是其追求的根本价值目标,国家和阶级只不过是"人"在不同时期实现个体特定目的和特定意图的工具。但是,马克思提到的"人",完全不同于西方经济学中的"经济人",而是"处在现实的、可以通过经验观察到的、在一定条件下进行的发展过程中的人"①。这种现实的人,是基于自身需要和社会需要而从事一定实践活动的、处于一定社会关系中、具有能动性的人,是客观社会性和主观能动性的统一体。人总是处于既定的历史条件下,其经济行为要受到生产力和生产关系的制约;同时,人也具有利用和改造制度的主观能动性,主要表现在对制度的创新上。因此,生产力与生产关系、经济基础与上层建筑的矛盾运动并不是自发产生的,而是体现在一定的主体的活动之中,这个主体指的就是生产力中最活跃和最革命的因素——人。由此可见,人是制度创新的真正主体。

其次,马克思认为,个人与社会是统一的,社会制度的变迁也是为了满足个人的特定要求。在不同阶段,个人发展的要求是截然不同的:自然经济、商品经济和商品经济充分发展的阶段,分别对应着人的依赖关系、物的依赖关系和人的自由而全面的发展。在马克思看来,人的自由而全面的发展才是共产主义社会追求的终极目标,当然也是制度变迁的最终目标。

最后,马克思认为,是否有利于人的发展是对制度优劣的评判标准。这种评判标准实际上回答了公平和效率的关系,效率固然重要,马克思曾对劳动生产率做过很多经典的描述,但从人的发展来看,制度的公平要先于制度的效率。因此,"有利于维护人的利益、有利于提高人的积极性、有利于促进人的发展"才是制度变迁的正确方向。

当前,我国处于全面建成小康社会的攻坚期,效率与公平是经济社

---

① 《马克思恩格斯文集》第 1 卷,人民出版社 2009 年版,第 525 页。

会发展必须关注的问题,当然也是农地制度改革必须兼顾的问题。在农地制度改革中正确处理效率与公平的关系,核心在于农地产权的制度化配置,而"三权分置"正是在坚持马克思整体主义和个体主义结合分析法的指导下对农地的产权重构和产权设计,既要提高土地产出率、劳动生产率和资源利用率,促进农业的规模化现代化,又要切实维护农户的合法权益,实现集体、农户、经营主体三方对土地权利的共享。

(二)马克思土地产权制度理论的主要内容

1. 产权的规定与本质

西方经济学家认为产权是自然永恒的,对产权的产生和本质尚缺乏深度研究。因为他们对生产关系问题避而不谈,忽略了经济学上的生产关系和法学上的产权之间的本质联系。只有马克思最早提出,产权是生产关系的法律表现,从而把握了产权的本质[1]。

马克思认为,所有制是生产关系的核心,它决定着人们在生产过程中形成的关系以及交换和分配关系,体现着人们在生产资料方面形成的经济关系。产权则是基于生产资料所有制而产生、在经济生活中形成的人与人之间的权利关系。所有制是产权的基础,产权是所有制的表现形式,包括所有权、占有权、使用权、收益权、处分权、继承权、抵押权等各种权利。

在马克思看来,产权在市场经济中具有举足轻重的作用,是市场经济得以有效运行的基本前提。清晰的产权还可以在市场经济中发挥激励功能、约束功能和保障功能。认识到这些对于我们构建市场经济条件下的产权制度理论和正在进行的产权制度改革具有重要意义。

2. 土地产权权能理论

土地产权权能理论是马克思土地产权理论体系的基础。马克思虽

---

[1]　吴易风:《马克思的产权理论与国有企业产权改革》,《中国社会科学》1995 年第 1 期。

未明确提出"土地产权"这一范畴,但对土地产权进行了重要的相关论述。将这些论述综合起来,马克思认为,土地产权是可以分解的,主要是指"由终极所有权及所有权衍生出来的占有权、使用权、处分权、收益权、继承权、抵押权等权能组成的权利束"①。马克思认为,土地终极所有权是土地产权权能的核心,具有极强的排他性,其产生的前提是:"一些人垄断一定量的土地,把它当做排斥其他一切人的、只服从自己私人意志的领域。"②土地所有权借以实现的经济形式就是地租,如果进行进一步的引申,在资本主义地租关系下,土地所有权与经营权分离,土地所有权拥有者凭借所有权索取地租,而农业资本家凭借经营权取得平均利润。所有权是其他各项产权权能形成的基础,对其他各项权能的性质和行使状况发挥重要作用。土地占有权是经济主体实际掌握、控制土地的权利③。土地占有权是随着生产力水平的提高和社会组织的发展状况而出现的,纵观古代历史,土地占有权在不同时期经历了部落共有、氏族占有份地到个人所有三个阶段④。土地使用权是土地产权中最重要的权能之一,指土地使用者实际利用土地的权利。在《马克思古代社会史笔记》中,马克思分析了由于殖民主义的入侵,土地占有主体与土地使用主体由"合二为一"到"相互分离"的过程。土地处分权是土地所有权运行的表现形式,主要指土地所有者在事实上或法律上决定如何处分土地的权利。土地收益权是指土地产权主体从占有、使用、处分中获得经济利益的权利。如租地农场主凭借占有权和使用权获得利润的权利。马克思还具体分析了孟加拉具备法律继承关系的家庭成员通过转让、抵押等形式共同获得土地收益的实例⑤。在

---

① 洪名勇:《马克思土地产权制度理论研究——兼论中国农地产权制度改革与创新》,人民出版社 2011 年版,第 76 页。

② 《马克思恩格斯文集》第 7 卷,人民出版社 2009 年版,第 695 页。

③ 洪名勇:《论马克思的土地产权理论》,《经济学家》1998 年第 1 期。

④ 《马克思古代社会史笔记》,人民出版社 1996 年版,第 185 页。

⑤ 《马克思古代社会史笔记》,人民出版社 1996 年版,第 388 页。

《马克思古代社会史笔记》中,马克思特别分析了继承权。随着生产力的不断发展,私有财产和家庭出现,家庭与土地联系在一起,于是土地继承问题产生并变得越来越迫切,继而关于土地继承的法律应运而生①。马克思认为,所有的土地产权权能可以全部集中由一个产权主体行使、独立运作,又可以在多个主体之间进行分割,由多个主体共同享有。

3. 土地产权制度变迁理论

按照马克思的设想,与五种基本社会形态相对应,土地产权制度演变要经历原始公有、奴隶制私有、封建私有、资本主义私有、社会主义合作社——集体所有、国家所有和共产主义无土地产权制度的过程。在《马克思古代社会史笔记》中,马克思分析了土地产权制度变迁的原因,将其归结为生产力的推动作用、人类实际耕作需要及外族入侵和意识形态的引入等因素。马克思以唯物史观作为基本方法从生产力的推动作用角度论述了土地产权的产生和变迁机制。土地制度属于生产关系的范畴,当土地制度与生产力发生矛盾时,生产力的发展必然推动土地改革。关于社会主义的土地改革方向,马克思恩格斯指出,必须"剥夺地产,把地租用于国家支出"②,即实行土地国有化,这种土地国有化显然是建立在资本主义工业充分发展的基础之上的,是以整个社会无产阶级革命历史的视角,把土地看作与其他应该公有的生产资料一样进行改革。但在小农占优势的国家里,马克思主张在无产阶级夺取政权后,应该促使小农私有制向集体所有制过渡。他说:"凡是农民作为私有者大批存在的地方"③,"一开始就应当促进土地的私有制向集体所有制过渡"④。恩格斯也主张应该把土地转交给农民集体经营。资本主义农场应该转变为公有农场,而对于小农,则应让他们"把自己的

---

① 《马克思古代社会史笔记》,人民出版社1996年版,第186页。
② 《马克思恩格斯文集》第2卷,人民出版社2009年版,第52页。
③ 《马克思恩格斯文集》第3卷,人民出版社2009年版,第403页。
④ 《马克思恩格斯文集》第3卷,人民出版社2009年版,第404页。

土地结合为一个大田庄,共同出力耕种,并按入股土地、预付资金和所出劳力的比例分配收入"①。后来,马克思在总结 1871 年巴黎公社失败的原因时指出,决定无产阶级革命成功的关键是土地问题和农民问题,提出了建立社会主义土地合作社产权制度的主张,指出无产阶级革命胜利以后,小农经济占优势的国家要"以政府的身份采取措施",在坚持农民自愿的原则下,让农民通过经济的道路来实现土地私有制向集体所有制的过渡,完成土地私有产权向土地合作社产权和集体产权制度的过渡。

4. 土地产权制度多样性理论

马克思认为,土地产权制度不是静止的、单一的,而是动态的、多样的,土地产权制度自身根据生产力和内部结构等内外因素不断进行扬弃和发展。在《马克思古代社会史笔记》中,马克思分析了美洲公社和阿尔及利亚的土地产权制度。在氏族公社初期,为了生存需要,各公社大都实行土地公有制,随着生产力的发展,氏族和家庭出现,美洲公社选择了土地公社所有、家庭长久使用份地,但不允许土地转让、买卖的土地产权制度;阿尔及利亚则选择了个体所有制和集体所有制。即使在同一时期,由于各地区自然禀赋、社会经济条件等的差异,各地区土地产权制度也是复杂多样的。此外,由于不同国家、不同地区土地制度的原始条件截然不同,其制度变迁所走的路径也不同,马克思特别强调了西欧国家和东方国家土地制度变迁的差异性和多样性。即使在同一种土地产权制度下,一个国家或地区也会产生多元化的产权主体,具体的产权组织形式也会存在差别。马克思在研究亚细亚土地公有产权制度时发现土地终极所有权与占有权分离的两种情况:一种是"不存在个人所有,只有个人占有;公社是真正的实际所有者"②;另一种是"凌

---

① 《马克思恩格斯文集》第 4 卷,人民出版社 2009 年版,第 525 页。

② 《马克思恩格斯文集》第 8 卷,人民出版社 2009 年版,第 132 页。

驾于所有这一切小的共同体之上的总合的统一体表现为更高的所有者或唯一的所有者,因而实际的公社只不过表现为世袭的占有者"①。

5.土地习俗制度理论

马克思的土地制度变迁模型中,特别重视国家或政府在制度变迁中的强大作用,同时,也特别强调了土地习俗制度的不容忽视性。马克思通过对古代社会的研究,充分证明了土地习俗制度在产权制度变迁中的作用,并主张将这些经过长期经验积累形成的土地习俗制度以法律形式固定下来。土地习俗制度主要包括土地互换、调整、出租、转租等土地流转习俗,不同时期的土地继承习俗,根据实际耕作情况和地租交付情况决定的土地占有习俗等。马克思还专门列举分析了不同时期的孟加拉和印度,他们一直非常重视经过长期实践积累下来的"乡规民约",并逐步将这些"乡规民约"作为习惯法的重要来源。

6.土地产权配置市场化理论

在马克思看来,市场交易实质上是产权的交易,对于土地市场而言,其过程应该是土地产权交易商品化、配置市场化的过程。这一思想对于我国农地流转的有序进行和农村土地产权市场的培育完善具有重要指导意义。

马克思认为,在商品经济条件下,土地产权各项权能被分割,每项权能都可以被当作一种商品来交易,同时,土地产权为寻求与其他财产权利的优化配置,自然会按市场规则进行有效流转,即土地产权配置市场化。与土地产权配置市场化紧密相连的核心问题就是土地产权价格的确定,马克思认为,土地产权价格是由土地市场上土地产权供需状况决定的,价格的上涨是由于"对地产的需求超过了供给"②,其下跌也必然是由于土地产权的供过于求。但是,从长期来看,由于土地资源的稀

---

① 《马克思恩格斯文集》第8卷,人民出版社2009年版,第124页。
② 《资本论》第3卷,人民出版社2004年版,第916页。

缺性、人口的不断增长和经济社会的发展等诸多原因,对土地产权的需求会呈增长趋势,土地产权的价格就会随之上涨,其各项权能就会不断发展起来,"土地所有权在这个未经它参与就创造出来的价值中占有不断增大部分的权力也发展起来。"①

综上所述,马克思的制度分析设计给出了一种宏观的长期的制度变迁框架,它侧重于总体发展趋势和本质原因的分析说明,而西方经济学则注重短期内具体制度变迁的过程和对具体经济问题的解决。西方制度变迁和现代产权理论为我国"三权分置"改革提供了理论借鉴,马克思产权制度理论则为"三权分置"改革提供了理论依据。两者无论在理论内容还是具体方法上既相互区别,又相互补充。特别是马克思产权制度理论在历史唯物主义指导下,坚持唯物辩证法,从土地产权权能理论、土地产权制度变迁理论、土地产权制度多样性理论、土地习俗制度理论和土地产权配置市场化理论方面为中国"三权分置"产权制度提供了主要理论依据,同时也为"三权分置"产权制度改革指明了法制化方向。

三、中国特色农地产权制度理论

党的几代领导集体实现了马克思土地产权制度理论的中国化,逐步形成了中国特色的农地产权制度理论,构成了当前"三权分置"农地制度改革的重要理论渊源。

(一) 将土地产权的归属看作中国革命和改革的突破口

回顾几千年的中国历史,土地问题一直是改朝换代和社会变革的决定性问题。历朝历代统治者都对其给予了足够的重视,从周代的井田制、西汉的占田制、南北朝北魏孝文帝时期的均田制,到始于唐朝、流行于明清时期的租佃制,再到辛亥革命时期的土地国有制,无不说明对

---

① 《资本论》第3卷,人民出版社2004年版,第720页。

土地问题重要性的充分认识。纵观中国革命、建设和改革的历史脉络，土地问题依然是其成败的关键所在，这些已经是被历史证明了的不争事实。而土地问题的核心是土地的产权归属问题，这也直接决定了中国特色农地制度的建立。

其一，将中国革命的突破口定位于土地产权的归属。

面对"数千年未有之大变局"，在外国侵略接踵而至和本国封建统治日渐腐败落后的形势下，以毛泽东为核心的中国共产党人首先意识到，要完成推翻半殖民地半封建社会的历史任务，必须首先解决革命的首要问题——土地问题。毛泽东把解决中国革命的突破口定位为土地产权归属，并认为，"土地制度的彻底改革，是现阶段中国革命的一项基本任务"[①]。在长期艰苦卓绝的革命斗争过程中，党带领广大人民，逐渐形成了围绕产权归属解决农民土地问题的路线、方针和政策，意在真正实现"耕者有其田"的土地制度，并通过立法的形式加以确立。这样就极大地调动了农民的革命积极性，以至于出现了家徒四壁的井冈山、延安、太行人民以仅有的五颗鸡蛋、一筐红枣和半条驴腿支援革命的情景，"数千年未有之大变局"亦因之而逆转。

其二，将中国改革的突破口定位于土地产权的归属。

20世纪70年代，"文化大革命"刚刚结束，社会主义民主法治遭到严重破坏，政治局面处于混乱状态，经济停滞不前，人民饱受物资短期之苦，彻底扭转时局成为人心所向。而与国外相比，世界范围蓬勃兴起的新科技革命推动世界经济更快发展，无论是经济水平还是科技水平，我国都与之存在很大差距。在此背景下，党的十一届三中全会于1978年召开，作出了把工作重心转移到经济建设上来，实行改革开放的伟大决策。由于人民公社体制长期低效运行，农村经济成为当时最为薄弱的环节，改革首先从农村开始，并将土地问题作为改革的突破口，土地

---

① 《毛泽东选集》第4卷，人民出版社1991年版，第1252页。

制度迎来了大变革,主要体现在土地产权方面的制度安排上,确立了土地集体所有权和承包经营权"两权分离"的家庭联产承包责任制。而始于此的土地制度变革带来了巨大的"土地红利",成为中国40年来"经济奇迹"的主要支柱。

综上,产权是农地制度的重要内容,土地产权的归属是中国革命和改革的突破口。无论是在中国革命时期,还是在中国改革时期,清晰的土地产权是调动农民积极性和提高农业经济效率的决定性因素,是中国革命和中国改革取得成功的重要保证。

(二) 中国特色土地集体所有制理论

所有制是产权的基础,产权是所有制的核心①。公有制是社会主义的基本特征,共产党人用一句话概括自己的理论就是消灭私有制。中国共产党自成立以来,一直特别重视土地所有制问题。按照毛泽东的设想,先消灭封建土地地主私有制,实现农民土地私有制,待到条件具备和成熟后,再实现土地的集体所有制。首先是消灭封建土地地主私有制,在新民主主义革命时期围绕着这一目标先后制定了土地政策、土地法规和相应的土地分配办法。即使在抗日战争时期,也没有改变废除封建剥削制度的初衷,"减租减息"只不过是根据民族危机和战争局势而作出的临时调整。从1949年至1953年,经过全国范围的土地改革运动,我国实现了封建土地所有制向农民土地所有制的转变。出于国家工业化建设的需要和农民的需求,我国在确立"农地私有,农民经营"的农民土地所有制基础上进行了又一次变革——农业合作化,农业合作化先后经历了劳动协作的互助组阶段、"农地私有、土地入股、按股分红、统一经营"的初级合作社阶段、"土地集体所有、集体经营"的高级合作社阶段,确立了农地的集体所有制,至此,中国农村在

---

① 叶兴庆:《农村集体产权权利分割问题研究》,中国金融出版社2016年版,第11页。

发展稳定的气氛中完成了从几千年的分散个体劳动向集体所有、集体经营的历史性转变,这是中国历史上的一次重大变革。后来又经历了绝对集体所有权的人民公社化阶段和"三级所有,队为基础"的集体所有制阶段。

土地集体所有制是中国农村合作化留下的制度遗产,是中国社会主义基本经济制度的主要组成部分,也是不同于世界其他国家而最具中国特色的农地制度安排。坚持集体所有制是影响中国农地制度改革的根本,也是中国共产党执政的基础。因此,即使在中国面临三年自然灾害的情况下,制度变革的底线是回到"三级所有、队为基础"的集体所有制;80年代,改革者在推动家庭经营和还权于民的制度变革时,反复强调坚持集体所有制为前提;90年代,明确农村基本经营制度时强调"统分结合",而集体所有制是农业经营体制中"统"的合法性来源。改革后土地集体所有制的内涵可以概括为:农户与集体保持承包关系,集体拥有发包权和处置权,集体成员平等享有集体土地的使用权,集体所有制演化为成员权集体所有制。集体的每个成员享有土地非农后的收益分配权①。

综上,集体所有制已经深深植根于我国的历史土壤,并不断生长、发展和壮大。因此,我们深化农地制度改革既不走改旗易帜的邪路,搞土地私有化,也不走封闭僵化的老路,搞绝对的公有制,而是坚定不移继续坚持探索集体所有制的有效实现形式。

(三)"两个飞跃"思想

在20世纪90年代,针对以什么方式改造农地细碎化分散化的传统农业,邓小平指出要走自己的路,实现中国特色社会主义的农业现代化。他明确提出了"两个飞跃"思想,即"第一个飞跃,是废除人民公社,实行家庭联产承包为主的责任制。第二个飞跃,是适应科学种田和

---

① 刘守英:《直面中国土地问题》,中国发展出版社2014年版,第28页。

生产社会化的需要,发展适度规模经营,发展集体经济。"①

"第一个飞跃"是实行土地集体所有权与承包经营权"两权分离"的家庭联产承包责任制。它从土地集体所有权中派生分离出土地承包经营权②,实现了土地所有权和承包经营权的分离,基于产权细分改善了产权的实施效率。"两权分离"既避免了土地私有化,又使集体成员享有农地产权的大部分权能,因此,能够激发农民的积极性。过去很长一段时间,由于各种原因,我们片面认为集体经济必须是由集体来统一经营农地,实际上这是混淆生产资料所有制的性质与资产的具体经营形式的表现。家庭联产承包责任制的制度安排是所有权归集体,承包经营权归农户,实行"交够国家的,留够集体的,剩下的归自己"的收益分配制度,它实现了土地使用权的革命。1982 年中央一号文件第一次正式肯定家庭联产承包责任制,结束了关于包干到户问题长达近三十年的大争论,被农民说是"顺气丸";1983 年中央一号文件从马克思主义农业合作化理论角度对农村实行包产到户、包干到户责任制作了高度评价,指出采取统一经营与分散经营相结合原则的联产承包责任制是中国农民的伟大创造,被农民比作"大力丸";1984 年中央一号文件的基本精神是稳定和完善生产责任制,并延长土地承包期,鼓励农民增加投资,这个一号文件被农民称为"长效定心丸"。"两权分离"的制度安排中,实现了集体统一经营与家庭分散经营的最佳结合,形成了家庭经营为基础、统分结合的双层经营体制,找到了集体所有制的有效实现形式。这是中国特色社会主义农业改革的第一个飞跃,也是马克思农业合作化理论在我国实践中的新发展。

但"第一个飞跃"并未从根本上完成改变传统农业的任务,它在满足农民温饱问题后,已无法支撑中国农业向现代化的转型升级,土地承包

---

① 《邓小平文选》第 3 卷,人民出版社 1993 年版,第 355 页。

② "土地承包经营权"曾在文献中称作"土地使用权""承包权",《民法通则》颁布后一般都使用"土地承包经营权"。

经营权的生产潜能已释放殆尽。于是,邓小平在"第一次飞跃"基础上提出了"第二次飞跃"。我们所具有的科学知识和技术手段只有在大规模耕种土地时,才能加以利用。邓小平指出,"不向集体化集约化经济发展,农业现代化的实现就不可能。"①因此,他提出了"发展适度规模经营,发展集体经济"②。在坚持集体拥有所有权,并与农户保持承包关系稳定的基础上,农户通过流转土地承包经营权将分散的土地集中起来。

在改革开放和现代化建设的实践中,我们进一步完善了家庭承包制,继续发展了马克思的土地产权制度理论。面对农业减产的情况,一些人开始怀疑以家庭承包经营为主的责任制,出现了盲目扩大规模经营的现象。在关键历史时刻,党中央明确指出了家庭承包制理顺了农村基本生产关系,促进了农村生产力的解放和发展,同时,既符合农业生产自身的特点,又能发挥以家庭为基本单位的最大优势,所以,它同农地集体所有制一起构成了中国特色的社会主义农业。1991 年,党的十三届八中全会通过的《中共中央关于进一步加强农业和农村工作的决定》明确提出,把以家庭联产承包为主的责任制、统分结合的双层经营体制作为我国乡村集体经济组织的一项基本制度长期稳定下来,并不断充实完善。这表明双层经营体制是农村集体所有制的有效实现形式。其中,家庭经营是集体经济的基础,为农民在自愿基础上实现更多形式的联合与合作、发展壮大集体经济,拓展了更为广阔的范围,开辟了新的道路。

1998 年,党的十五届三中全会提出,"依法赋予农民长期而有保障的农村土地使用权",从政策层面明确终结了以经济责任为特征、具有债权性质的土地承包关系,取而代之的是依法赋权的新型土地承包关系。会议还关注了家庭承包制与农业现代化的相容性和统一性问题。

---

① 《邓小平年谱(1975—1997)》(下),中央文献出版社 2004 年版,第 1350 页。
② 《邓小平文选》第 3 卷,人民出版社 1993 年版,第 355 页。

会议通过的《中共中央关于农业和农村工作若干重大问题的决定》指出，家庭承包经营不仅能够适应传统农业，而且也能适应采用先进科技的现代农业。这是在总结我国农村改革和借鉴国外发达国家经验的基础上得出的科学结论。

2008年，在科学发展观的指导下，党的十七届三中全会召开，会议通过的《中共中央关于推进农村改革发展若干重大问题的决定》（以下简称《农村改革决定》）进一步勾勒出了我国农业发展"第二个飞跃"的蓝图，《农村改革决定》中提到：完善土地承包经营权权能，现有土地承包关系要保持稳定并长久不变，建立健全土地承包经营权流转市场，允许农民以转包、出租、互换、转让、股份合作等形式流转土地承包经营权，发展多种形式的适度规模经营。《农村改革决定》还在此基础上指出了农业经营体制创新的两个重要转变：第一就是家庭的经营要向采用先进的科技和生产手段这个方向转变，家庭经济提高集约化水平。第二就是作为家庭经营的补充，统一经营要向发展农户联合与合作，形成多元化、多层次、多形式经营服务体系的方向转变，提高统一经营的组织化程度。事实上，无论是家庭经营向提高集约化水平转变，还是统一经营向提高组织化程度转变，都涉及农业生产要素的配置与利用问题，都涉及农地流转和土地产权交易，都涉及给予农民更多的权利空间和给予土地产权交易更宽松的交易环境。

在"两权分离"制度安排下，我国确立了"集体所有、均田承包、家庭经营"的大格局，产权逐渐分离和细化，"承包经营权的权能逐渐丰富和强化，并不断走向物权化、长期化、法律化和制度化"[1]。更为关键的是，"承包经营权的形成为承包权与经营权的细分提供了基础，从而扩展了产权配置及其效率改进的潜在空间"[2]。

---

[1] 刘守英：《直面中国土地问题》，中国发展出版社2014年版，第21页。

[2] 罗必良：《中国农业经营制度——理论框架、变迁逻辑及案例解读》，中国农业出版社2014年版，第36页。

第二节　中国特色农地制度"三权分置" 改革的现实依据

中国是一个发展中的农业大国,农业人口占全国总人口的70%,这一国情决定了农民问题和农业问题始终是关系到国家经济社会发展的首要问题。土地制度作为整个社会经济制度的基础,是解决农民问题和农业问题的关键所在。进入21世纪以来,时代变化日异月更,世界风云变幻莫测,中国农地制度的内外部环境都在发生着前所未有的变化,中国农业发展面临着粮食危机、劳动力机会成本提高、农业科技体系落后、农业生态功能减弱、小农经营难以适应现代市场供应链系统的变化和经济全球化给农业带来的冲击等挑战,我国农地制度改革又到了一个前所未有的关键时期,迫切需要与时俱进地进行制度设计和制度创新。"三权分置"正是马克思主义中国化进程中,我国适应国际国内瞬息万变的复杂情况而进行的又一次产权制度设计和产权制度创新。

一、适应国内农业现代化和国际农业竞争的现实需要

从国内情况看,在"四化同步"发展的大背景下,农业现代化明显是短板。2010年,中国一跃成为世界第二大经济体。但在中国经济总量构成中,第一产业所占比例已下降至10%。随着工业化、城镇化的快速推进,农业劳动力逐渐向非农产业大量转移,真正从事农业生产经营的劳动力无论在数量上还是比例上都呈现下降趋势。转移进城的农业劳动力虽然保留了农地承包经营权带来的财产关系,但基本割断了与其的经营关系,不断实践着农地承包经营权继续分割的事实。

从国际情况看,新形势下最大的变化就是经济全球化,经济全球化在农业中的具体表现就是农业国际化,中国农业成为全球农业体系的一个组成部分。农业国际化包括农业生产的国际化、农业资本的国际化、农业技术的国际化、农业市场的国际化及农业组织和管理规则的国际化,在经济全球化条件下,农业国际化使中国农业既获得发展的机遇,又面临着巨大的挑战。

一方面,中国农业国际化是更好地利用国际国内两种资源和两个市场,促进我国农业发展的客观需要。农业国际化必然推动我国农业的进一步对外开放。首先,我国将按照国际规则,通过完善政策法规,开放市场,吸引更多的国外资金,外资的进入往往能带来先进的技术,解决我国资金、技术的瓶颈制约,提高科技在我国农业中的贡献率,从而提升我国农产品的质量。其次,我国耕地、水资源极为短缺,农业国际化有利于我国根据比较优势原则调整农业产业结构。最后,中国农业国际化将为我国农产品出口提供一个良好的国际贸易环境。我国能够享受到 WTO 成员方提供的多边、稳定、无条件的最惠国待遇和发展中国家的优惠待遇,同时可以利用有关机制有效地解决贸易争端,为我国的优势农产品出口提供了稳定的国际环境。

另一方面,中国农业在享受经济全球化带来的开放红利的同时,也遭受到经济全球化给农业带来的巨大冲击,其中,"最直接的影响就是我国的一些农产品失去竞争优势,国外质优价廉的农产品对我国农业生产形成冲击,使中国成为世界最大的农产品进口国,致使中国重要农产品的依存度日益增高。"[1]据统计,"2015 年,我国进口粮食总量已达到 12477.5 万吨"[2]。当前,中国农地分散化、细碎化依

---

[1] 赵美玲:《中国农业国际竞争力:理论与实证研究》,天津社会科学院出版社2005 年版,第40 页。

[2] 陈锡文等:《中国农业供给侧改革研究》,清华大学出版社 2017 年版,第3 页。

然严重,小农经济状态下,农民不愿冒险采用新技术、尽量少的投资最大程度地避免风险。农业劳动力大量转移,更加导致农业经营粗放、应对自然灾害能力和市场风险能力差、农业科技应用和推广能力弱、农业生产专业化程度不足、劳动生产率和资源配置效率低下,这些因素成为农业现代化发展的软肋,难以与国际规模化、现代化农业相抗衡。

作为一个处于全球化背景下经济飞速发展的大国,在工业化、城镇化大发展的背景下,如何促进农业现代化同步发展,如何促进农地资源有效配置和农业适度规模经营,如何提升农业的国际竞争力使中国能够在经济全球化的浪潮中立于不败之地,成为当下深化农地制度改革需要解决的首要问题。

二、解决农民弃耕抛荒问题的现实需要

20世纪七八十年代,我国逐步确立了集体所有权和承包经营权"两权分离"的土地制度。在这种制度模式下,集体所有权占主要地位,农户拥有有限的生产经营自主权和"交够国家的,留够集体的"之后的剩余索取权。"两权分离"的制度安排兼顾了国家、集体和农民三者的利益,提高了农民的生产积极性,对提高农业生产绩效具有明显影响,完成了实现国家经济和社会发展的历史使命。

承包权和经营权在人口不转移、土地不流转的情况下是融为一体的。但是,随着工业化、城镇化进程的加快,农业产值在国民经济中的份额已经降到10%以下,而10%是各国实现现代化的一个重要转折点。据统计,"农业劳动力的就业份额由1978年的70.50%,已经减少到2011年34.80%"①。农业劳动力大量转移,

---

① 罗必良:《中国农业经营制度——理论框架、变迁逻辑及案例解读》,中国农业出版社2014年版,第12页。

农民外出就业机会增多,非农收入在农民总收入中所占的比重越来越大,"农户纯收入中来自农业的比重由 1985 年的 75.02% 已经下降到 2011 年的 26.30%"①,土地所承载的社会保障功能逐渐弱化,大量农业劳动力转移,农民的就业结构和社会结构都发生了变化,但农村还是保持原有的土地权利结构,出现了两种情况:一是土地粗放经营,由留在家里务农的老人或妇女种地,或者由亲戚朋友代耕代种。上海财经大学 2011 年组织的"千村万户"暑期社会调查表明,在留守劳动力中,50 岁以上的占了 39.80%,妇女占了 69.89%。二是"有田无人种"和"有人无田种"问题很快暴露出来。例如,很多地区出现了农民离农不离地、农民工进城不弃地的现象。2013 年,全国有 2.69 亿农民工,其中,1.66 亿外出农民工,举家外出的已达到 3400 多万,造成了土地闲置、撂荒现象日益严重。究其原因,在法律上,承包经营权是不可分割的一个权利,对于外出打工农民和农业经营主体来说,"承包权"与"经营权"不可兼得。与一部分人弃耕撂荒相反,在土地有限的前提下,有些人就会无地可种。因此,出现了"有田无人种"和"有人无田种"的矛盾现象,严重影响了土地和劳动力配置效率,甚至影响到国家粮食安全。

综上,只有设计一个既能保障农民承包权,又能满足农业经营主体种田需求的农地产权结构,解决承包经营权不可分割的问题,才能真正避免农民粗放经营农地,甚至弃耕撂荒的现象。

三、解决承包权与经营权分离的现实与政策及法理矛盾的客观需要

现实中,土地流转日益普遍,承包权主体与经营权主体发生分离。

---

① 罗必良:《中国农业经营制度——理论框架、变迁逻辑及案例解读》,中国农业出版社 2014 年版,第 13 页。

据农业部统计,截至 2014 年,全国已有 1/3 的承包耕地流转,总面积达 3.8 亿亩[①]。2016 年,土地流转面积占家庭承包耕地总面积的 35% 左右[②]。农地流转促进了农业规模经营,催生了多元化的农业经营主体。"到 2013 年,全国农业产业化经营组织、平均经营规模 200 亩的家庭农场和各类专业合作社分别达到 30 万家、87 万家、100 万家"[③]。

随着城镇化的推进,越来越多的农民转移到城市二、三产业,农民对土地流转的需求和农业经营主体对土地融资的需求与日俱增,承包权主体与经营权主体分离的情况越来越多。2011 年,上海松江区真正从事农业的劳动力仅占 3%,浙江高度工业化区则不到 10%,就连属于中部农区的安徽在 2000—2010 年十年间减少了 930 万乡居人口。两权如果继续混为一体必然会出现政策上的混乱和法理上的困惑。如果法律上不作出修订,而坚持沿用"承包经营权"的概念,在现实中就会出现执行的困难,具体表现在:一是保护承包权就会弱化经营权,导致农地流转受阻和土地经营规模扩张受限。二是强化经营权,加快土地流转,又可能导致农村集体经济组织成员承包权的丧失。事实上,经营权和承包权两者是紧密相连又相互区别的。承包权是具有封闭性和非交易性的成员权,必须是集体经济组织成员才可以享有,而经营权属于具有相对独立性、开放性和可交易性的次生性用益物权,因此,经营权可以通过市场配置进行流转。"如何做到既切实保障农户的承包权,又在法律上保护土地经营权,以实现依法保障农民的土地权利,加快农地流转,促进农业适度规模经营,进

---

①　农业部新闻办公室:《让土地流转和规模经营健康发展——农业部部长韩长赋就〈关于引导农村土地经营权有序流转发展农业适度规模经营的意见〉答记者问》,《光明日报》2014 年 10 月 18 日。

②　《农业部部长韩长赋就"推进农业供给侧结构性改革"答记者问》,2017 年 3 月 7 日,见 http://news.xinhuanet.com/photo/2017-03/07/c_1120582191_2.htm。

③　张红宇:《新中国农村的土地制度变迁》,湖南人民出版社 2014 年版,第 8 页。

而实现农业现代化的目标,是当前农地制度改革面临的巨大挑战,同时也是农地制度改革的目标"[1]。

四、新型农业经营体系下坚守"三条底线"的客观需要

"三条底线"是贯穿在不同时期我国农地制度改革过程中的一条主线,涉及改革的每一部分和各个环节。无论在哪个时期,我国农地制度改革一直坚持遵循的是"三条底线"原则,即土地公有制性质不变,坚持农地集体所有;土地用途不变,坚持农地农用;维护农民权益不变,坚持农民利益不受损。其中,"农村土地属于集体所有"在1982年《宪法》中就已经有明确的规定;"保护耕地"是我国的一项基本国策,鉴于土地既是农民的重要财产,又是国家的战略资源,早在国家"八五"计划纲要和1998年修订的《土地管理法》中就有了明确规定,后来在国家"十一五"规划纲要中提出了"18亿亩耕地红线"的约束性指标;"维护农民利益"则从1949年《共同纲领》中有明确规定到今天的各级各类涉农政策文件中,一直被提及和反复强调。2008年的《农村改革决定》首次将"三条底线"合在一起,作为农地制度改革的基本原则和目标要求。在随后的农地政策和法律文件中反复强调必须坚守"三条底线"。

在"两权分离"时期,我国坚守"三条底线"是通过先禁止农地流转到后来限制农地流转的方式来实现的。为了便于清晰地把握"两权分离"下如何贯彻"三条底线",笔者通过表格的形式对其进行了系统梳理(见表1-1)。

---

[1] 刘守英:《直面中国土地问题》,中国发展出版社2014年版,第28页。

表 1-1　"两权分离"下农地流转贯彻"三条底线"的政策法律演变情况表

阶段划分	主要政策文件和法律法规	农地流转政策	政策目标
禁止农地流转阶段（1978—1983）	1982 年《宪法》提出不得以侵占、买卖、出租等方式转让土地。 1982 年中央一号文件提出"四不准"，即不准买卖、出租、转让、荒废。	禁止农地任何形式的转让。 不得改变耕地农业用途。	坚持农地集体所有。 保护耕地。 这一时期在涉农文件中虽未明确提及维护农民利益，但在文件中有所体现。
限制性农地流转阶段（1984—1994）	1984 年中央一号文件指出鼓励土地向种田能手集中，农户可以自找对象协商转包。 1988 年《宪法》指出土地的使用权可以依法转让。 1993 年中国共产党第十四届中央委员会第三次全体会议通过《中共中央关于建立社会主义市场经济体制若干问题的决定》。	流转期限限制：不得超过承包剩余期限。 流转条件限制：所有流转必须经发包方同意。 流转对象限制：只能转让给从事农业生产的农户。 土地流转后不得改变农业用途。	坚持农地集体所有。 保护耕地。 维护农民利益有所体现。
确立和完善农地流转阶段（1995—2013）	1995 年《关于稳定和完善土地承包关系》提出建立土地承包经营权流转机制。 2002 年《土地承包法》规定土地所有权性质不变，承包方依法自愿有偿地进行土地承包经营权流转。 2005 年《农村土地承包经营权流转办法》实施。 2007 年中央一号文件提出规范土地承包经营权流转。 2008 年十七届三中全会提出建立健全土地承包经营权流转市场。	流转期限：不得超过承包剩余期限。 流转条件：本集体经济组织成员享有同等条件下的优先权；债权性流转原有的承包关系不变，物权性流转中，互换只能在同一集体经济组织内进行，转让必须经集体发包方同意，转让者必须有稳定的非农职业或收入来源，转入者只能是从事农业生产经营的农户。 流转原则：依法有偿自愿。 流转收益：归属农户。 土地流转后不得改变农业用途。	坚持农地集体所有。 保护耕地。 明确保障农民利益。

通过表 1-1 不难看出,在"两权分离"制度框架下,国家对农地承包经营权流转的政策经过了禁止、限制和规范完善三个阶段。虽然国家逐渐放开了对承包经营权流转的限制,但是,对流转的期限、流转的形式及流转后的用途都做了严格的界定。其中,通过规定流转后不得改变农业用途实现对耕地的保护。

这一时期,政策法律设计的逻辑是即使农地发生流转,其承包经营权依然保留在集体经济组织成员手中。这与"集体所有权"的设置及其体现有很大关系。在集体所有制下,农地所有权归集体,集体将农地发包给集体成员,集体成员享有承包经营权,可以长期占有使用农地,"两权分离"下无论采取统或分的经营方式,经营的收益归集体成员享有,经营的最终目的是维护成员利益。可以说,农户的承包经营权就是农地集体所有权的根本体现。综上,"两权分离"下就是通过将流转后的承包经营权始终限制在集体成员手中,以此来体现农地集体所有权,既做到了维护农民利益不受损,又坚持了土地集体所有,进而维护"三条底线"的。

但是,当前,我国农业正处于传统农业向现代农业、由分散的小农经济向社会化的生产和服务转变的关键时期,这也是世界发达国家实现农业现代化的必经阶段。实现现代农业和构建新型农业经营体系,首先必须要发挥规模经营在农业中的引领作用。规模经营就意味着经营面积扩大化、经营主体多元化和经营形式多样化,而"两权分离"下通过将农地流转主体限制在本集体经济组织内部的做法显然已经阻碍了规模经营中经营面积扩大化、经营主体多元化和经营形式多样化的实现。换句话说,只有逐渐取消原来加诸农地流转的各种限制条件,大力推动农地流转才能实现农业规模经营,进而构建多元化立体式复合型的新型农业经营体系(见图 1-1)。

与新型农业经营体系的构建紧密相连的还有农业现代化的实现问题,2014 年《关于引导农村土地经营权有序流转发展农业适度规模经

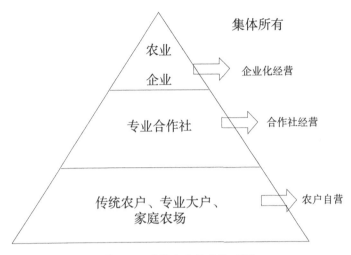

图 1-1 现代农业经营体系图

营的意见》中明确把二者并列在一起。而制约农业现代化实现的最大瓶颈就是资金短缺。在"两权分离"框架下,承包户只享有农地的占有权、使用权和收益权,并不享有处分权,农地承包经营权不能抵押、担保,造成了现实中承包户和经营主体贷款难的问题,进而制约了农业的规模化现代化。

综上,新型农业经营体系下已经不能再用"两权分离"下对农地流转和抵押的禁止或限制来坚守"三条底线"了①。换言之,通过限制流转的方式已经不合时宜,不能再有效保证"三条底线"了。那么,如何克服"两权分离"下的禁止或限制与新型农业经营体系的内在矛盾,构建与新型农业经营体系和农业现代化相适应的农地产权体系,同时又能坚守"三条底线",是当前深化农地制度改革的焦点和难点。

---

① 楼建波:《农户承包经营的农地流转的三权分置——一个功能主义的分析路径》,《南开学报(哲学社会科学版)》2016 年第 6 期。

第三节 中国特色农地制度"三权分置" 改革的内容与特点

在科学的理论指导和强烈的现实要求下,"三权分置"延续了"两权分离"农地产权制度的变迁逻辑,承继了农地产权的细化和配置的基本线索,通过集体所有制下农地产权结构的重构,为农民提供权属清晰和权能明确的土地制度结构。

一、中国特色农地制度"三权分置"改革的内容

"三权分置"作为当前重大的理论创新和制度创新,是对现实情况变化作出的及时回应,为深化农地制度改革指明了方向。首先必须科学设定、正确诠释"三权分置"的基本内涵,明晰权能关系。

(一)中国特色农地制度"三权分置"改革的内涵阐释

"三权分置"是在坚持农地集体所有的前提下,通过产权的丰富与细分,对承包经营权进行新的权能界定和权能拓展,将承包经营权分置为承包权和经营权,进一步赋权、强能和规范,分别由不同的主体行使,在现有土地承包关系长久不变的基础上,赋予经营者更多的土地权能,实现经营权在更大范围内的优化配置,促进农业规模经营,进而实现农业现代化。它不是对现行农地制度"集体所有、均田承包和家庭经营"基本框架的背离,而是新形势下对现有农地制度和农村基本经营制度的坚持、完善和发展。

在"三权分置"框架下,落实集体所有权是坚持农村基本经营制度的根本。关于集体所有权,在我国涉及地权问题的法律中已有明确规定,是指农村集体经济组织享有的所有权。农村承包土地集体所有权包括占有、使用、收益和处分四项权能,在"三权分置"框架下,落实农

村土地集体所有权是坚持公有制经济为主体地位的重要体现,其关键在于坚持土地集体所有制性质,探索新的集体经营方式,维护集体经济组织在农地占有和处分方面的权能。

在"三权分置"框架下,稳定农户承包权是坚持农村基本经营制度的核心。它是指农户享有稳定长久的承包权,农户的承包地位不会因农地流转而改变。如何确定承包权与经营权的权利内容即土地占有、使用、收益、处分权能在承包户和经营权人之间如何分配,是实现经营权从承包经营权中分离出来的核心所在。

在"三权分置"框架下,放活经营权是坚持农村基本经营制度的关键。放活土地经营权,就是要促进土地流转,加强服务体系建设,培育多元经营主体,实现适度规模经营、科技农业和绿色农业;同时,通过经营权抵押,为农地担保融资创造条件。实行承包权与经营权分离,必须兼顾承包方和经营主体的各方利益,寻找到两者的最佳平衡点,实现对土地权利的共享,这就需要在两者之间审慎分割农地的占有、使用、收益、处分权能。

(二)"三权"的权能界定

把握"三权分置"的科学内涵,关键在于明确"三权"的权能边界。因为"三权分置"坚持了改革开放以来农地产权制度变迁的基本方向,延续了"两权分离"下农地产权在集体和承包户之间分割的历史脉络。因此,只有清晰梳理脉络才能真正把握"三权"的权能边界。

"两权分离"再度实行了均田制和家庭经营的土地经营形式。此时,集体所有权占主要地位,它拥有发包权、生产经营计划权、统一经营权、收益分配权等权能,农户只拥有有限的生产经营自主权和"交够国家的,留够集体的"之后的剩余索取权。从1984年开始,随着土地承包到户,农户自发的土地流转开始出现,农地制度后续变迁最主要的内容是稳定土地承包期限和创新次生土地使用权流转形态,农地的占有、使用、收益、处分四大权能在所有权和承包经营权"两权"之间进行了新的分割①。因国家农业政策和法规文件的变化基本可以反映集体所有权与承包经营权"两权分离"的发展趋势,所以笔者对改革开放以来"两权分离"的政策、法规、文件进行了以下梳理,以此展示两权的权能分割及演变趋势。具体表现如下(见表1-2)。

表1-2 "两权分离"下集体所有权与承包经营权的权能分割及演变表

权能	集体所有权权能 逐渐收缩	农户承包经营权权能逐渐强化
占有	1997年提出要清理整顿"两田制"、要禁止推行"反租倒包"。 2003年《农村土地承包法》第26、27、35、63条规定,发包方不得收回、调整承包地、单方面解除承包合同以及只能预留5%机动地的规定。	主要体现在土地承包期限的规定和退回承包地的规定上。 由改革初期土地承包合同一年一定到1984年的15年到1993年的30年再到2008年的"长久不变"。 2003年《农村土地承包法》规定全家进入小城镇落户的可以不退回承包地。 2011年《关于推进户籍制度改革的意见》提出不能以户口为名强制要求收回承包地。 2014年《关于进一步推进户籍制度改革的意见》指出不得以退出土地承包经营权作为农民进城落户的条件。
使用	2003年《农村土地承包法》规定,发包方不得干涉承包方的正常生产经营活动。	2003年《农村土地承包法》规定,承包方享有自主组织生产经营权和产品处置权。
收益	2000—2006年推行农村税费改革,2006年废除延续千年的农业税,取消村提留、乡统筹。	我国实行对农业由"取"向"予"的转变,开始着手构建农业支持保护体系。 2004年国家按承包主体发放农业直接补贴。 2006年实行农资综合补贴。
处分	农村集体所有的土地不能出让,只有被征为国有土地后才能出让。 多个文件反复强调,土地经营权流转要尊重农民意愿,不得硬性下指标。	主要体现在流转方式的规定上。 1984年农户可以自找对象协商转包。 2007年《物权法》规定,土地承包经营权人有权采取转包、互换、转让等方式流转。 2008年增加了股份合作的流转方式。 2013年允许土地承包经营权抵押、担保、入股。

---

① 叶兴庆:《集体所有制下农用地的产权重构》,《毛泽东邓小平理论研究》2015年第2期。

　　从演变历程可以看出,在"两权分离"的制度框架下,产权逐步强化,农户的产权强度逐步增大,我国家庭承包经营实现了从生产经营责任制向产权制度的转变。农地产权的权能分割及变化趋势可以概括为农地集体所有权的权能逐渐收缩,土地承包经营权的权能逐渐扩张,从用益物权逐渐转变为"准所有权"①。

　　新时代,"三权分置"农地制度改革表现出强烈的路径依赖性,延续了"两权分离"农地制度的演变趋势。在"两权分离"格局基础上,所有权、承包权和经营权"三权"对占有、使用、收益和处分"四大权能"进行了重新分配,经过重新分配之后,"三权"分别具有了新的权能边界。

　　1. 明确界定集体所有权的权能

　　首先,明确现行农地集体所有权的特点。

　　现行农地集体所有权具有团体性。一定集体经济组织范围内的全体农民形成一个不具有法律人格的共同体,集体所有的土地的占有和处分应由集体决策,集体成员不得单独对集体土地行使所有权;现行农地集体所有权具有身份性,集体成员对集体土地的权利与该成员属于某一集体经济组织的身份紧密相关,取得了成员资格即取得了相应的权利;现行农地集体所有权还具有限制性,其限制性体现在某些权能的缺失上,比如:在使用上受制于国家土地用途管制,在处分上受制于国家禁止集体土地买卖。此外,集体土地所有权还受到内部制度的限制,集体土地所有权的行使不得违背集体经济组织成员的共同利益。

　　其次,明确农地集体所有权行使的形式。

　　一是农地集体所有权通过承包经营行使。《土地管理法》和《农村土地承包法》对集体土地承包经营关系的设立、变更及调整、原则、程序作了明确的规定。二是农地集体所有权通过集体决策行使。集体所

————————

　　① 叶兴庆:《从"两权分离"到"三权分离"——我国农地产权制度的过去和未来》,《中国党政干部论坛》2014 年第 6 期。

有权应由全体集体成员通过法律或集体组织章程规定的民主程序共同行使,集体成员个人意志应服从集体意志,个人利益不能凌驾于集体利益之上,集体成员不得单独对集体土地行使所有权,不经集体同意,不得请求分割、转让或继承集体土地,对集体土地的占有、使用、收益、处分应当由集体决策。三是农地集体所有权通过代表行使。集体土地所有权需要特定机构作为所有权人的代表,对外行使所有权人的权利并履行相应的义务,对内协调集体与成员、成员与成员的利益关系并作为承包经营关系的发包方。《物权法》规定由各级集体经济组织代表集体行使土地所有权。现实中,各级集体经济组织均推选负责人,由其具体执行所在组织的意志①。

最后,明确农地集体所有权的权能。

通过以上对农地集体所有权的特点和行使方式分析,可以看出,对待集体所有权,既不能过分强化所有权,又不能虚化所有权,而是应该明确集体所有权权利主体的法律地位,探索农地集体所有制的实现方式,健全农村集体土地产权制度。在当前"三权分置"农地制度改革的顶层设计指导下,需要弱化集体经济组织在土地使用和收益方面的权利,而强化在占有和处分方面的权利。具体表现在:一是享有发包权和调整土地权。集体经济组织通过承包合同,确保集体经济组织成员享有稳定长久的承包权。但在遭遇严重自然灾害等特殊情形下可以对部分耕地进行适当调整。二是享有管理监督权。集体经济组织必须严格坚持"三条底线",建立健全完善的动态监督制度,发挥集体经济组织在土地经营权流转过程中的管理监督权,重点是监督弃耕抛荒行为,同时为农地流转提供相应的组织服务。三是享有土地征收补偿权。农村集体经济组织应当参与到土地征收补偿费分配方案和分配办法过程的

① 邹秀清:《中国农地产权制度与农民土地权益保护》,江西人民出版社 2008 年版,第 217 页。

关键性环节。四是享有一定的自由处置权,不断创新集体经济组织行使处分权的做法。比如,上海松江家庭农场实行新的"反租倒包",村集体将从承包户手中租过来的土地分包给经营者,村集体不但不截留土地流转费,还要给予流转奖励,既解决了农地分散化的问题,又维护了农民的利益,顺利实现了土地细碎化分散化向农地规模经营的转变。

2. 明确界定农户承包权的权能

全面理解承包权必须首先把握土地承包经营权。土地承包经营权是在改革开放以后提出的,首次出现在1986年的《民法通则》中,后来在多部法律中相继出现,其内涵和精神都是一致的,强调它是农户或农民维持生存和发展的基本权利。经过三十多年的时间,"土地承包经营权"依然被沿用至今,并且在法律和政策文件中呈现出日益强化的趋势。从《农村土地承包法》中将农民的土地承包经营权期限延长至30年,到十七届三中全会规定农民承包关系长久不变,再到十八届三中全会指出"稳定农村土地承包关系并保持长久不变",可以看出,"土地承包经营权"已然得到法律层面和政策层面的支持,"三权分置"中也体现了承包经营权的强化。

在"三权分置"中,"土地承包经营权"居于核心地位,但是,对"土地承包经营权"的享有和行使存在很多的限制。"土地承包经营权"的权利人必须是本集体经济组织的成员;权利客体必须是耕地,这就决定了在行使权利时必须坚持"农地农用"原则;该权属于用益物权,如果土地不流转,"土地承包经营权"是一个整体,归属于农户或个人,一旦发生土地流转,承包权继续被保留,经营权则将转移给新的经营主体。

"三权分置"农地制度改革的关键是"土地承包经营权"分离后的承包权与经营权权利内容如何确定,这将直接影响农民的增收、农业的资源配置效率和农村的公平稳定发展。《物权法》(第125、128、132条)中已赋予承包经营权以占有、使用、收益等权利内容。在"三权分置"农地制度中,这些权利内容被赋予了新的内涵。

一是承包关系保持权。党的十七届三中全会明确提出,现有土地承包关系要长久不变。"长久不变"指的是坚持农村土地集体所有制和基本经营制度不动摇,依法赋予农户稳定的承包权,第二轮农地承包期满后继续承包土地,使土地承包形成的权利义务关系更加稳定。承包权属于成员权,具有极强的身份性,只有本集体经济组织成员才享有此权利,土地流转出去的仅仅是经营权,是承包权让渡出去的权利,等到流转期满后,经营权回归,承包户依然享有完整的承包经营权。

二是收益权。"三权分置"框架下,自耕农享有承包权的完整状态即包括承包权和经营权。承包户经过土地流转后保持承包权长久不变,将分离出来的经营权流转到家庭农场、专业合作社等不同的农业经营主体,承包方将根据相关政策法律签订流转合同享受财产收益。如果两权分离的方式不同,承包方获得收益的方式也会不同:如果将经营权入股出资,承包方就会获得相应的股份;如果将其抵押给金融机构,承包方就会获得相应的贷款;如果将其委托于信托机构时,承包者就会得到相应的收益基金;等等。

三是征地补偿权。这里所说的征地,指的是征收,即所有权的改变。我国《物权法》第42条、第121条、第132条都分别规定了承包经营权人的征地补偿权。但是具体法律条文中包含一些模糊的概念,比如"为了公共利益的需要"可以征地,实际上"公共利益"缺乏具体的标准,以至于地方政府打着城镇化的名义征地的现象时有发生,所以,应当严格界定"公共利益"的范围。在征地模式上,应当对土地承包经营权与集体土地所有权分别征收;在实际程序上,真正兼顾承包人的意愿,保证他们的诉求表达权、知情权和监督权;在补偿原则上,综合考虑农地的生产功能、财产功能和社会保障功能,按土地的实际市场价值来确定征收补偿费用,基于合法、公平的理念,全面体现土地的价值和功能;在征地范围上,应该尽可能地缩小征地范围,提高农民土地收益的比例。

四是继承权。在城镇化的加速推动、农业劳动力转移、非农就业收入所占比例越来越高的情况下,承包经营权的社会保障功能逐渐减弱、财产价值日益凸显。随着城乡户籍制度的逐渐消除,赋予承包权以可继承性是新时代对承包权权能的丰富和对农民财产的保护。尽管这样可能出现土地细碎化,但完全可以通过完善土地折价赔偿的办法鼓励已不再从事农业经营的继承人放弃或转让承包权。而不是将解决问题的思路仅仅局限在就土地解决土地问题,否则在人地矛盾严重的情况下会造成"内卷化"现象。党的十八届三中全会明确提出,赋予农民对集体资产股份占有、收益和继承权。承包者去世后,继承人应依法继承,经营人的权益不受影响,这是对"稳定承包关系长久不变"政策的积极回应。

五是赋予承包权有限的处分权能。承包权的处分权能是有限的,因为承包方必须是本集体经济组织的成员,只有具有了集体经济组织成员的资格,才能享有承包权。承包权可以退出集体经济组织,但不能向集体经济组织之外的主体流转交易。同时,"三权分置"框架下,分离出去的经营权可以抵押,但承包权不能抵押。①

3. 明确界定经营权的权能

首先,明确经营权的主要特点和性质界定。

《物权法》已经明确土地承包经营权属于物权。"三权分置"下,土地承包经营权进一步细化为承包权和经营权。农地的四大权能在两权之间重新分割,经营权由农户向外让渡给实际农业者,从而使得农民的承包土地资本化,既增加了农民的财产性收入,又促进了土地的规模化经营。

"三权分置"的核心就是在承包经营权基础上分离出经营权。从

---

① 冯华:《农村土地制度改革,底线不能突破》,《人民日报》2013 年 12 月 5 日。

理论上讲,经营权分为通过承包获得的原始经营权和通过农地流转获得的继受经营权,但由于原始经营权在现实操作难度大,一是家庭经营农户土地面积小,评估价值低,折算贷款额度太少,现实意义不大;二是银行对抵押物主张执行难,一旦发生还款违约,银行很难拿到经营权。所以,我们所讲的经营权一般是指继受经营权,它一般具有以下特点:经营权的主体一定是现有农地承包经营权之外的经营主体,可以是本集体经济组织之内的成员,比如种粮能手等,也可以是本集体经济组织之外的主体,比如合作社等,还可以是跟本集体经济组织无任何关系的其他主体,比如农业企业等;"经营权"的客体仅限于耕地,在行使权利的过程中必须坚持农地农用原则;"经营权"必须要有期限限制,当前各地普遍适用的是《合同法》中债权性质的租赁权20年期限的规定,也有专家学者认为,土地经营权应该属于物权的范畴,所以应该有更长的期限。虽然,目前尚无明确具体的期限规定,但在"经营权"必须有期限限制这一点上各界已经达成共识。

确定土地经营权的权利性质是界定土地经营权权能的首要条件。"经营权"到底是债权还是物权呢? 土地经营权是中央顶层设计成果,虽然相关法律的修订表现出滞后性,但从中央文件表述来看,土地经营权不属于债权,而应当属于物权;否则,针对土地经营权的转让、抵押及担保就不能成立。反之,如果将"经营权"设计为物权,那么它不但能够用于抵押担保,而且还会呈现出期限的保障、独立起诉应诉的权利等法律制度上的优点。

其次,明确经营权的具体权能。

根据中央文件精神和上述论述分析,土地经营权的权能可以概括为"经营自主,多样流转,可抵押可担保可处置",具体表现为以下几点。

一是在占有权方面,鼓励流转合同长期化。"据2005年浙江省农业厅课题组的调查显示,绍兴、金华两市300个大户中,62.7%认为投资的最大制约因素是'土地承包期太短',他们的土地承包期平均为6.4年。"①因此,只有改变目前很多涉农地区流转合同短期化的现象,才能真正促进农业经营主体大胆投资、精心耕作、用地养地、稳定预期。

二是在使用权方面,经营主体通过与承包方签订流转合同的方式获得承包地,拥有种植决策权、田间管理权和产品处置权,但必须是在地块上从事农业生产经营活动。同时,积极响应国家政策,为了解决土地细碎化问题,鼓励经营主体进行土地平整,增加实际耕地面积,加大对农田基础设施的投资力度,以便对农田进行科学管理和机械化耕作。

三是在收益权方面,围绕提高规模经营主体的综合收益,改革农业直接补贴的分配方法,逐步向实际务农者倾斜。国家下发各种农业补贴的政策,主要是为了减轻实际农业生产经营者的负担,提高实际农业生产经营者的积极性,给予他们适当的扶持。此外,"三权分置"将经营权从承包经营权中分离出来,使其相对独立化,并允许经营权进入市场交易,势必引起地租增加,及时防范和处理"地租侵蚀利润"现象,保证实际经营者的收益。

四是在处分权方面,允许以经营权再流转、担保、抵押、入股和继承。需要注意的是,行使处分权的主体可以是自耕农,也可以是农地流转后的经营者;被处分的客体是经营权,而不是承包权。国家应尽快制定相应的法律法规,使自耕农和农地流转后的经营者都能够以经营权抵押、担保或入股。与此同时,为维护承包户的利益、防范经营者经营失败、拖欠土地流转费,应该把缴纳风险保障金作为抵押的前置条件,建立风险保障金制度。

综上,综合权衡基本国情和路径依赖,按照"落实集体所有权、稳定农户承包权、放活经营权"的思路进一步明确三权在四大权能中的

---

① 叶兴庆:《农村集体产权权利分割问题研究》,中国金融出版社2016年版,第13页。

权利边界,"三权"的权能如下(见表1-3)。

表1-3 "三权分置"下农地产权重构表

权能	所有权	承包权	经营权	
			自耕农的经营权	农地流转获得的经营权
占有	监督权、管理权	长久不变(试点地区推行70年)	长久不变	期限由合同约定,鼓励流转合同长期化,但不能超过剩余承包期
使用	特定情况下统一经营	农业生产经营	农业生产经营	农业生产经营
收益	农地征收补偿费	农地征收补偿费、退出承包补偿费、流转收益(如果农地流转)	国家农业补贴、自主经营收益	国家农业补贴、农业生产收益
处分	严禁买卖	自愿退出权和继承权,可转让、互换,但不得抵押、担保	可出租、转让、入股、抵押、担保、继承	可出租、转让、入股、抵押、担保、继承

(三)把握"三权"的相互关系

习近平总书记指出,要好好研究所有权、承包权、经营权三者之间的关系。只有明确"三权"的权利边界及相互关系,才能真正理解"三权分置"的制度内涵。从中国农村土地制度的演变历程看,三权既有整体效用,又各具功能,既紧密相连,又层层派生,但是内涵和侧重点各有不同,集体所有权、承包权和经营权的核心分别是处置权、财产权和收益权。"三权分置"改革旨在实现三权的大体均衡和同等保护①。

"三权分置"框架下,坚持集体所有权是协调"三权"关系的前提。坚决维护集体所有制是历次土地制度改革的经验总结,也是今后土地制度改革的基本原则。集体所有权是集体所有制实现的法权制度。

---

① 韩长赋:《土地"三权分置"是中国农村改革的又一次重大创新》,《光明日报》2016年1月26日。

"三权分置"下,集体所有权是最基础的权利,所有权与土地承包经营权的关系是"基础权利"与"派生权利"的关系,在土地流转中,承包经营权派生出经营权,集体所有权必须通过承包权和经营权得到充分的体现和保障——农户承包权的取得和变动都要体现农民集体的意志,同时,农民集体享有土地经营权流转的知情权和监督权。

"三权分置"框架下,维护农户承包权的财产权益是协调"三权"关系的核心。农户依法享有土地承包权,这是集体所有权的具体实现形式。不管承包地如何流转,或不流转自营,或农民进城,都要积极采取措施最大程度地保护农户承包土地的财产权益。农民户口和居住地的迁移都不会动摇和改变农户的承包权。同时,经营权从土地承包经营权中剥离出来,发展成为独立的权利,并具有了流转功能,这样,一可以打消农民的失地之忧,有利于农村的稳定;二可以推进农地流转,提高农业规模化经营水平。

"三权分置"框架下,发挥土地经营权的要素功能是协调"三权"关系的关键。"三权分置"下,使农地经营权流动起来,充分发挥农地的生产增值功能,使农地得到合理有效配置,破解农地细碎化分散化的生产经营困境,实现农业适度规模经营,提高经济效率。同时,发挥农地经营权的抵押融资功能,解决农业生产的资金瓶颈。但是,经营权的行使必须坚持"两个保证",即保证农地集体所有的性质和保证农户的承包权益。

二、中国特色农地制度"三权分置"改革的特点

改革开放40年以来我们取得的巨大成就,归功于注重理论的继承与创新对改革实践的指导作用。"三权分置"是对马克思农地产权制度理论和中国特色农地产权制度改革理论的继承,同时又借鉴了西方制度变迁和现代产权理论,是来源于实践并将继续指导实践的理论创新。"三权分置"是继家庭联产承包责任制之后的又一大制度创新,它

不是对现有农地制度框架的否定,而是在坚持基本农地制度和农业经营制度的框架下,适应新的时代要求而进行的制度设计和创新,自身具有鲜明的特点。

(一) 从以所有制为中心到以产权为中心

生产关系的基础是所有制问题。按照马克思主义基本原理,社会生产力的发展必然以所有制结构适应社会生产力的发展水平为前提。改革开放以来,我国主要是围绕土地使用制度来安排农地产权制度的,对于所有权的归属与界定,改革设计方案大多局限于传统的集体所有制,或者说是对传统集体所有制的"查漏补缺"而已。究其原因,"这一问题在经济上和政治上过于敏感使然"①,而不是所有制的改革并不重要。从经济学意义上看,农业领域的土地更倾向于"私人物品",如果对"私人物品"实行传统公有制,必然会影响生产效率,这一点早已被国内外的实践所证明。而我国长期以来限制在所有制理论"非公即私"的理解中,我国农地制度一直强调集体所有制,改革在遇到这个问题时就"停止不前"或者"绕道而行"。

经济所有制关系的法律表现形式是产权,产权是一组权利束,各项权能之间可以相互分割,产权除了具有可分割性,还具有经济实体性和流动独立性。与单纯的所有制制度相比,以法权形式体现所有制关系的产权制度更能适应市场经济,因为在市场经济条件下,产权制度更能规范商品经济中的财产关系,约束人的经济行为。

改革开放以来,我国农村集体所有制逐渐演变为一种复杂的土地权利关系,逐渐形成了"三权分置"的产权结构②。"三权分置"的理论指导从所有制理论转到法权意义上的产权理论,侧重对农地产权权能分割及其拓展理论的应用和发展。邓小平的"两个飞跃"思想中通过

---

① 盖国强:《让农民把土地当成自己的——农村土地制度创新研究》,山东人民出版社 2014 年版,第 109 页。
② 王小映:《"三权分置"产权结构下的土地登记》,《农村经济》2016 年第 6 期。

农地集体所有权与承包经营权的分离坚持了此理论,"三权分置"是在新的时代条件下,进一步细化了承包经营权,将"两权"拓展为"三权",并赋予抵押、担保等新的权能,更加强调收益权、使用权等权利,这更能适应当前改革的市场化方向,有利于减少农地制度改革的阻力,有利于建立土地市场,有利于农业的适度规模经营。

"三权分置"增强了农村土地承包经营权的物权属性,从而使广大农民可以放心大胆地流转土地。同时,"三权分置"为实现农村土地承包经营权增值创造了条件。农村土地承包经营权必须进入土地交易市场进行交易才能实现增值,"土地经营权分离出来后,可以用经营权代替作为不动产的土地进行交易,实现生产要素的合理流转,从而实现党的十八大提出的增加农民财产性收入的要求"[①]。

从"两权分离"到"三权分置"的发展来看,产权是国家所有还是集体所有,并不是问题的关键。一方面,家庭承包制的实行实现了两权的分离,劳动力转移与人地关系的变化所带来的土地流转,进一步推进了三权的细分,产权的细分在一定程度上避免了人为强制和行政干预。另一方面,产权的细分进一步提升了产权的实施能力,土地集体所有保持不变,但不同主体的权利边界与权能相对清晰,从而有利于产权交易的市场化与优化配置。

(二) 从土地"福利保障"的赋权体系转向"财产权利"的赋权体系

如果农地制度过度关注土地保障功能的制度取向,小农经济的农业经营格局不可能得到根本性的改变,就会与当前的农业现代化的目标背道而驰。因此,必须推进土地功能及其赋权的转换。土地集体所有制理论将集体土地定位为稀缺资源,所以,主要依靠行政手段来管理土地。而"三权分置"将集体土地定位为资产和商品,所以,主要依靠

---

① 于学江:《山东省农村土地流转的影响因素分析与对策研究》,光明日报出版社2014年版,第8页。

市场机制来经营土地,可以对现行土地集体产权制度进行股份制改革。土地实现从资源到资产、保障功能到市场功能的转变后,人口增减与土地的分配脱钩,但与土地的收益挂钩。这一点恰是对马克思的土地商品化和配置市场化理论的丰富和发展。土地承包关系长久不变并不意味着将土地凝固化,而是引入市场机制,将土地各项权能进行重新分解并实现不同主体对土地权利的共享。只有将土地,确切地说,是将土地的经营权流动起来,才能使土地资源实现最优配置。这也是全面深化农村改革的必然要求。

土地实现从资源到资产的功能转变后,需要特别注重保护农民的土地权益。比如,我国在过去一段时间的实践中形成了"只要符合国家利益和社会公共利益,产权者就要作出让步甚至牺牲"的单一控股制思维,在征收征用土地时不重视产权,致使农民权益受损,这种惯性思维一定要彻底改变。还有土地流转中价格形成机制、风险防范机制和纠纷调解机制的健全等都需要政策和法律为农民的权益提供保障。

(三) 实现了集体、农户和经营主体对土地权利的共享,体现了新发展理念

理念决定思路,思路决定出路。党的十八届五中全会提出了新发展理念,新发展理念不仅是"十三五"时期,而且是今后很长时期我们要贯彻落实的重要发展理念。其中,"共享"是发展的最终目的。我们追求共享发展,不仅体现了党全心全意为人民服务的宗旨,而且是实现社会主义社会的本质要求。社会主义的本质就是最终实现共同富裕,因此,共享是我们的必然追求。

"共享"的发展理念也深深地贯穿在我国的农地制度改革中。自新中国成立以来,我们一直不懈地探索具有中国特色的土地制度,开拓农地集体所有制的实现形式,就是为了保证农民群众能够实现共同富裕,共享经济社会发展的成果。当前,我国正处于全面建成小康社会的决胜期,"三农"问题是实现全面建成小康社会的短板,而农地制度是解决"三农"问题的关键。"三权分置"指明了农地制度改革的未来方向,它通过将"三权"分开设置,并且进一步扩权赋能,对农地产权权利进行重新构造,旨在实现集体、农户和经营主体三方对土地权利的共享。"三权分置"贯彻了中国特色的"共享"发展理念,为全面建成小康社会奠定了"三农"领域新的制度基础。

(四) 丰富了我国农村基本经营制度"统"和"分"的内涵,展现了农村基本经营制度的持久活力

"三权分置"使我国农村基本经营制度"统"和"分"的内涵发生了变化,实现了"集体所有、农户承包、多元经营",逐渐丰富了原来"集体所有、农户承包经营"的双层经营体制。具体来说,在家庭经营层次上,从单一的传统承包农户,向农户、专业大户、家庭农场等多元经营主体共存转变,在统一经营服务层次上,从过去单一的集体经济,向集体经济、合作社、龙头企业、社会化服务组织等经营服务体系转变,两方面共同构成了立体式复合型的新型经营体制,展现了农村基本经营制度的持久活力。

(五) 兼顾了效率和公平,发挥了适度规模经营在现代农业中的引领作用

改革开放之初,"两权分离"平等地赋予了农民承包经营权,调动了农民的生产积极性,促进了农村生产力的发展。新形势下,一方面,面对国际农业竞争和国家粮食危机,通过农业规模经营提高农业竞争力,进而实现农业现代化成为必然选择;另一方面,虽然农业劳动力已经大量转移,非农就业人数增加,承包地的社会保障功能明显弱化,但由于城镇化尚未完成,承包地依然并将可能在今后很长一段时间内发挥托底作用。"三权分置"既兼顾了农业问题和农民问题,又同时注重效率与公平,在保护农民承包权益的基础上,促进经营权在更大范围内优化配置,发挥多种形式的适度规模经营在现代农业中的引领作用,提升土地产出率、劳动生产率和资源利用率,为中国特色新型农业现代化

道路开辟了新路径。

本章小结

"三权分置"作为重大的理论创新和制度创新,具有深厚的理论根基和实践依据。它是马克思土地产权制度理论和中国特色农地产权制度理论在新形势下的继承和延展,同时,适应了国际农业竞争和国内农业现代化、城镇化、农业劳动力转移及农民土地流转需求增加的现实。

"三权分置"是继家庭联产承包责任制之后的又一大制度创新,它坚持了"集体所有,均田承包,家庭经营"的大格局,继承了"两权分离"制度安排的精髓,通过产权的丰富和细分,将承包经营权进一步细分为承包权和经营权,赋予两权更多的权能,并使其相对独立化,以承包关系长久不变确保农民的财产权益,以放活经营权促进农地资源在更大范围内优化配置,从而促进农业现代化。科学设定、正确把握"三权分置",必须好好研究"三权"的权能边界及其相互关系,最终形成三权大致均衡、同等保护的局面。

"三权分置"不是对现有农地制度框架的否定,而是在坚持基本农地制度和农业经营制度的框架下,适应新的时代要求而进行的制度设计和制度创新,自身具有丰富的内涵和鲜明的特点。它实现了农地制度从以所有制为中心的赋权体系向以产权为中心的赋权体系转变;从土地"福利保障"的赋权体系向"财产权利"的赋权体系转变;实现了集体、农户和经营者对土地权利的共享,体现了新的发展理念;丰富了我国农村基本经营制度"统"和"分"的内涵,展现了农村基本经营制度的持久活力;兼顾了效率与公平,发挥了适度规模经营在现代农业中的引领作用,为中国特色农业现代化开辟了新路径。

第二章　新中国成立后中国农地制度的历史演进过程

对农地制度的历史梳理是研究"三权分置"改革的逻辑起点。新中国成立后,我国农地制度改革经历了一个不断探索和不断创新的漫长过程,系统梳理马克思主义中国化进程中我国农地制度从"两权合一"到"两权分离"再到"三权分置"的演变历程,总结其内在逻辑和规律,对于整体把握现阶段"三权分置"改革具有重要意义。

第一节　从"两权合一"到"两权分离"

新中国成立后至改革开放之前这段时期,中国共产党结合国家政治形势和经济形势,带领广大农民围绕土地产权制度等土地问题进行了改革探索。概括来讲,这一时期我国农村土地产权制度先后进行了三次重大的变革,即由封建地主私有到农民所有,经过"农民私有,集体经营",再到"集体所有,集体经营"的过程。

一、"农民所有,自主经营"土地产权制度的确立(1949—1953 年)

土地改革是我国在取得革命胜利后首先进行的制度变革。当时,新中国虽然已经成立,但是我国面临的形势十分严峻,不仅要使生产关系集体化,而且要满足广大农民的需求,最大程度地得到农民的政治支持,保卫新生政权,同时,还要从农业中提取经济剩余资助工业,以实现国家的工业化。因此,1950年《中华人民共和国土地改革法》中规定了保存富农经济和保留富农土地权利的土地政策,采取了平均分配土地的办法,规定了废除地主土地所有制、实行农民土地所有制。1953年,土地改革基本完成。1954年《宪法》将农民的土地所有权以法律形式确立下来。土地改革实现了土地产权制度由"地主所有,租佃经营"到"农民所有,自主经营"的转变,农民拥有完整的土地所有权,可以从事土地买卖和转让等交易行为。

二、"农民所有,集体经营"土地产权制度的确立(1954—1956年)

从1954年到1956年,中国经历了农业的社会主义改造,开展了农业合作化,土地产权结构演化为"农民所有,集体经营"。这一时期推行农业合作制度有其深刻的政治经济背景。

其一,小农经济出现了分化,中央高度重视。

经过土地改革,我国确立了私有私营的农地产权安排,农民个体经济因为适应了当时农村生产力水平,又有新政权的支持,土地改革在农业增长中表现出巨大的制度绩效,农民的经济条件不断得到改善。为了实现"耕者有其田",土地改革中坚持了平均分配的方法,让农户公平地得到了土地。但由于保留了土地买卖和转让,小农经济在发展的同时也出现了分化。首先,一些经营能力强的农户对土地产生了新的需求,另外一些经营能力弱的农户却难以维持正常的生产,这样就产生了土地的供需双方,土地买卖出现,一部分农户卖出土地,而另一部分农户买进土地,扩大经营。其次,在土地买卖过程中,经营能力强的农户因为扩大经营规模而雇工经营,失去土地的农户就成为雇佣劳力,这样就产生了雇佣关系。最后,因为农村中产生了贫富分化,农村中出现了互助借贷,有的演变为牟取暴利的高利贷,后来,借贷关系越来越普遍化,甚至导致农村出现了阶层分化。在农村中出现的土地买卖、雇佣关系和阶层划分现象,引起了中央的高度关注,开始反思新的农业发展道路。

其二,生产力发展水平和小农经济的局限性。

新中国成立之初,由于我国基础差、底子薄,生产力发展处于低水平。中国国民收入总额为358亿元,人均国民收入仅为66元,在国民收入中,来自工业部门的收入为45亿元,仅占12.6%,来自农业部门的收入为245亿元,占68.4%,工业部门数量稀少、技术落后、分布不均,而且以轻工业和原材料生产为主。农业家庭经营规模小,力量分散,缺乏技术指导和大型农田水利基础设施,应对市场和抵御各种自然灾害的能力低下等,当时中国农村居民家庭恩格尔系数在98%以上,属于典型的"生存型农民"。面对种种情况,农民迫切需要被"组织起来"。

其三,新的经济社会发展战略的确立。

1953年,我国确立了过渡时期的总路线,"一化三改造"的总路线对我国农地产权制度的变迁具有深刻的影响:一是通过对农业、手工业和资本主义工商业的改造逐步实现国家的工业化,工业化的经济战略导致工农业关系紧张,而这种紧张关系又使国家不断通过一系列制度安排集中控制资源和剩余。二是通过改造私有制的经济基础,确立了社会主义基本经济制度的明确目标。

为了防止重蹈历史覆辙,不再出现"土地均分—土地兼并—大地产"的循环,决策层达成以下共识:小农经济不稳定,会导致两极分化;小农经济不能适应农业现代化的发展,同时与社会主义和工业化存在矛盾。于是,在总结革命根据地和解放区农业生产互助合作经验的基础上,实行渐进化方式,坚持农民自愿原则,经过互助组、初级农业生产合作社和高级农业生产合作社这种由低到高的互助合作的组织形式。其中,互助组阶段的农地产权结构是"农民所有,生产互助合作",农民拥有生产经营决策权、产品处置权和剩余索取权;初级合作社阶段的农地产权结构是"农民所有,初级社集体经营",在农民自愿的前提下,实行"土地入股、统一经营"的制度。

客观地说,20 世纪 50 年代初,在"耕者有其田"基础上发展农民的互助合作经济是符合中国国情的,方向是正确的,农民是能够接受的。但是,当时从初级合作社到高级合作社,再到"一大二公"的人民公社,推行得过快过急,保护农村土地农民所有的时间过短,违背了农民意愿,生产关系的变革严重超越了生产力发展的实际需要。

三、"集体所有,集体经营"土地产权制度的确立 (1957—1978 年)

高级合作社时期,我国农村土地集体所有制初步形成。参加合作社的农民必须把土地及其附属的水利设施和其他主要生产资料转为合作社集体所有,集体所有制的合作经济在农业经济中处于绝对优势地位。这种"集体所有,集体经营"的农地产权结构取消了农民土地私有制,也否定了农民的土地财产权利。"高级社的建立直接导致了我国农村由以分散性为特征的小农经济社会转变为以高度集中为特征的经济社会,农村经济、农村社会和农民本身被纳入新的集中体制之内,对以后的农地产权结构变迁产生了深远的影响"①。

为了巩固农业合作化成果,全国掀起了"小社并大社、从乡内扩展到乡外、从县内扩展到县外"的"人民公社化"运动。人民公社的特点是一大二公,实行经营上的政社合一和分配上的平均主义。主要采用行政命令的方式,要求过急、规模过大,生产效率严重下降,土地经济关系严重扭曲,致使农业经济很快出现了危机。1959 年,中央确立了人

---

① 邹秀清:《中国农地产权制度与农民土地权益保护》,江西人民出版社 2008 年版,第 42 页。

民公社的三级所有制,其中,以生产大队所有制为主导。1962 年,明确了生产队为人民公社的基本核算单位,至此,"三级所有,队为基础"的土地集体所有制形成。

同样是实行农地"集体所有,集体经营","两权合一"的人民公社体制与高级社相比,其差异性主要表现在层次和形式上。首先,人民公社时期的集体所有制本质是一种国有产权的全面产权管制形式。国家成为所有制经济要素的第一决策者,特别强化国家对集体经济组织的控制,实行高度集中的指令计划模式,而集体的生产决策权、产品处置权和收益分配权等逐步丧失,集体成为国家意志的贯彻者和执行者。其次,人民公社体制确立了"三级所有,队为基础"模式,产生了三个层次的产权主体,相互之间产权边界不清晰,必然导致监督成本高、经济效率低下等问题,而且农地规模越大,对生产和组织进行监督的成本越高,农业生产效率越是下滑。

四、农地产权制度变迁的评介

新中国成立到人民公社时期,我国农地产权制度变动十分频繁。究其原因,既体现了经济社会发展的要求,又表现了对政治理想的追求。就产权制度变迁来说,表现出与经济发展战略的高度相关性、国家意识形态偏好的决定性和政府主导性三个特点。

(一) 农地产权制度安排服从于经济发展战略

新中国成立后,在国家工业化目标的指导下,我国作出了农村集体经济为国家提取农业剩余和形成原始积累的制度安排。人民公社体制虽然超越了当时生产力水平,但是由于广大群众进行社会主义建设的极大热情、迫切改变贫穷状况的急切愿望以及中国共产党组织群众的强大能力,在农田水利基础设施建设等方面取得了很大效果,完成了国家工业化原始积累的任务。但是,这些成绩的取得是以取消农民的土地财产权利和禁锢生产要素的流动为代价的,以至于为后来的农业现代化埋下了诸多隐患。

（二）国家意识形态偏好对土地产权制度变迁的决定性作用

从新中国成立到人民公社时期的土地产权制度安排,国家作为制度的供给者,更多的偏向于政治的考虑。1950 年土改时期,提出实现"耕者有其田",最大程度地获得农民对新政权的支持。集体化时期,由于国内经济赶超战略的推进、对右倾保守思想的批判和强烈的意识形态化,指导思想上否认社会主义条件下商品经济存在的必要性和可能性,加之西方国家在第三次工业革命的浪潮下得到突飞猛进的发展,而我国与之相比,差距已经十分明显。面对国内外的严峻形势,党内出现了对"公有制"和"集体经济"的绝对崇拜和急功近利的思想观念。可以说,从互助组、合作社到人民公社的制度变革,贯穿其中的是环环相扣的体现国家意识形态偏好的乌托邦理想和实施方案。

（三）政府主导的强制性制度变迁

新中国成立后,我国最先对土地制度进行变革,发起了土地改革运动,确立了农民的私人产权。在这个产权制度的确立过程中,国家意志发挥了至关重要、不可替代的作用。可以说,国家制造了产权,但当国家意志改变时,产权制度安排必然会随之发生变化。从土地改革、合作化再到人民公社,特别是从初级社到高级社,仅仅用了一年半的时间,农村基本经济制度就发生了根本性的变化。速度之快、变革之彻底正是这种制度变迁逻辑发挥作用的结果。但是,在制度变迁过程中,集体和农民的意志就容易被忽略,缺乏与国家博弈的合法化和制度化的谈判地位。

这里,需要注意的是,同样是政府主导的强制性制度变迁,土地改革、互助组和初级社获得了成功,而人民公社却问题多多呢? 人民公社是具有超前性的强制性制度安排,它超越了当时生产力发展水平,忽略了国家、集体和农户的关系,出现了供需错位;农民从政府获得的土地权利又无偿归还给了集体,农民的土地财产权利被彻底剥夺;它采取的是行政命令的手段,通过过急过快的方式来实现绝对集体化,因此,人民公社从一开始就暴露出制度缺陷,很快就显露出这一制度运行的不适应性,导致了缺乏激励、监督和产权残缺等问题,影响了农民的生产积极性,造成了农产品供给增长下降。正是因为人民公社体制的种种弊端,它从确立之日起改革它的需求就产生了,农民自发的诱致性制度变迁即使在其高潮时期也从未停止过,这些来自农民首创的自下而上的实践探索为后来我国农地产权制度改革奠定了创新的基础。

第二节　从"两权分离"到"三权分置"

1978 年,我国农村改革从土地制度开始破题,逐步改变了"两权合一"的人民公社制,确立了土地集体所有权和承包经营权"两权分离"的家庭联产承包责任制,实现了农地制度的重大创新。家庭联产承包责任制经历了诱致性变迁到强制性变迁的过程,它首先源自于农民的实践探索,但是,真正确立还离不开政府的认可和支持。其确立实质上是国家政策不断放宽、调整和推广普及的过程。

一、"两权分离"农地承包政策的形成和发展

在我国,农地政策始终制约着农地制度变迁的基本轨迹。1978年,党的十一届三中全会召开,作为农村制度体系核心的土地制度开始迈出改革的步伐。它首先结束了人民公社制,从保障生产队的自主权到不联产计酬再到联产计酬,逐渐形成了包产到组、包干到组、包产到户、包干到户等各种承包责任制,后来被中央统一界定为"家庭联产承包责任制",于 1983 年写入第六届全国人民代表大会的政府工作报告中。需要说明的是,这次农地制度改革中农地所有权并未发生变化,其实质是农业经营制度的改革,从中央确定的名称看,1993 年《宪法》修正案将"家庭联产承包责任制"正式定名为"家庭承包经营",1998 年党的十五届三中全会改为"家庭承包经营制度"。自家庭联产承包责

任制确立至今,中国农地制度改革经历了"统分结合的双层经营体制"基本确立时期、农地承包关系稳定时期、农地承包关系长久不变和农地制度的动态稳定时期①。在不同时期针对不同的目标和任务,各项政策纷纷出台并逐步深化,构建了完整的"两权分离"农地制度框架。

为了准确把握"两权分离"家庭联产承包责任制的演进脉络,笔者将不同时期的国家政策和实质内容做了历史梳理(见表 2-1)。

表 2-1 "两权分离"演进过程表

"两权分离"农地制度的形成阶段	主要特点	时间	相关文件	主要内容
统分结合的双层经营体制确立时期(1978—1993年)	这一时期,中央制定农地政策的出发点就是兼顾集体经济和分田到户。在农地政策的推动下,强调统分结合、双层经营的同时,已实现了农地的承包到户。	1979 年	国家农委七省三县农村工作会议纪要	主要是集中讨论生产责任制问题。包产到户既不同于单干,也不是统一经营;对于群众搞包产到户,既不能勉强纠正,也不能批判斗争;应当允许深山、偏僻地区的孤门独户实行包产到户。
		1980 年	中央 75 号文件	提出尊重生产队的自主权,普遍建立各种形式的生产责任制。
		1982 年	中央一号文件	确立"双包"责任制的合法性;阐释"统一经营"中"统"的内涵。
		1983 年	中央一号文件	人民公社制实质上解体,代之以土地承包经营为核心、以包干到户为主要形式的家庭联产承包责任制;进一步阐释"统"和"分"的内涵。

---

① 孔祥智:《中国农村土地制度:形成、演变与完善》,《中国特色社会主义研究》2016 年第 4 期。

续表

"两权分离"农地制度的形成阶段	主要特点	时间	相关文件	主要内容
		1984—1986年	中央一号文件	继续稳定和完善家庭联产承包责任制；进一步阐释"统"和"分"的内涵。
		1987年	《把农村改革引向深入》	提出完善双层经营体制。
		1991年	《中共中央关于进一步加强农业和农村工作的决定》	正式命名为"统分结合的双层经营体制"。
		1993年	中央11号文件	以家庭联产承包为主的责任制和统分结合的双层经营体制是中国农村的一项基本制度。
土地承包关系稳定时期（1993—2008年）	这一时期,农地政策的主线围绕着延长农地承包期限和允许农地承包经营权流转而展开。中央强调农地对于农民的社会保障功能,因此,稳定土地承包关系是土地政策的最基本考虑,这一时期的农地流转受到诸多限制。但制定政策的初衷和对农地流转的限制条件对后来农地市场化的推进起到一定的阻碍作用。	1993年	中央11号文件	为稳定土地承包关系,将土地承包期再延长30年。
		1997年	《关于进一步稳定和完善农村土地承包关系的通知》	土地承包期再延长30年要在第一轮土地承包基础上进行。
		1998年	《中共中央关于农业和农村工作若干重大问题的决定》	长期稳定双层经营体制,关键是稳定土地承包关系,抓紧制定相关法律法规。将制度命名为"家庭承包制",并确定了"定额租+均分制"制度内涵。
		2002年	《中共中央关于做好农户承包地使用权流转工作的通知》	农地流转必须坚持长期稳定家庭承包经营制度。
		2003年	《中共中央关于完善社会主义市场经济体制若干问题的决定》	依法保障农民对土地承包经营的各项权利。

"两权分离"农地制度的形成阶段	主要特点	时间	相关文件	主要内容
"长久不变"和农地制度的动态稳定时期（2008—2013年）	这一时期,中央制定政策的目标是在农地流转中实现农村基本经营制度的稳定。因此,面对新形势,需要兼顾农民问题和农业问题,既要实现农地承包经营权的固化,又要实现农地流转,促进农业现代化。	2008年	《关于农业和农村工作若干重大问题的决定》	现有土地承包关系要保持稳定并长久不变。
		2009年	中央一号文件	落实"长久不变",抓紧修订完善相关法律法规和政策。
		2010年	中央一号文件	确保农地承包关系保持稳定并长久不变。
		2012年	中央一号文件	修改完善相关法律,落实"长久不变"的政策。
		2013年	中央一号文件	抓紧研究"长久不变"的具体实现形式。

二、"两权分离"农地权利立法的进展

经过几十年的政策探索和法制建设后,我国农村土地承包法律法规和政策框架已经基本确立。特别是随着中国特色社会主义法律体系的形成和完善,我国农村土地制度不断健全。目前,涉及农村土地承包的相关法律法规相继出台,主要包括《宪法》(1993年)、《农业法》(1993年)、《中华人民共和国农村土地承包法》(2003年)、《中华人民共和国物权法》(2007年)、《农村土地承包经营纠纷调解仲裁法》(2007年)等,以及不同时期制定出台的各种政策性文件,共

同构成了农地制度的大致框架:农户承包土地的所有权归属于集体;
实行农村土地家庭承包经营制度;稳定农地承包关系;土地承包经营
权流转。

　　严格意义上说,集体农地权利立法应该是在改革开放以后开展的。
之前,农民获得的农地权利及其农地权利各项权能的拓展主要是由政
策推动而形成的。在集体农地权利的形成和拓展中,农地政策发挥了
至关重要的作用。但是,随着生产力的发展和社会的进步,仅仅依靠政
策的制定不可能解决所有农地问题,必须借助于农地权利立法的并行。
而实践证明,我国"两权分离"的家庭联产承包责任制的确立和完善都
伴随着相关法律法规的制定和执行。"两权分离"农地权利立法的进
展情况见表2-2。

表2-2　"两权分离"农地权利立法的进展情况表

"两权分离"的发展阶段	时间	法律文件	主要内容和意义
统分结合的双层经营体制确立时期(1978—1993年)	1986年	《民法通则》	该法从立法上第一次确立了"土地承包经营权",使其成为民法上新型的财产权利。
	1988年	《宪法》	家庭联产承包经营责任制第一次被根本大法确立为经济制度。
	1993年	《宪法》修正案	将"统分结合的双层经营体制"正式纳入宪法。
	1993年	《农业法》	国家长期稳定双层经营体制,农村基本经营制度正式确立。

"两权分离"的发展阶段	时间	法律文件	主要内容和意义
土地承包关系稳定时期（1993—2008年）	1995 年	《担保法》	耕地……等集体所有的土地使用权，不得进行抵押。
	1998 年	《土地管理法》	农地承包经营的期限为 30 年；按照被征用土地的原用途给予补偿。
	2002 年	《农村土地承包法》	赋予农民长期而有保障的土地使用权；首次明确了农户的农地使用和流转的自由决策权；对土地调整进行了严格限制；使妇女享有与男子平等的土地产权；对农地承包的主要权能作了规定；土地承包经营权不因所有权主体的变更而变更；赋予农户受限制的农地抵押权，只允许通过招标、拍卖等形式承包的农地抵押，但它突破了以前土地承包经营权禁止抵押的规定。总结：该法是新中国历史上第一次以国家法律的形式赋予农民长期稳定的土地承包经营权的法律文本。该法的颁布，使农地承包经营权的物权化趋势得到了法律的认可，并且对集体在土地承包关系中所享有的权利进行了严格的限制，赋予了农户相对稳定的土地承包经营权。因此，从法律规范来看是一个很大的进步，标志着我国农地制度步入法制化轨道。
	2004 年	《宪法》修正案	为了公共利益需要，国家可以征用土地并给予补偿。

续表

"两权分离"的发展阶段	时间	法律文件	主要内容和意义
	2007年	《物权法》	将土地承包经营权定位为用益物权；土地承包经营权人依法对耕地享有占有、使用和收益的权利；耕地的承包期为30年，承包期届满可按有关规定继续承包；承包期内举家迁入设区的市转为非农户口的，应当交回承包地；"公共利益"的界定仍具有不确定性；承包人有权将土地承包经营权采取转包、互换、转让等方式流转，但集体土地的流转仍然没有完全放开，明确规定耕地的使用权不得抵押，它对"能够以入股、抵押等形式流转的农地"仅作了援引性规定，即指出参照《农村土地承包法》规定的农地。 **总结**：土地承包经营权是关系到农民安身立命的基本权利，将其写入《物权法》，从法律上明确土地承包经营权的物权性质，就是把农民的此项权利纳入到物权保护的范畴中——承包人可以行使物权请求权、违约责任请求权、侵权行为请求权和不当得利请求权。从总体看，《物权法》使得承包人的维权有法可依。但它是一部框架性的法律，所涵盖的是最基本和最主要的原则，很多规定还需要后期立法工作的进一步细化，还有一些规定甚至需要进行重新修订。

通过对改革开放以来农地政策和农地权利立法的历史梳理，可以看出，农地产权制度是在"群众首创—政策规范—立法跟进"的逻辑中不断改革和创新的。整个过程可以进一步细化为两个层次：一是农村经营体制的改革，即从"三级所有，队为基础"的人民公社体制向以家庭经营为基础、统分结合的双层经营体制的转换，是由农民群众自发的首创实践，中央从禁止、不允许到允许、规范指导再到全力推广的逐步推进的过程。二是土地承包经营权逐步从土地所有权中分离出来，

2007年《物权法》的出台使土地承包经营权获得了法律上的确认和保护,标志着中国农地制度改革的实质是进行土地产权制度改革,并从立法上赋予农民以物权性质的土地权利。

同时,我们也可以进一步得到启示:农地制度的改革需要政策和法律的双重保障。改革开放以来,农地政策一直对推进农地制度改革和解决农民问题发挥着重要作用,它为农民的农地权利提供了政府的支持,也为农地权利立法奠定了基础;同时,农地权利立法赋予农地产权现代法的意义,这一方面反映出一直以来中国农民土地权利的贫困状态,另一方面也反映了中国农民在法制现代化道路上对权利的诉求越来越大,国家相继制定《民法通则》《农村土地承包法》《物权法》等法律法规,对农地权利立法的作用越来越重视。此外,农地政策一般由政府制定,具有更大的灵活性。法律由国家强制力保证实施,具有更大的稳定性和明确性。强调农地政策和农地立法的双重保障作用,就是在两者之间寻求最佳平衡点,充分发挥政策的灵活性和法律的稳定性、明确性,实现两者的协调并行。

三、"两权分离"农地制度的评介

(一)"两权分离"具有独特性

从世界范围来看,以集体所有制和家庭联产承包责任制为标志的农地制度作为中国农村经济和文化的最基本载体是独一无二的。"两权分离"的形成是中国历史选择的必然结果。近百年来,经过与资本主义现代经济的碰撞融合和中国现代经济的持续发展,中国特色"两权分离"的家庭联产承包责任制才得以形成。此外,之所以说它是独特的,是因为它的形成受到多元化的制度源流的影响:首先,家庭联产承包责任制与中国独特的地理位置、资源禀赋、历史传统等因素分不开,仍旧融合着许多传统经济下的土地制度的因素,比如,土地细碎化、小农生产等。其次,家庭联产承包责任制是社会主义革命的直接产物,是社会主义经济制度的一部分,因而,必然受马克思主义意识形态的影响,比如,土地公有产权的绝对地位,新中国成立之初深受"苏联模式"影响,具有浓厚的计划经济色彩。最后,"两权分离"的家庭联产承包责任制是改革开放以来市场化发展的结果,中国农地制度改革也随着市场经济的发展而不断深入。其中,家庭联产承包责任制的实施对于农民进入市场来说是最重要的一次改革,土地承包经营权流转制度的不断完善以及各地农地制度的探索创新同市场化的大潮是分不开的。

然而,正因为中国农地制度受多元化的制度源流影响,所以它在正式制度和非正式制度上带有特殊性,主要表现在:第一,农地产权约束的非制度性。主要是指中国农地制度中产权的界定和农地流转的约束力受非正式制度的影响很大,这是由于中国各地自然条件与文化传统差异巨大等因素造成的。因此,采用制度化统一化的农地制度来解决中国问题是行不通的,非制度性特征将长期存在下去,我们需要采取差别化的方略。第二,国家的产权控制性。中国传统社会一直是中央集权的国家模式,受社会传统影响,中央政府作为一个超越利益集团的国家组织形式,是农地制度的主要供给者,掌握着农地的终极所有权,是产权分割性、模糊性和非制度性所造成的制度缺陷的有益补充,它维持着土地利益集团间的利益平衡,有助于降低农村经济系统的交易费用,进而保持中国经济的整体统一。因此,农村土地集体所有权和承包经营权"两权分离"的农地制度是当时我国最现实的选择。

(二)"两权分离"释放出巨大的制度绩效

"两权分离"的土地制度结束了"两权合一"的人民公社制,确立了我国农地制度"集体所有、均田承包和家庭经营"的大格局,实行家庭经营为基础、统分结合的双层经营体制,它有力证明了所有的权利都集中于同一主体未必就是有效的产权制度,而权利的适当分离才能真正保证制度安排的合理有效。作为需求诱致性制度变迁的经典,它最大程度地发挥了农户家庭经营的优越性。比如,家庭组织具有稳定的结构,家庭经营能适应农业产业特征、降低劳动监督成本、符合世界农业发展规律等。同时,它调动了农民的生产积极性,兼顾了国家、集体和农民的利益关系,提高了农业的经济效益,为国民经济持续快速增长和保持社会稳定作出了重要贡献。应该说,"两权分离"的家庭联产承包责任制是农村改革的重大创新,它适应了当时生产力的发展水平,释放出巨大的制度绩效。

但是,作为一项制度创新,"两权分离"的家庭联产承包责任制并不代表农地制度改革的终结,因为生产力是不断发展的,社会是不断进步的,情况是不断变化的。因此,它不可能一劳永逸地解决农地制度中的所有问题,而是需要不断根据变化了的各地状况,在保持基本制度不变的情况下,对其进行不断完善和发展。

(三)"两权分离"的产权结构设计凸显问题

随着经济社会的发展和实践的不断探索,农业经营主体、农地资源配置状况和农业外部环境条件都发生了深刻的变化,"两权分离"的产权结构设计日益显露出各种弊端,主要表现在农地产权的模糊性及其引致的诸多问题。

一是农村土地集体所有权的落实主体不清。从本质上讲,农地集体所有权属于民事财产权利。按照民法理论,需要根据权利客体来对一项权利进行定义,而集体所有权是根据权利的主体进行的定义。马克思主义所有权理论认为,所有权是所有制在法律上的反映,所有制形式决定生产资料归谁所有。我国从宪法、法律到相关规范性文件,均采取了延续历史的方法,规定农村土地由集体经济组织或农民集体所有。人民公社时期,农村土地实行"三级所有,队为基础",农地所有权的主体自然落实到生产队一级。改革开放以后,我国确立家庭联产承包责任制,法律上并没有明确统一规定农地集体所有权落实到哪一个层级。在实践中,我国大部分地区农村集体经济组织早已不复存在,农村承包土地集体所有权主体设置仍然难以突破"政企"不分的困境,只有依靠村民委员会代行主体资格。而对于农民集体的界定,由于立法技术的限制和政策模糊的设置,相关法律及规范性文件只是采取列举式的方法予以分类,从根本上回避了农民集体的内涵和外延问题。

二是农村承包土地集体所有权的弱排他性问题。农民集体的主体缺位带来承包土地所有权的弱排他性①。由于历史原因和各地不同情况,现实中存在村民小组、行政村和乡镇三级农地所有权主体,"三级所有"的模糊概括意味着三级都有可能超越自身权限边界,出现越权的现象,当然也有可能出现被侵权的现象。

在"两权分离"下,农村集体所有权主体地位不明确,导致目前村民小组和村民委员会代行农村集体经济组织的某些权利,村民小组和村民委员会对内承担社会管理事务,在一定程度上侵犯农民的权益,在公平和集体土地流转效率等方面造成负面影响。他们对外承担准行政功能,与基层乡镇政府有着千丝万缕的联系。一旦遇到集体土地被征用时,村民小组和村民委员会便会陷入土地权利博弈的弱势一方,村干部作为土地权利的主体代表往往受到基层政府的强势干预。正是由于农村承包土地集体所有权的弱排他性,集体组织能力欠缺,对外来权力的侵蚀无能为力,对参与土地收益谈判也无心无力,这才使地方政府的强制征地变得畅通无阻,在此过程中土地所有者的集体话语权严重缺失。尤其是近些年,随着工业化和城镇化的步伐加快,出现了大量占用农村土地的现象。

三是集体经济组织成员的资格界定与现实矛盾。农民集体是由

---

① 黄维芳、李光德:《中国农地产权弱排他性下的产权冲突及其优化路径选择》,《江西财经大学学报》2012 年第 6 期。

农民个体组成的团体性组织体,农民集体的意志由作为集体成员的农民表达,权利和义务关系由农民来承担。究竟谁才是农民集体的适格成员?我国立法对此没有作出明确规定。按照相关规范性文件和惯例,农村集体成员的资格获得主要分三类:一是 20 世纪 50 年代创设农业合作社时的入社成员;二是农村集体成员所生子女;三是特殊情况迁入的人员,包括嫁入、入赘、收养迁入等取得农村集体成员资格。但在实践中,法律上成员资格固化的"农民集体"与现实中"集体成员"的动态性是相互矛盾的。农村集体成员资格的冲突层出不穷,比如,超生子女、户口迁出人员等的集体成员资格只能取决于习俗或村民意志。现实中,大多受当地传统观念和乡规民约的影响较大。随着社会的发展,农业人员的流动性大大增强,集体经济组织成员在界定过程中会遇到户口、土地、身份等方面呈现的复杂化状况,诸多特殊情况使村委会在认定成员身份时很难把握,迫切需要将其纳入立法议题中。总而言之,集体成员的法律身份需要在法律制度中进一步明确。

四是农民土地承包经营行为的短期化问题。从民法理论上讲,所有权具有绝对性、对世性和排他性。农民集体就应当不受外界干涉和侵犯,长期占有农村承包土地。由所有权派生的相关权利也应当具备相关属性。尽管我国法律和相关政策文件一再延长农民承包土地的期限,从一轮的十五年到二轮的三十年,再到中共十七届三中全会的"长久不变",但是由于农地承载的社会保障功能和所有权主体的不确定,很难从根本上改变农民经营土地的短期化问题。在现实中,往往采取"大调整大变动""大稳定小调整"的方式,频繁调整土地使农民缺乏长期投资土地的主动性。

五是承包经营土地细碎化诱发的效率损失问题。当前,所有权与其衍生的占有、使用、收益等权能相互分离、独立运作已然不存在制度障碍。但是由于我国农村承包土地所有权主体与承包经营者在产权制度安排和权责关系上始终处于混乱状态,土地分配时一味追求公平,造成农地细碎化、分散化的问题,难以在权利运行中得到矫正。一方面,农民集体将所有权部分权能分化和让渡给农民,但这些权能的发挥受到诸多限制,比如,权属不清的障碍制约和影响土地流转进程等。另一方面,由于土地所有权主体虚化,一些公用品资源,如水利灌溉、公共设施、水利工程等无人负责。尤其是进入"分田单干"以后,农民集体的组织能力大大降低、组织成本过高、组织手段明显滞后,农民集体无力承担公共产品供给的任务。

六是承包地产权的不可分割性。"两权分离"下土地承载的社会保障功能日益减弱,但因为承包经营权的不可分割性,只能将农地流转限制在本集体经济组织内部,稀缺的农地无法在更大范围内流动。如果流转不出去,就会出现弃耕撂荒现象,造成"有人无地种,有地无人种"的两难局面。

第三节　"三权分置"的确立过程与可行性分析

新的农地制度总是在总结原有制度的缺陷和问题基础上产生的,但是随着生产力等诸多因素的发展,新的农地制度也会出现新的矛盾。作为农地制度核心的农地产权制度创新必须既要考虑到历史的延续性,又要兼顾社会、经济、政治、文化等现实因素,同时,还要具有前瞻性,注重农地内在制度和外在制度的融合,形成农地产权结构合理、主体界定清晰、农地配置效率最高的农地制度。"三权分置"正是顺应当前这些要求而进行的农地产权制度创新。

一、"三权分置"的确立过程

改革开放以来,伴随着马克思主义中国化进程,"三权分置"经历了一个地方实践、理论探讨,最终上升至国家层面的政策过程。

现实是,实践不等人。从 20 世纪 80 年代开始,乡镇企业异军突起,为农村劳动力在本地非农产业就业提供了机会,土地承包权与经营权开始发生分离。90 年代,第一次民工潮的出现,土地承包权与经营权面临着更普遍、更长久的分离。一些地区就开始了对"三权分置"的实践探索。尽管没有国家立法依据,安徽省合肥市人民政府、山东省枣庄市人民政府、浙江省嘉兴市、台州市等七地市出台相关文件鼓励所有权、承包权和经营权相分离,在所有权不变的前提下,稳定承包权、搞活经营权,在以后的实践摸索中又进一步细化了各类相关文件。还有一些地方围绕"三权分离"进行的实践取得了巨大的成功,积累了丰富的经验并得以在全国范围内推广。比如广东南海的土地股份制、辽宁海城的入股分红制等。

"三权分置"是现实倒逼形成的农地制度改革。实践的推进是同理论的探讨紧密联系在一起的。关于"三权分置"的理论研究早在20 世纪 80 年代就已经开始了。当时,理论界主要是经济学界首先掀起了研究"三权分置"的热潮,分别就"三权"关系及边界界定、"三权分置"权利体系构建及"三权分置"发展思路展望展开了激烈的讨论。20 世纪 80 年代,中国人地矛盾日益显露,农地细碎化分散化直接影响到农业生产绩效,中央开始提出通过农业的规模化经营来解决这些问题。要实现规模化经营,首先需要通过协调承包制的稳定和农地流转之间的关系实现土地的集中。"三权分离"的观点随之出现。田则林等指出,坚持集体所有权,稳定农户承包权,提倡流转经营权,即实现"三权分离",并进一步指出农地代营是实现"三权分离"的新途径①。冯玉华指出,"三权分离"可以概括为"明确所有权,

---

① 田则林:《三权分离:农地代营——完善土地承包制、促进土地流转的新途径》,《中国农村经济》1990 年第 2 期。

稳定承包权,搞活使用权"①,它是适应承包农地不断调整、经营形式多
样化的情况而出现的一种特殊产权结构②。国务院研究室课题组认
为,土地流转机制是指土地使用权的流转机制,其最终目的就是实现农
业规模经营。同一时期,政府开始着手构建土地使用权的流转机制。
此时,"培养农村土地使用权市场"③的建议开始出现在文献中。这一
时期,经济学界对"三权分离"基本达成共识,认为在农地流转中,农地
产权结构被分解为所有权、承包权和经营权,农地流转的结果是农户保
留承包权、转移经营权④。但经济学界学者的观点尚存在差异之处,就
土地承包经营权流转内涵问题存在以下不同:有的以"转移部分或全
部土地承包经营权"为实质内容、有的以"改变或不改变农村集体土地
所有权"为主要依据、有的以"两类农村土地承包方式产生的土地承包
经营权性质不同"为依据、有的以"农地使用权多级市场"角度为依据
等主要观点界定土地承包经营权流转内涵⑤。

　　可以看出,"三权分置"已经具备了社会诉求、实践基础和理论支
撑,就等中央顺应民意、依据实践和理论制定出台相应的政策,将"三
权分置"上升至国家层面。实际上,党的十七届三中全会通过的《中共
中央关于推进农村改革发展若干重大问题的决定》已经提出农民土地
财产权问题,但由于涉及法律障碍,一直未能推进。新一届党中央领导
集体产生后,农村土地制度改革问题开始破题。至此,"三权分置"的
确立在中央决策层经历了酝酿、正式提出、确认和补充三个阶段(见表

　　①　农业部农村改革试验区办公室:《从小规模均田制走向适度规模经营——全国
农村改革试验区土地适度规模经营阶段性试验研究报告》,《中国农村经济》1994年第
12期。
　　②　冯玉华、张文方:《论农村土地的"三权分离"》,《经济纵横》1992年第9期。
　　③　农村经济课题组:《内地农村土地规模经营问题探析》,《武汉交通科技大学学
报(哲学社会科学版)》1998年第1期。
　　④　张术环:《完善我国农地使用权的流转制度》,《商业研究》2006年第5期。
　　⑤　丁关良、李贤红:《土地承包经营权流转内涵界定研究》,《浙江大学学报(人文
社会科学版)》2008年第6期。

2-3）。

"三权分置"的酝酿阶段。2013 年，习近平总书记到武汉农村综合产权交易所考察时指出，完善农村基本经营制度，要好好研究所有权、承包权和经营权之间的关系；党的十八届三中全会拉开了全面深化改革的大幕，首次提出赋予承包经营权抵押、担保、入股权能；2014 年，中央一号文件指出，在落实农村土地集体所有权的基础上，稳定农户承包权、放活土地经营权，并指出向金融机构抵押融资的只能是经营权；7月，国务院出台的《关于进一步推进户籍制度改革的意见》中提出，不得以退出土地承包经营权作为农民进城落户的条件。

"三权分置"的正式提出阶段。2014 年 9 月，中央全面深化改革领导小组第五次会议上，"三权分置"作为国家层面的政策被明确提出；11 月，《关于引导农村土地经营权有序流转发展农业适度规模经营的意见》中提出了"三权分置"的具体思路，包括稳定完善农村土地承包关系、规范引导农村土地经营权有序流转、加快培育新型农业经营主体、建立健全农业社会化服务体系。

"三权分置"的确认和补充阶段。2015 年，中央一号文件再次确认"三权分置"政策；10 月，《关于"两权"抵押贷款试点的意见》中指出，调整试点地区"耕地不得抵押"的相关法律规定；党的十八届五中全会提出，要完善"三权分置"办法；2016 年 3 月，《农村承包土地的经营权抵押贷款试点暂行办法》中明确规定了经营权抵押贷款的具体条件及操作规程；10 月，《关于完善农村土地所有权承包权经营权分置办法的意见》提出了确保"三权分置"有序实施的任务和工作要求，即扎实做好农村土地确权登记颁证工作、建立健全土地流转规范管理制度、构建新型经营主体政策扶持体系、完善"三权分置"法律法规。可见，"三权分置"的改革路线图已经日渐明朗和清晰，"三权分置"是农地产权演变的大趋势，指明了未来农地制度改革的方向。

表 2-3　"三权分置"正式确立进程表

"三权分置"的确立过程	时间	重要讲话或政策文件	主要内容
酝酿阶段	2013 年 7 月	习近平总书记到武汉农村综合产权交易所考察时的重要讲话	完善农村基本经营制度,好好研究"三权"关系。
	2013 年 11 月	《中共中央关于全面深化改革若干重大问题的决定》	赋予承包经营权抵押、担保、入股权能。
	2013 年 12 月	中央农村工作会议	指出承包权与经营权分置并行是我国农村改革的创新。
	2014 年 1 月	中央一号文件	明确提出允许经营权向金融机构抵押融资。
	2014 年 7 月	《关于进一步推进户籍制度改革的意见》	指出不得以退出承包经营权作为进城落户的条件。
正式提出阶段	2014 年 9 月	中央全面深化改革小组第五次会议	明确提出"三权分置",形成"三权分置"经营权流转的格局。
	2014 年 11 月	《关于引导农村土地经营权有序流转发展农业适度规模经营的意见》	首次以中央文件形式提出"三权分置",并指出"三权分置"的总体要求和具体思路。

"三权分置"的确立过程	时间	重要讲话或政策文件	主要内容
确认和补充阶段	2015年2月	中央一号文件	"三权分置"政策再次被确认。
	2015年10月	《关于"两权"抵押贷款试点的意见》	232个试点地区调整《物权法》《担保法》中"耕地不得抵押"的规定。
	2015年10月	《中共中央关于制定国民经济和社会发展第十三个五年规划的建议》	要完善"三权分置"办法。
	2015年11月	《深化农村改革综合性实施方案》	"三权分置"政策再次被确认。
	2016年3月	《农村承包土地的经营权抵押贷款试点暂行办法》	对向银行业金融机构抵押贷款的条件、操作规程等作出具体规定。
	2016年4月	习近平总书记在小岗村农村改革座谈会上重要讲话	指出实现承包权和经营权分置并行是重大制度创新。
	2016年10月	《关于完善农村土地所有权承包权经营权分置办法的意见》	提出了确保"三权分置"有序实施的任务和工作要求；提出"农户承包经营权派生出经营权"；增加平等保护土地经营权。

二、"三权分置"的现实可行性

改革开放以来，"两权分离"的农地制度在一定时期内呈现出良好的制度绩效，有利于农民增收、农业增效和农村稳定，但国内外情况的变化已从多方面对农地制度变革提出了新要求，必须完善"两权分离"的农地制度，解决在实践中逐渐显现的矛盾问题。而"三权分置"的农地制度改革经过了充分的理论论证和实践探索，兼顾了现有的农地制度格局,同时,它具有深厚的历史基础,明确的继承性,符合法律逻辑,并与发达国家的现代农地产权结构设计趋势相一致,表现出强烈的现实可行性。

(一)"三权分置"具有深厚的历史基础

纵观中国历史,一直居于农村经济主导地位的是地主经济,土地归属于地主所有,地主享有田底权,佃农享有田面权,采取"田面权"与"田底权"相分离的佃农经营方式,两权分离是土地经营最基本的特征。经过千年的变化发展,到了近代,土地租佃关系已经高度发达,从正式制度到非正式制度,从成文法到习惯法都对土地租佃各方的权利义务有着明确界定。

(二)"三权分置"具有明确的继承性

"三权分置"是对现有农地制度的发扬和优化,通过稳定农户承包权维持现有农地利益格局,在此基础上,农地四大权能在不同主体之间进行重新分配,而不是农地制度的根本性变革。"三权分置"农地制度不会改变土地的集体所有性质,不会侵害农民的权益,不会突破耕地红线。

(三)"三权分置"符合法律逻辑

首先,"三权分置"是符合现代财产权权能细化和拓展的必然要求。伴随着市场经济的发展,财产权表现出排他性、可转让性、权能的可分割性,他物权具有了独立地位,财产权股份化、资本化等特点。我国农地的承包经营权从最初的债权发展为物权,但立法上对处分权能的限制仍然过多,将承包经营权进一步细化为承包权和经营权,是其取得现代财产权构造的必然要求。

其次,"三权分置"具有合法性。"三权分置",顾名思义,就是将所有权、承包权和经营权三权分开。按照现有的农地产权权利设置,在集体所有权基础之上已经设置了用益物权,即承包经营权,那么能否在承包经营权基础上再设置一个用益物权呢?或者说,这样设置是否符合法律逻辑呢？答案是明确的。因为《物权法》第136条已经规定了在用益物权之上再设置用益物权的规则。该法第5条规定了物权法定原则,指的是物权的种类及内容由本法规定,这并不意味着不能由其他法律规定。而《农村土地承包法》作为国家最高立法机构制定的法律,由它来规定是完全行得通的。

这种权利设置方式在国际上是有先例可循的。同样是大陆法系的德国,在其民法中,明确规定作为用益物权的地上权,可以在其上设置另一种用益物权,即"次地上权"。地上权的期限一般较长,完全可以保证和容纳次地上权。我国的承包经营权与德国的地上权同样具有"长久不变"的期限,因此,在其上再设置一个用益物权也是可行的。由此可见,"三权分置"是具有法理上的可行性的。

（四）发达国家的现代农地产权权利结构设计为我国提供了重要借鉴

自从人类诞生以来,土地问题一直是世界各国普遍关注的关键问题。时至今日,在各地实践中,我国的土地制度已凸显出产权不清、主体不明等诸多问题,其中最核心的问题是产权问题。一般而言,一国的国情农情决定了它的农地产权制度,不能照抄照搬别国模式或为他国所用。发达国家农地产权清晰,不存在"三权分置",但不同农地产权及其权能结构的设计却具有一个共同点,即合理配置农地权利,提高农地利用效率。正因为如此,通过对部分发达国家现代农村土地产权制度及其权利结构设计的分析比较,为推进"三权分置"提供经验借鉴。

1. 发达国家农地产权制度及其权利结构设计的特点

首先,农地产权清晰,农地产权权能细化并拓展。

大陆法系国家用物权法来规制土地权利,各国的物权体系存在很多共性。从理论上看,物权体系包括所有权、用益物权和担保物权。其中,所有权是一种完全物权,所有权的权能可以分离,分离的权能也可以收回。三权并不处于同等地位,所有权居于基础和核心地位,用益物权和担保物权都是所有权派生出来的。所有权是自物权，其他两权是在他人所有的物上产生的物权，属于他物权。根据大陆法系的一物一权理论，一个物上只能存在一个所有权，所有权人对物享有占有、使用、收益和处分的权能。从罗马法所有权发展轨迹来看，所有权的发展过程实际上是所有权的权能束不断分化的过程，使用形态的权利分化产生用益物权，价值形态的权利则分化产生担保物权①。任何一项相对独立的财产权利绝不是四项基本权能中的某一项或某几项简单叠加，而是四项基本权能的内涵和外延会随着经济社会的进步不断发展，或者几项权能通过相互间的分离和重组形成新的财产权利类型。大陆法系国家大多实行土地私有制，所以农户对农地有充分的自主权，可以按照市场机制自由流转土地。用益物权是指对他人之物的使用价值予以利用的权利。随着生产社会化程度的提高，为了提高农地产出率和劳动生产率，大陆法系国家允许用益物权以租赁、买卖、继承、抵押、赠与等方式流转，进一步细化和拓展了农地产权的权能。由此可见，大陆法系国家农地产权清晰，而且形成了比较完整的权利束的集合。

　　而在英美法系，不存在所有权中心主义，也没有列举所有权权能的规定，但是与大陆法系在法律规定的精神与土地权利的内容上尚存在共同点——对土地享有合法利益的人都会享有对土地的相应产权。比如英国，法律上规定土地归国家所有，但这并不会减弱土地使用者充分享有土地产权的权利。经过法律，个人保有土地进而拥有土地的占有权、使用权和收益权，占有权、使用权和收益权成为实际的所有权，该权利人可以通过占有、使用直接支配土地，也可以通过对土地收益的支配间接支配土地，国家所有权已经逐渐虚化。

　　综上，大陆法系和英美法系存在很大的差异，但两者在产权的设置上都是清晰的，在法律规定的精神与土地权利的内容上也是相通的。

---

①　马新彦：《罗马法所有权理论的当代发展》，《法学研究》2006 年第 1 期。

"随着社会的发展和文明的进步,人们对财产的控制意识和利用能力逐渐提高,大陆法系和英美法系还出现了与时俱进、相互借鉴、取长补短的趋势"①。

其次,土地产权关系"以归属为中心"发展为"以利用为中心"。

随着社会经济的发展,早期"以归属为中心、以所有权为核心"的土地产权制度变得日益不合时宜了。因为这种产权制度旨在保护所有物的静态归属和支配。众所周知,产权制度的功能不仅是确认权利主体对财产的占有和支配,还能促进财产的动态利用。所有权只表明权利主体对财产的占有和支配状态获得法律的认可和保障,并不一定会带来财富的增值。而财富的增值是以财产的持续运动、合理利用和优化配置为前提的。因此,随着社会化分工越来越细,社会化大生产协作程度越来越高,物权由"抽象所有权"发展到"具体利用",由"注重物的实物形态的归属"发展到"注重价值形态的支配"。各国农地产权制度经过历史变迁,到现代的农地产权制度,经历了由最初重视农地的归属转向后来重视农地的利用,农地所有权有所减弱,或者说农地所有权社会化趋势日益明显,承担的社会功能越来越多。当今很多国家都存在所有权社会化的趋势和相关规范,它们通过农业特别立法,强加给所有权人耕作等充分利用农地的义务,如果所有权人在一定期限内没有实际利用土地,那么将丧失所有权人资格或被强制出租。换句话说,不履行义务就被剥夺权利,履行义务是获得权利必需的前提条件。相比农地所有权的弱化,农地使用权有所强化,使用权围绕着提高农地产出率和劳动生产率越来越受到重视,而且这一趋势日益明显。

2. 发达国家农地制度及其产权权利结构对中国的启示

首先,顺承大陆法系的思维方式,保留大陆法系国家土地用益物权制度的基本理论框架。

---

① 林嘉:《外国民商法》,中国人民大学出版社 2001 年版,第 82 页。

长期以来,我国一直沿用大陆法系的产权模式,即土地物权包括所有权、用益物权和担保物权,所有权是绝对的权利,具有占有、使用、收益、处分四项权能,所有权与用益物权都是物权,其内容都是由法律规定的,但用益物权是他物权,是由所有权派生的受限制的权利。我国设计土地归属和权利利用体系,一直沿用这一模式,并构筑了用益物权体系。我国《宪法》中明确规定了土地归全民所有和集体所有,土地使用权属于用益物权,2007 年出台的《物权法》已经正式将土地承包经营权定位为用益物权。

必须注意的是,"大陆法系国家用益物权制度的制度基础和设计背景与中国相距甚远"①。大陆法系发达国家用益物权的基础是私有制,土地归属于个人私有,永佃权等用益物权虽然是为了保护土地利用人的权益,但它构筑了土地利用人向所有人负担租费的关系;而我国是土地公有,土地使用人面对的是集体或国家,而不是个人,虽然也向集体或国家缴纳使用费,但是是为了确保土地的合理利用和调解供求矛盾。正是因为两者的制度基础不同,我国的土地用益物权制度不可能完全纳入大陆法系所有权和用益物权的制度框架。因此,我国需要在借鉴沿用大陆法系国家用益物权制度的基础上进行中国特色的制度设计,确保农地的有效利用,提高农地的经营效益。

其次,吸收英美法系地产权设计中的权利开放体系,使农地经营权独立化并拓展其权能。

为了充分利用和优化配置土地,英美法系国家创设了地产权制度。地产权成为所有权的客体,设立地产权的逻辑是以无形物取代有形物。英美法系中,所有的地产权均有平等的性质,都是对特定土地利益的支配权,只是支配权的时间、内容等有所不同。这种权力体系设计是开放

① 高富平:《中国物权法:制度设计和创新》,中国人民大学出版社 2005 年版,第 263 页。

式的,有利于促进和推动土地的市场流转。

在我国,土地用益物权可以同英美法系的地产权一样定位为独立的财产权利,土地使用权人享有占有、使用、收益的权利,并赋予某些处分的权能。但是,土地使用权人并非完全拥有土地,他所处分的只是将土地使用权进行买卖、抵押、租赁、赠与、继承、信托、入股等使用权。

此外,由于农地的稀缺性,同时承担着特有的社会功能和景观生态功能,这就需要确立相应的财产权利秩序调节权利主体之间的利益,以便达到对土地的可持续利用,所以,从拓展权能的角度看,其权利自由不是无止境的,而是必须要受到限制的。同时,从国家干预农地权利行使角度看,这种限制必须是合理的、适度的。对于我国农地制度改革的启示就是:必须尊重农民对农地承包经营权权能拓展和限制的意愿,以兼顾效率与公平为价值取向,进一步优化农地产权结构,平衡农地产权各相关主体的利益,既拓展农地承包经营权权能、保护农民土地权益以重构社会秩序,又通过国家的农地管理制度对其进行适当的限制,以满足社会公共利益的需要。

最后,赋予农民稳定和明晰的农地产权,同时推动农地产权流转的市场化进程。

从国外农地产权制度的经验看,无论什么时期,只有使农民真正获得稳定、清晰的农地产权,才能真正从根本上调动农民的生产积极性,最大程度发挥农地的激励功能,从而实现农业持续稳定的发展。比如,美国在建国初期就把公有土地通过拍卖和赠送分配给私人,确立了家庭农场制度。无论何种形式获得的土地所有权归属都是清晰的。在土地占有和使用方面,在法律允许的范围内,土地私人所有者享有充分的自主经营的权利,政府若要管理和控制土地的利用,不能采用强迫和指令的方式,只能通过农业支持项目吸引农场主调整其产业结构;在土地处分方面,土地私人所有者享有完全的处分权,包括继承、转让、抵押等;在土地收益方面,土地私人所有者只需缴纳土地税和农产品销售所得税,同时,政府必须为纳税人提供相应的服务,包括水利、交通等基础设施等。

在推动农地产权流动、促进农地规模经营阶段,一方面要继续赋予农民稳定的农地产权,另一方面要适时放松对农地流转的各项管制,甚至要创造促进农地流转的条件,充分发挥市场机制在农地资源配置中的决定作用,促进农地产权流转市场化的形成、完善和成熟。

本章小结

本章主要梳理了从"两权合一"到"两权分离"再到"三权分置"的历史演进过程,紧紧围绕和力图阐明人民公社的土地制度安排何以缺乏效率、土地经营的家庭承包制何以确立、高效土地承包经营权流转制度何以确立以及中国特色"三权分置"农地制度改革的确立过程和现实可行性等问题展开论述和分析。

其一,人民公社的土地制度安排为什么没有效率。

集体所有权和经营权"两权合一"的人民公社体制为什么缺乏效率,人民公社的土地制度实质是组织集合或者只是生产经营方式。人民公社体制之所以失败,是制度本身的制约,比如,产权残缺、劳动激励过低、监督成本过高、限制退社自由等,或者是制度的外部环境变化的必然。

其二,为什么要确立土地经营的家庭承包制。

世界多数国家都以家庭为单位从事农业生产经营活动。究其原因,是因为家庭经营具有强大的生命力和广泛的适应性,它能最大程度地发挥家庭的优势特点,能更好地适应农业的外部性、低收入、公共产品性和高风险性等特性。随着经济的发展和技术的改进,农业经营的外部环境会得到不断改善,但是,家庭经营的内在制度规定是始终不变的。也就是说,农业家庭生产经营活动是最具普遍意义的制度安排。需要注意的是,中国的家庭承包制作为一种制度安排,又区别于其他国家一般形态的农地家庭经营。因为它先后采取了土地所有权与承包经营权"两权分离"及所有权、承包权和经营权"三权分置"的形式。这种"两权分离"和"三权分置"的制度形态都不会改变家庭承包制的制度安排,从中国农地制度变迁的历史中追溯家庭承包制的渊源,从当下实践分析家庭承包制的优势,会发现它具有历史必然性和现实可行性,并已显示出自身强大并将持久不变的生命力。

其三,建立高效的土地承包经营权流转制度。

在我国,土地一直担负着生产功能和社会保障功能,因此,对农民来说,农地始终发挥着不可替代的作用。即使当前非农收入在农户收入中所占比重越来越大甚至超过农业收入的情况下,由于人口增减的压力和农地流转有效机制的缺乏等原因导致农地依然进行频繁调整。但是,我国人地矛盾突出,之前"耕者有其田""人人均田"的观念使得土地分散化细碎化,这就要求我们必须有效合理配置土地资源,大力推动农地流转,对农地进行重新整合,在更宽领域和更大范围内提高资源配置效率,不断进行制度创新,处理好制度变迁中农地承包权稳定和经营权流转的关系,发挥多种形式的适度规模经营,促进农业的现代化。

其四,确立当前农地制度改革的方向即中国特色"三权分置"新型农地制度。

新形势下,"两权分离"的生产潜能和制度红利逐渐释放殆尽,"三权分置"顺应了从"两权合一"到"两权分离"的演进脉络,克服了"两权分离"的制度缺陷,在具备了社会诉求、实践基础、理论支撑和政策支持的基础上得以确立。"三权分置"具备深厚的历史基础、明确的继承性、符合法律逻辑和发达国家的现代农地产权制度设计趋势,因此,"三权分置"在当前具有现实可行性。

第三章 中国特色农地制度"三权分置"
改革的难点问题与调查分析

　　土地制度创新涉及对若干重大问题的再认识,比如集体所有、土地承包经营权权能拓展与权利束的分割等问题,又与经济社会发展阶段和资源禀赋等高度相关,比如现代农业的模式选择等。提出构建"三权分置"农地制度,对于现实土地相关问题的解决具有重要意义。但在推进落实"三权分置"过程中还存在诸多现实障碍,有的已经被中央充分认识到,并已在全国选取试点,按照"试点先行—绩效显现—方案成熟—整体推进"的逻辑,力图破解实践难题,比如枣庄市的"土地承包关系长久不变"试点和承包经营权抵押试点;有的正处于探索中,在"三权分置"指导下,各涉农区县高度重视,正进行着有针对性的调查研究和实践探索,力图更好地探寻"三权分置"的有效实现形式,比如东营市的"农地流转与农业适度规模经营"探索和"多元主体从事农地经营"探索。本书选择了山东省涉农的典型地区进行了较为翔实的调研,总结农地制度改革的经验,发掘和破解农地制度改革的难点问题,力图为下一步改革提供经验借鉴,为政府提供决策参考。

第一节 难点一：农村土地承包
关系长久不变问题

一、"长久不变"是我国农地承包制度的基本方向

（一）"长久不变"体现了我国农地承包政策的延续性

我国从家庭承包制度的确立到"长久不变"政策的提出，经历了二十多年逐步演变的过程。改革之初，土地承包合同是一年或数年一定；1984 年这一制度在政策层面作出了回答，明确规定土地承包期为十五年，中央就土地调整问题明确了"大稳定，小调整"的基本原则；1993 年中央明确规定原定承包期到期后再延长三十年，并提倡承包期内"增人不增地、减人不减地"的办法；1998 年通过的《土地管理法》和 2002 年通过的《农村土地承包法》将三十年土地承包期以法律的形式予以确认；2007 年实施的《物权法》规定承包期满，可按照国家有关规定继续承包；党的十七届三中全会提出了现有土地承包关系要保持稳定并长久不变；党的十八届三中全会再次强调要保持长久不变。从土地稳定与调整的关系看，农村土地承包关系长久不变是国家政策的演变方向，是土地承包政策的延续和完善。

（二）"长久不变"体现了土地承包经营权的物权性质

20 世纪 80 年代，土地承包仅仅是集体内部的责任制；1998 年，党的十五届三中全会从政策层面确立了依法赋权的新型土地承包关系，取代了以经济责任为特征、具有债权性质的土地承包关系；2003 年，《农村土地承包法》明确了农地承包经营权的物权性质；2007 年，《物权法》进一步确定了农地承包经营权是用益物权，再次以法律的形式确认了农地承包经营权的物权性质。而土地承包关系"长久不变"正是农地承包经营权物权性质的体现。

（三）"长久不变"有利于提高农地资源配置效率

"长久不变"稳定了农民的土地承包关系，给农民吃了定心丸，必然增加农民对土地的中长期投资，采取措施提升土壤的肥力，改善土地的生产条件。此外，"长久不变"使农民放心流转承包地，安心进城，不必再担心流转承包地后要不到收益、要不回承包地。而流转出去的土地流入新型农业经营主体手中，在具备土地规模的基础上，发挥经验丰富、技术先进等优势，提高土地产出率和资源利用率，可以更好地确保重要农产品的有效供给和国家的粮食安全。因此，无论是对于新型经营主体还是承包农户，"长久不变"都会使农地资源配置效率不断提高。

（四）"长久不变"有利于保护农民土地承包权益

"长久不变"政策意味着农地的承包期限更长，农民的土地承包权益更加充分而有保障。一方面，土地承包期限越长，农民在土地被征用时就能获得更多的补偿。改变当前农民在城镇化快速推进的过程中，大量耕地被占用及土地权利贫困的现状。另一方面，土地承包期限越长，承包户在土地流转时就能获得更多的收益。

"三权分置"延续了我国农地制度改革的方向，更加明确了"长久不变"的制度内涵，即"长久不变"的核心是承包权而非经营权，土地承包关系要保持长久不变。承包权越稳定，经营权的流转速度越快、效率越高。在土地承包关系长久不变的基础上，就可以衍生出多样化的经营形式。

二、"三权分置"下实现土地承包关系长久不变面临的问题

尽管"长久不变"是我国农地承包制度的基本方向，但在当前农地"三权分置"背景下把土地承包关系长久不变从宏观的政策层面落实到微观的措施层面，还面临着诸多现实问题。

（一）土地承包关系长久不变的起点公平问题

公平是我国农地制度的内在要求和价值取向，在市场经济条件下，起点公平是实现各种公平的前提，是农村改革的重要原因，是实现"长久不变"的逻辑起点。但是，我国农村改革是"摸着石头过河"的渐进式改革。改革之初，农地承包缺乏系统的制度框架，各地区甚至各村的情况千差万别，其农地承包的具体办法必然出现不同，"起点"也就各不相同。以土地调整为例，当时就存在"生不增、死不减"模式、"大稳定、小调整"模式和"大调整、大变动"模式。有的地方由于农地被大量征用，农民已经失去土地；有的地方农地承包到户后，农户或集体又开垦了荒地，但是这些新增荒地一直未被纳入统计；还有的地方实行的是集体统一经营模式，一直没有承包到户；等等。由于历史原因造成的土地承包关系复杂现状要求必须对农地承包的"起点"进行规范，这也是实现"长久不变"的基础环节。

（二）土地承包关系长久不变的具体期限问题

只要能达到给予农民稳定预期的目的，不再设立具体的承包期限，或者以三十年为一个承包周期，如此循环，与当前"长久不变"政策并无差别。但从具体操作看，很多方面都会受具体承包期限缺位的影响。比如，现行的《农村土地承包法》规定土地流转的具体期限不得超过承包期的剩余期限，如果农地承包缺少明确的期限，那么就与此法相冲突，就需要修改完善《农村土地承包法》；关于农民在土地被征收时的补偿额度问题，《土地管理法》规定，土地被征收时的补偿额度按照被征收前三年平均年产值的倍数进行计算，补偿倍数不得超过三十倍，土地承包是否设立具体期限以及期限的长短对此有重大影响。

（三）农民承包地的退出机制问题

随着城镇化的加速推进，大量农业劳动力转移，越来越多的农民离开农村。只有农村集体经济组织成员，才能获取和享有农地的承包经

营权。而大量农业劳动力的转移导致农户丧失土地承包资格,这与
"长久不变"带来的土地承包关系的稳定相互矛盾。为解决这一矛盾,
必然要求探索丧失土地承包资格者的退出机制。

"三权分置"为构建进城农民土地退出机制创立了一个适合的制
度框架。这一框架适应了市民化的不同阶段及相关主体对土地的需
求。在实现市民化之前,稳定的承包权始终发挥着社会保障的功能,经
营权的独立化可以使进城农民获得租金对价,同时为壮大经营主体、优
化配置土地资源和实现规模经营创造条件;实现市民化以后,进城农民
真正获得市民化待遇,在坚持农民自愿的前提下,设计合理的补偿机
制,构建农地产权主体的"退出机制",更好地促进形成能者种地、能者
种粮的"进入机制"。但当前,进城农民土地退出机制尚处于滞后
状态。

(四) 土地承包关系长久不变相关法律法规的修改问题

鉴于我国农地改革走的是"摸着石头过河"的道路,政策目标往往
先于法律规范,土地承包关系长久不变的政策落实势必需要对相关法
律法规进行系统修改。首先,对《农业法》《物权法》《农村土地承包
法》《土地管理法》等直接规定耕地承包期限为三十年的法律进行修
改;其次,对与农地承包期直接相关的法律法规进行修改,包括《农村
土地承包法》和《农村土地流转管理办法》等对于土地流转期限的规
定、《土地管理法》对于土地征收补偿标准的规定等;最后,目前尚存在
空白领域的法律法规,比如,关于农村承包土地继承权的问题,目前法
律法规还未涉及,要实现土地承包关系长久不变要求对此作出详细
说明。

针对这些问题,国家选择了对枣庄市徐庄镇进行农村土地承包
关系长久不变的试点,我们通过调研,梳理了其改革的主要目标、设
计思路、具体做法与完成情况,并对改革进行了较为全面客观的
分析。

三、关于徐庄镇农村土地承包关系长久不变的调查研究①

徐庄镇位于枣庄市东北部、山亭区东部,总面积 180 平方公里,是枣庄市辖区内面积最大的乡镇,辖 6 个办事处,42 个行政村,213 个自然村,拥有 5.6 万人。2014 年,全镇实现生产总值 8.78 亿元,同比增长 17%;财政总收入 2118.5 万元,同比增长 16.9%。农民人均纯收入达 8639 元,同比增长 12.5%。同年,徐庄镇被评为全国土地产权制度改革试点镇。近年来,主要是突出农村改革、特色农业发展、农田水利建设等重点,着力打造有亮点、有品牌、有影响力的农村改革试验示范镇。

目前,全镇拥有土地合作社 29 家、家庭农场 8 家,入社土地面积达 5.41 万亩。在土地确权登记上,全镇 42 个行政村全面完成登记资料收集录入和证书打印工作。在差异性改革试验任务的选点区域布局上选择了具有代表性、村级群众基础好、近年来无上访案件的焦山空、郭庄、白龙湾等村探索了"长久不变"制度设计,对农地流转、退出、继承等相关制度的设计已初步形成。

(一) 徐庄镇农地承包关系长久不变的设计思路和主要目标

徐庄镇的设计思路是:首先,坚持土地集体所有,探索集体所有制的实现形式。其次,为家庭承包制度设置"不动"与"动"两种机制。所谓"不动"是土地承包关系长久不变,这要靠制度的配套和完善;所谓"动"是依靠市场机制推动农地承包经营权流转,实现农业规模化。

依据徐庄镇的设计思路,改革的主要目标定为:从 2013 年开始,利用 5 年的时间,按照"一年起步、三年突破、五年完成"的进程,将农地承包经营权期限由 30 年改为 70 年。探索符合"长久不变"要求的农

---

① 资料来源于枣庄市经管局。

地确权登记、使用权流转、调解仲裁、承包经营权继承和退出等相关制度,从而明确中央提出的"长久不变"的具体内涵和实施办法。

(二) 改革工作的具体做法与完成情况

徐庄镇不断推进农村产权制度改革,完善农村基本经营制度,进一步明晰农村土地承包关系,规范农地承包管理工作,保障农民的财产权益,围绕"农村土地承包关系长久不变"进行了积极探索。

一是外出学习先进地区经验。徐庄镇组织了经管站及试点村骨干力量,先后到湖北武汉、四川成都等地学习,对农村土地承包经营权及承包关系等进行了重点考察。

二是深入摸底调研。让农民真正理解、主动参与改革,是长久不变试点成败的关键。按照《徐庄镇农村土地承包经营权延包七十年确权登记颁证改革试点实施方案》要求,组织人员,设计调查表格,全面开展了焦山空试点村调查工作。通过召开座谈会、入户走访等方式,分别对农地承包基本情况、农民对"长久不变"理解情况、农民对土地70年不变支持情况和农户对土地耕种的意愿情况进行了调查。调查结果为:农村土地承包基本情况调查246户,1119人,土地总面积3018亩(其中四荒面积2262.7亩,农民土地承包面积754.3亩,福利、工资田1亩),土地流转面积27.7亩(其中出租0.3亩,互换5.6亩,转让21.8亩),无地人口215人;农民对土地长期不变理解情况:调查29人,同意只是承包制度不变,土地还会调整的3人,同意按政策不能调整,但农民要求调整的6人,同意土地70年不调整的18人,土地70年内是否调整说不清的2人;农民对土地70年不变支持情况:调查309人,支持的302人,反对的5人,无所谓的2人;农户对土地耕种的意愿情况:调查309人,不愿意继续耕种的36人,没有意愿但因无事可干愿意继续耕种的93人,有意愿希望继续耕种的180人。

通过调研还发现,徐庄镇1998年二轮延包农户为13612户,延包土地为34139亩,签订土地承包合同13580份。但徐庄镇在二轮延包时,工作简单粗放、地块不全、面积不清、四至不明的问题较多,加之存在"工资田""福利田"、超留机动地且长期发包等问题,全镇无地人数占农民人口总数的10%左右,约6000人,这部分人是下一步实行"长久不变"的最大阻力所在。

三是摸索相关制度设计。结合二轮土地延包的做法,梳理出工作中需要统筹解决的20个问题,特别是对人地矛盾突出、劳动力转移承包地退出、承包经营权继承和权属争议、证地不相符、退耕还林土地、进城落户农民承包地登记等问题,认真进行研究,开展了相关制度的设计,制定了《徐庄镇关于做好农村土地承包关系长久不变暨土地承包经营权确权登记工作的相关规定》《徐庄镇关于农村居民落户城镇自愿退出承包地经营权处置补偿暂行办法》和徐发[2015]29号《关于加强农地流转准入与退出机制管理的实施方案》等文件,确保改革任务顺利实施。徐庄镇大胆探索,先行先试,封闭运行。2014年,在焦山空村开展改革试验基础上,为扩大改革试验面开始对白龙湾、郭庄村开展试验,目前试验试点村村民会议分别对《关于实行"农村产权长久不变"有关问题的决议》《关于农村集体经济组织成员确权的决议》进行了表决,在村民表决过程中印发委托书3616份,分别印发《农村土地承包基本情况调查表》《农民对承包土地实行长久不变理解情况调查表》《农民对承包土地70年不变支持情况调查表》《农民对土地兴趣情况》2300份。

四是推进分类确权登记和长久不变确权登记。徐庄镇对村集体经济组织成员进行了分类确权登记,探索设计了20项集体经济组织成员确权登记表格,分别是:(1)本村常住户口现享受村福利待遇的(普通)人员;(2)本村常住户口现享受村福利待遇的(特殊)人员;(3)人赘婿女方享受村福利待遇人员;(4)离婚后仍在村享受福利待遇人员;(5)出嫁女户口在本村享受福利待遇人员;(6)外来人员在本村享受福利待遇人员;(7)本村常住户口违村规未享受村福利待遇人员;(8)本村户口未招工又未享受福利待遇人员;(9)本村户口大专以上大学生;(10)本村户口现役军人;(11)本村户籍两劳人员;(12)本村户口男性娶妻户口未转入的人员;(13)常住户冻结后出生的小孩;(14)本村户口女性入赘婿人员;(15)本村女方在外单位入赘女婿迁入人员;(16)本村男方在外单位娶妻迁入人员;(17)因招工户口未迁出的人员;(18)户口冻结后迁入人员;(19)户口在本村务农未享受福利待遇人员;(20)父母户口在本村中小学户口迁出人员。

徐庄镇还推进长久不变确权登记。二轮延包工作无遗留问题的村,直接进行确权登记、确认、颁证,实现承包关系长久不变;人地矛盾突出、遗留问题较多的村,采取"民主协商、村民议决"的办法,形成土地承包关系长久不变、农村经济组织成员确认等决议,再进行确权登记颁证。

五是坚持把长久不变改革和农村集体产权制度改革相结合。把解决人地矛盾和土地流转、发展经营主体相结合,鼓励人多地少且有从事农业经营积极性的农民,承包或租赁土地组建家庭农场或土地合作社;把长久不变改革和农村集体股份制改革相结合,明确一个时间节点,作为界定集体经济组织成员的标准,以后增加的人口,只享有集体资产收益的分配,而不享有农村土地承包的权利;对未确权到户的土地,采取股份量化到人到户的方式,今后收益由集体经济组织成员按股分配;对于自愿放弃农村土地承包经营权的农户,依据前三年亩均收益,按二轮延包剩余期限计算补偿额,一次性或分期给予补偿,并签订协议后,取消其农村土地承包经营权资格。

目前已全部完成三个试点村各阶段村民决议、签订了3132份户农村土地长久不变合同,为783户农民打印783本土地经营权证书。基本完成了农村土地长久不变改革试验工作。

六是建立严格的保障机制。认真完善和严格推行改革中探索和创造的"八项制度""四项机制"。"八项制度",即产权确认制度、产权登记制度、产权评估制度、产权交易制度、产权抵押担保制度、产权交易所管理制度、监督考核制度和档案管理制度等；"四项机制"，即风险规避机制、收益分配机制、矛盾调处机制和司法保障机制等，切实规避改革试验的制度风险。

（三）农村土地承包关系长久不变改革的突破点和创新点

如何贯彻落实"长久不变"？从 2013 年开始，徐庄镇就深入探索改革试验的路径，凸显出诸多突破点和创新点。

1. 总体框架："一变四不变"

"一变"即土地承包期限由 30 年变为长久，并用详备的机制予以保障。"四不变"是土地集体所有、家庭经营、土地承包现状、土地使用用途保持不变。

2. 落实集体所有权："三不准"

集体所有权主要表现为在土地继承、转让中行使土地处分权，如何保障处分权的行使呢？徐庄镇制定了"三不准"，即土地的继承者和转让对象不准是非农民，承包土地面积已升至法定上限的农民不准再购进土地，而降至下限的农民不准再出让土地。

3. 赋予农户完整的承包权："两保证"

徐庄镇从权利的内容和权利的期限两方面保证农户实现完整的承包权，即将土地承包权细化为收益权、转让权、入股权、出租权、继承权五项具体权利，并将这五项权利的行使时间从 30 年变成 70 年。这样的权利设置使农民拥有了承包地的准所有权，土地发挥了资产功能，具备了市场交换的产权条件。

4. 确保"长久不变"："四机制"

徐庄镇确保"长久不变"是通过建立承包中各种"变数"的调节机制来实现的。一是建立承包地长久继承权的人口增减调节机制，根治因人口增减造成的土地调整。二是完善国家征地补偿机制。将按 30 年和土地原有用途补偿的现有补偿标准，修改为按长久和现有土地用途补偿。三是建立农地市场调节机制。徐庄镇将农地全部落实到户以后，集体不再承担土地供给的责任，土地供需将主要依靠市场机制进行调节。四是构建进城农民承包地的退出机制。徐庄镇作为国家试点地区，率先制定了《徐庄镇关于农村居民落户城镇自愿退出承包地经营权处置补偿暂行办法》，坚持"统筹规划、依法自愿、合理补偿、统一管理"原则，明确规定了农村承包地退出的对象和原则、转户农民退出农村承包地享受的补偿标准、转户农民承包地退出程序（提出申请—签订协议—审核公示—兑现补偿—申请代偿—注销权证）、退出承包地的管理与利用、农村承包地退出与管理的职责分工。

（四）徐庄镇农村土地承包关系长久不变的调查分析

徐庄镇作为改革试点，通过农村土地承包关系长久不变的制度设计，破解了土地承包关系不稳定的困扰；破解了土地流转缓慢的困扰，使农业生产经营进入到现代农业产业链；破解了农民种地不养地的困扰，兼顾农地的生产功能和生态功能，形成了土地生态建设的长效机制。徐庄镇农村土地承包关系长久不变的实践，为下一步在全国整体推进改革提供了经验。

1. "长久不变"改革的经验

首先，有效破解了"集体"动态性问题和起点公平问题。

"集体"具有动态性，给推行"三权分置"带来难度。立法中的"集体"与现实中的"集体"已经相去甚远。随着时代的变迁，"集体"经历了很大的变化——从20世纪50年代农民拥有入社自主选择权的"合作社"，到立法上不体现农民选择权和相应财产权的"人民公社"，再到现在以自然村落为基础、农民没有选择权的"集体"，这些现实中的变化在立法上表现出明显的滞后性。特别是改革开放以后，随着二元经济体制的逐步弱化，大量农民外出打工，有的进城务工或经营，有的到其他农村打工，特别是一些大中城市郊区或集体经济实力强大的小城镇郊区①。"集体"的实际存在形态已经发生了变化,但是"集体"中农民的"集体成员资格"或者说成员权却不会以居住地的变化或户籍的改变而改变,而是被固化为家乡的"集体成员"。后来,《物权法》开始关注"集体"的成员权,但对于现实中层出不穷的诸多新问题、新情况却显得相对滞后了。比如,出嫁女的成员权问题、再嫁女的子女成员权问题等。特别是近年来,随着城镇化进程加快,农村人口大量转移,农村集体和集体成员、农地承包者和经营者长期分离,对"长久不变"的制度演进提出新的挑战。

综上,稳定农村土地承包关系长久不变与集体经济组织成员数量、结构不断变化是存在矛盾的。在实际操作中不可能经常根据成员变化来重新确定承包关系,一直以来,为了达到最大程度的公平和维持稳定,解决历史遗留问题和现实问题,很多地方强烈要求在实行"长久不变"的承包政策之前进行最后的调整。徐庄镇通过确权登记颁证工作,比较全面地掌握了农民承包地的情况和农民的真实意愿和想法,经过前期的摸底调研,推进分类确权登记和长久不变登记,并作为下一步改革的起点,为农村土地承包关系长久不变奠定了坚实基础。

其次,明确了稳定承包关系长久不变的具体年限。

市场经济条件下,承包期限的明晰化、具体化更能满足市场主体的需要。此外,枣庄市徐庄镇就农民对土地承包七十年不变支持情况做过调查,结果显示,97.7%的农民表示支持。枣庄市在试点中将耕地的承包期与国有建设用地、集体林地和四荒地的使用权衔接,明确确定为70年。

为了尊重承包户的转出意愿,同时,兼顾经营方的投资安排,枣庄市徐庄镇在解决"如何实现与二轮土地承包三十年不变的衔接"的问

---

① 孙宪忠:《推进农地三权分置经营模式的立法研究》,《中国社会科学》2016年第7期。

题上,通过前期详细调研,将其列入工作的重点,采取"民主协商、村民决议"的办法,再进行确权登记颁证,取得了较好的效果。

最后,注重"长久不变"的整体推进。

徐庄镇以"进一步明晰农村土地承包关系、强化对土地承包经营权的物权保护、规范农村土地承包管理工作、全面保障农民对承包土地的权利"为目标,坚持确保稳定、实事求是、尊重历史、公正公开、先易后难与稳妥推进五大原则,具体通过建立四个调节机制,即承包地长久继承权的人口增减调节机制、国家征地补偿机制、农地市场调节机制和进城农民承包地的退出机制,全面确保"长久不变"的实施。

徐庄镇作为改革试点,取得了以上可供借鉴的成功经验。但是,由于"农地承包关系长久不变"的改革是一项综合性工程,涉及利益主体多,目前尚处于初步探索和选择试点阶段,就目前徐庄镇改革的情况,已经显露出各种问题,对改革的顺利进行起到了一定的阻碍作用。

2. "长久不变"改革的问题及其成因

一是农村土地承包关系长久不变确权登记颁证工作需继续推进。

农地的确权作为土地承包关系长久不变的起点,直接涉及农民的切身利益,虽然前期徐庄镇做了较为全面的调研,在确权工作中对集体经济组织成员做了较为细致的分类,但是由于历史遗留问题和现实问题的复杂性,确权工作还需要完善,把每一个农民承包地的具体位置、面积、地力都要进行明确勘测、评估和登记,真正为农民确实权、颁铁证,为"三权分置"的进一步推进奠定基础。需要注意的是,让农民真正理解并主动参与"长久不变"改革,是长久不变试点成败的关键。枣庄市在差异性改革试验任务的选点区域布局上选择具有代表性、村级群众基础好、近年来无上访案件的焦山空村、白龙湾村、郭庄村作为试点。言外之意,鉴于确权工作涉及的利益主体多,其他村庄可能出现的问题更是烦琐复杂,所以,确权工作需要全盘统筹、稳步推进。

二是农民承包地退出机制有待进一步完善。

尽管徐庄镇作为国家的试点地区,结合当地的农业发展情况和劳动力转移情况,对进城农民的土地退留问题作出了相对完备的规定,但是,实施效果并不明显。究其原因,主要在于面临农地的社会保障功能依然存在、农地退出制度缺位及资金缺乏等问题。

其一,进城农民承包地的保障功能依然存在。

在我国进城农民市民化滞后的情况下,进城农民参加社会保险的比例还较低,不能享受到与城市居民一样的社会保障。而由于农地的稀缺性,承包户可以通过经营耕地获得直接收益和通过流转、入股等其他方式获得间接收益,这样,农地就顺理成章地为进城农民承载了社会保障的功能,当然也成为农地难以退出的重要原因。

其二,农地退出制度的缺位问题。

从现有政策看,国家鼓励各地积极探索农户承包地的退出机制。但目前对于进城农民退出承包土地的法律规定与政策导向却相互矛盾。《农村土地承包法》规定,承包方在承包期内举家迁入设区的市并转为非农户口的,应当将耕地交回发包方。但是在2011年《关于积极稳妥推进户籍管理制度改革的通知》中规定,不能以户口为名强制农民放弃耕地。此外,在如何退出、如何补偿及退回的耕地如何处置等还缺乏系统的细化的规定。由此可见,进城农民退出承包土地,从法律层面到具体程序和补偿方式方面依然缺乏完整系统的设计。要真正实现土地承包关系长久不变,必然要求对这一系列的问题进行规范和说明。

其三,进城农民退出承包地的补偿资金问题。

农地承包经营权属于用益物权,承包户退出就应该获得经济补偿。但是,农地承包权退出需要的资金多、涉及的关系复杂、解决难度大。按照现行法律法规,农地所有权归集体,农地发包方是农村集体经济组织,承包方是其成员,因此,应该由发包方对退地农民作出经济补偿,但实际上,当前发包方大多资金少、实力弱,甚至存在"空壳村",根本无力支付补偿资金。这也成为农地难以退出的重要原因。在徐庄镇改革中,由集体经济组织负责承担补偿资金,如果确实无力承担的,由镇退补中心筹集农村土地补偿周转金代偿。这种办法在其他村镇是否具有复制推广的条件尚待商榷。

其四,农地承包经营权的继承问题。

与进城农民退出土地紧密相关的还有农地承包经营权的继承问题。只有具备集体经济组织成员的身份,才有资格承包土地,如果丧失了这一身份,就失去了承包和继承土地的资格。我国农地承包是以户为单位的制度安排,如果一个农户所有家庭成员都丧失了这一身份资格,那么归属于这个"户"的承包经营权就应退出。但我国目前尚无相关立法,更没有成员资格丧失的明确规定。这一点在徐庄镇改革中有所反映,但并未彻底解决,因此成为影响制约承包地退出的一大因素。

其五,农民的社会心理问题。

在调研中发现,农民的承包经营权退出,既是一个经济要素的流动问题,更是一个农民的社会心理问题。农民的惜地情结较为强烈,把农地当成"叶落归根"的精神寄托,部分农民表示,即使进城落户定居工作也不愿放弃耕地。此外,多数农民认为如果有合理的经济补偿,会选择退出承包地,但农民对承包地退出的补偿问题(主要包括补偿方式和补偿金额)有争议,面对国家"长久不变"政策的出台,农民对土地有偿退出持观望态度。

第二节　难点二:农村土地流转与农业适度规模经营问题

"三权分置"的目标是实现人地资源配置关系的调整和优化。面对当前城镇化进程中农村劳动力的大量转移,我国人地资源配置关系调整和优化的具体实现路径就是农业适度规模经营。"三权分置"下我国的政策导向是通过农地流转来实现农业适度经营,农地流转是中国农地产权制度的深度改革和创新,它是中国土地家庭承包制度下的创造,而我国农业适度规模经营的基本内涵、政策取向和实现路径等也与国外有着根本性的不同,本节对山东省东营市垦利县通过农地流转实现农业适度规模经营的具体情况进行了调查研究,总结出了改革经验,并找出相关问题,以期为推进"三权分置"改革提供有益借鉴。

一、土地流转是实现农业适度规模经营的重要途径

改革开放 40 多年来的政策导向和实践探索都表明,在一家一户小规模经营的基础上如何实现农业规模经营存在多样化的选择空间,但通过土地流转来实现农业规模经营始终发挥着重要作用。

(一) 从政策层面,通过土地流转实现农业适度规模经营成为我国的基本导向

尽管我国在实践中探索出了实现农业规模经营的多种途径,包括农机作业、粮食代耕、统防统治等生产服务外包和专业化服务等,它们都在没有触及土地承包关系的情况下实现了规模经营的扩张,但是农业最重要的生产资料始终是土地,土地的规模经营始终是农业规模经营的重要途径。而在我国农地"集体所有,农户承包"的基本框架下,主要是通过农地流转实现农业适度规模经营的。鉴于此,我国的相关政策导向是将农地流转与农业规模经营相联系。党的十七届三中全会、十八届三中、五中全会都明确指出鼓励农地流转,发展适度规模经营。

(二) 从实践层面,通过土地流转实现农业适度规模经营的步伐加快

早在 1984 年和 1986 年中央一号文件中就有了"鼓励土地向种田能手集中"的规定,体现了我国通过土地流转实现农业适度规模经营

的政策导向。现实中,农地流转经历了从长期低速发展到逐步快速发展的过程,直到21世纪,随着城镇化步伐的加快和国家政策的引导,各地农地流转的速度越来越快,经营规模也随之越来越大。

二、东营市垦利县通过农地流转实现农业适度规模经营的调查研究[①]

农业适度规模经营是全面推进农业现代化发展的必然之路。笔者通过调查,总结了东营市垦利县在"三权分置"指导下通过农地流转实现农业适度规模经营的情况,同时也发现了在发展农业规模经营中存在的诸多问题。

(一)垦利县通过农地流转实现农业适度规模经营的基本情况

通过调查统计,全县农村家庭承包土地38.48万亩,承包经营农户41238户,家庭承包土地人均2.3亩,由于垦利县土地地力等级差异大,有的村农户承包地块多达10余块,土地的细碎化曾一度制约了农业规模化经营的发展。近年来,随着农村土地流转规模的不断扩大,农业规模化、集约化经营水平不断提升。

2015年,全县农村土地流转达到18.04万亩,占农村家庭承包土地的46.9%。从流转区域特点看,由于各镇街农业资源条件、经济社会发展水平、劳动力转移就业状况不一,土地流转也存在区域差异性。垦利街道和兴隆街道受城镇化进程加快、农村劳动力转移就业比例高等因素的影响,土地流转比重分别达到63.7%和93.1%;永安镇和黄河口镇种养殖大户多、民间土地流转活跃,流转比重分别达到58.8%和58.3%;胜坨镇、董集镇和郝家镇虽然劳动力转移就业形势较好,但人均土地面积小,地块大多比较零散,给土地流转带来较大难度,流转比例仍然偏低,分别为37.1%、32.2%和22.5%。从土地流转期限来

---

① 资料来源于垦利县农业局。

看,5 年以下的占 45.2%,5 年至 10 年的占 38.7%,10 年以上的占
16.1%。从流转主体来看,主要以农业企业、家庭农场、农民合作社及
种植大户为主,分别占流转总量的 24.6%、21.1%、11.4% 和 8.6%。规
模经营主体通过土地流转获得土地后有 58.8% 的土地用于种植粮棉
类作物。全县粮棉主要种植作物 100 亩以上规模种植户达到 750 户
(详见表 3-1)。垦利县兼顾效率与公平,既注重提升土地经营规模,
又防止土地过度集中。在推动土地规模经营过程中,根据当地资源禀
赋、经营者经营能力、经营产业及农村社会保障等情况确定规模经营的
"度"。对于个体的种植大户或家庭农场,种植粮食作物面积在 100 亩
至 500 亩为宜,棉花在 50 亩至 100 亩为宜,底线控制确保经营者获得
可观的经营收入,上限控制有利于防止土地过度集中,有助于发展更多
的适度规模经营主体。对于合作社、农业企业而言,引导其开展设施蔬
菜、林果等高效作物,开展标准化生产,打造高效农业园区。特别加强
对经营面积过千亩经营主体的审查,防止与民争利。

表 3-1 粮棉作物大户统计表

种植作物	50 亩—100 亩(户)	100 亩—200 亩(户)	200 亩—500 亩(户)	500 亩—1000 亩(户)	1000 亩以上(户)
小麦	181	66	67	17	15
水稻	34	28	100	56	47
棉花	1302	238	84	19	13
汇总	1517	332	251	92	75

规模经营主体土地来源有三类,主要通过大面积流转农户土地获
得。此外,通过承包村集体荒碱地,投入大量资金对荒碱地进行开发整
理,获得可耕种土地。再者,通过长期承包国有农业用地获得。根据土
地等级不同,租金多在 200 元到 500 元不等,流转农户土地租金最高在
800 元。相比普通农户,规模经营主体资金投入较高,不但要对土地进

行开发整理,还要购置大型农机具,经营规模较大的还需要长期雇工。从经营效益来看,土地规模效益在粮食类作物上尤为明显,规模经营农户除获得额外的粮食大户种植补贴外,生产成本也显著降低,据测算,每增加一亩地的经营面积所带来的成本降低效应在2%—10%之间。

（二）垦利县农业适度规模经营形式

2015年3月6日,李克强总理在参加山东代表团审议政府工作报告时,面对代表提出的群众对土地流转存有很大疑虑的问题时说:要在适度规模经营前面加上4个字:"多种形式"。从目前垦利县开展的规模经营主要有这几种形式:

一是大户带动型。

种养大户通过租赁、承包等形式流转农户土地,凭借自身技术,以一种或者几种产品为主,开展规模化集约化经营,辐射带动周边农户科学种养,逐步壮大当地特色优势产业。特别是近年来,随着各级强农惠农政策的实施,极大调动了群众规模化种养殖的积极性。比如,黄河口镇十三村村民狄志强流转土地796亩,以种植小麦、玉米为主,购置了大型耕种收机械3台,配套农机具18台(套),年产小麦330吨,玉米400吨,产品直供河北省面粉厂和饲料加工厂,每年总收入170万元,净利润97万元。

二是家庭农场经营型。

通过大面积就近流转农户土地,家庭农场开展规模化种植。垦利县清江家庭农场通过流转本村土地604亩,主要种植小麦、玉米等粮食作物,农场各类大型农机具齐全,可实现全程机械化作业,农场用工主要以夫妻二人为主,2015年在受灾减产的情况下,农场小麦亩产900斤、玉米亩产700斤,扣除各类成本1011元,农场亩均收益553元,年纯收入达到33万元。比较小农户种植,规模种植亩均节支30元,同时,该农场2015年获得种植大户补贴1.2万元,市级示范性家庭农场奖补6万元。

三是合作社带动型。

农民专业合作社按照"自愿、平等、互助、互利"的原则,从农户手中流转土地,由合作社统一组织经营和管理,促进了规模化经营、标准化生产,有效解决了农户分散经营风险高、效益低的问题。比如,董集镇薛家村依托水稻种植专业合作社,在平等协商基础上,合作社和村民小组签订土地租用合同书,租金分土地等级按每亩250斤至300斤稻谷的标准补偿,利润按收成另行计算;对不愿把土地转包的农户,采取平等协商、合作经营的形式,农户按照标准化进行耕作,由合作社提供种子、化肥、农药、插秧、收割等技术服务,按市场最低价格收取服务费,实现了统一种植、统一管理、统一销售。

农民专业合作社将社员土地集中起来,统一开展规模经营,社员除获得固定的土地流转收益外,还可以收到合作社经营利润分红,实现双重收益。垦利县众兴小麦种植专业合作社整片流转小张村1100亩土地,建设了黄河滩区绿色小麦种植基地,与山东农科院联合建立了小麦博士工作站,开展新品种、新技术的研发,同时建设了农产品加工厂,开展农产品深加工,生产出了石磨全麸面、杂粮面、面艺、小杂粮等系列产品。通过规模化、集约化经营,农户从土地中解放出来,获得每亩700元稳定的土地租金收入,同时每人每年获得打工收入1.5万元,合作社获得的经营利润还按照土地进行分红,2015年合作社实现利润62万元,向社员分配盈余38万元,户均分配3585元。

2013年,因东八路延伸占地,永安镇二十师村农户土地出现严重不均,为妥善解决人地矛盾,二十师村在充分尊重民意基础上,打乱原有的村民小组的权属限制,开展了土地调整。同时,为解决该村劳动力少、土地平整度差、地块零散的状况,村两委对全村土地进行了统一规划,按照规划开展多样化经营。该村村"两委"牵头成立了合力水稻种植专业合作社,全村农户以土地入股,合作社筹措资金对土地进行分类开发,完善沟路渠等配套设施,再通过招商的方式对土地进行出租,村民每股分得 300 斤稻谷的基础租金,同时每人每年获得 3000 元的股金分红,实现了"一份土地,两份收入"的梦想。

四是园区带动型。

按照一园一特色的原则,引导产业大户、农民专业合作社、企业集团参与园区开发,规划建设了食用菌培育、生态蔬菜种植等 21 处特色园区,其中 18 处被确定为"东营市高效生态农业示范园区",走出了一条园区辐射、示范带动的发展路子。比如,黄河华滩生态文化公园通过流转 1 万亩滩区土地,集中种植了向日葵、红高粱等作物,建成了以休闲观光农业为主的示范园区,并举办万亩葵园文化旅游节,推动了休闲观光农业发展。再如,伟浩生态农业观光园,通过流转 300 亩地,建设了高标准钢结构蔬菜大棚及蔬菜温控室、包装检测配送室等相关配套设施,建成了集蔬菜种植、畜牧养殖、农事体验、休闲娱乐于一体的现代化高效生态观光农业园区。

五是龙头企业带动型。

村"两委"在征得农户同意的情况下,将土地集中对外发包,与龙头企业签订土地租赁合同,发展现代农业。一方面,便于农业龙头企业打造产业基地,实施高效生态农业项目;另一方面,可以推动劳动力有序转移。同时,承租企业实施农业项目,也为缺技术、不愿外出打工的妇女和老年劳动力提供了就业机会,增加了农民的工资性收入,实现"双薪"收入。比如,永安镇二十八村流转 1260 亩土地,用于青岛袁策生物科技有限公司投资 1.5 亿元实施超级水稻试验推广项目;流转 300 亩土地,用于东营一邦农业科技开发有限公司实施"水城米仓"有机水稻生产项目,项目的实施也带来用工需求,二十八村村民由此获得了土地租金和打工双重收入。

(三) 垦利县通过农地流转实现农业适度规模经营典型做法

垦利县在农业适度规模经营方面主要探索出了"一宣、一建、一培、一托、两服(扶)"的"垦利模式"。

一是强化宣传，引导农村土地流转。充分利用电视、广播、报刊、宣传栏形式，大力宣传农地流转的重大意义和有关政策规定。每年定期举办全县农村土地流转工作专题培训班，对县乡经管干部进行业务指导和培训，督促广大基层干部尤其是农村干部学习政策。

二是建立平台，推进农村土地流转。垦利县建立了县级土地流转服务平台，初步建成了独立的农村产权交易市场；136个涉农乡镇（街道办）全部成立了土地流转服务中心，设立了服务大厅，8000多个村聘请了土地流转服务信息员，县、乡、村三级土地流转服务网络日渐成熟。同时，垦利县建立了农地纠纷仲裁庭，设立了仲裁委员会，建立了高标准的仲裁大厅，136个涉农乡镇（街道办）成立了纠纷调解委员会，有效及时化解土地流转纠纷，为发展规模经营创造了良好的社会环境。

三是培育主体，带动农村土地流转。目前，垦利县规模以上农业龙头企业达到54家，其中国家级、省级、市级农业重点龙头企业分别为1家、6家、30家，农业龙头企业资产总额达到36.51亿元，销售收入突破43亿元，从业人员达6012人，累计带动农户8万余户，涵盖了垦利县小麦、水稻、玉米等主导产业；农民专业合作社总数达到457家，其中，国家级、省级、市级农机示范社分别为1家、1家、29家，市级优秀农民专业合作社5家，社员总户数近9700余户，带动周边农户达2万余户，成员年人均收入与当地农民人均纯收入相比增加3000多元；家庭农场迅速起步，在工商部门注册的达到199家，经营土地面积12.1万亩。新型农业经营主体通过土地流转，大力发展现代化、专业化、规模化的农业经营，农业整体效益不断提高。从土地流转去向来看，2015年，土地流入农业企业、家庭农场、农民合作社及种植大户的，分别占流转总量的24.6%、21.1%、11.4%和8.6%，占流转面积的65.7%。

四是主抓托管，丰富农村土地流转。积极创新实施土地全托管、半托管、承租托管、入股托管等模式，保障农民种植效益、增加农民财产收入。近年来，随着农机购置补贴政策的落实，垦利县拥有大型拖拉机

4439 台,大中型配套机具 6453 台套,种植业综合机械化水平达到 81%。全县已发展农机、植保等服务类专业合作社 49 家,这类服务组织机械齐全,设备先进,可以承担从种到收全程机械化服务。如黄河口镇益民土地托管合作社组建了农机、农技、农资、劳务、植保 5 个专业服务队,聘请农技人员和专家 10 多名,采取全程托管、菜单式托管、农田承租三种服务模式,累计入托农民达 1500 多户,托管土地 4 万余亩,实现了农民合作社与入托农户双赢。

五是强化服务,规范农村土地流转。垦利县制定了农地流转申报、登记、调解、仲裁等规章制度,同时,扎实做好土地流转情况的登记、整理、发布、归档和管理等工作,切实做到了管理和服务两到位。

六是加强扶持,加速农村土地流转。垦利县建立了农业适度规模经营的财政保障机制,每年财政预算 1000 万元专项资金,扶持规模经营主体发展壮大。凡是流转规模在 100 亩以上的,县财政每亩补助资金 100 元;新增流转面积 300 亩以上的,每亩补助 150 元。

(四) 垦利县通过农地流转实现农业适度规模经营取得的成效

首先,促进了农业产业发展。土地流转使农户闲散地向新型农业经营主体集中,有效遏制了土地撂荒现象,耕地资源得到有效利用,形成具有较强竞争力的产业带。目前,垦利县已初步形成了高产创建示范方的优质粮食生产区(黄河口镇和永安镇)。

其次,促进了农业科技提升。规模经营主体采用先进科技的主动性相对较强,他们积极引进新品种、采用新技术,改善农业生产条件。如清江农场以"科技兴农,以人为本"为宗旨,与中国农科院、北京农林科学院、山东省农科院等联手合作,因地制宜科学规划,充分发挥土地规模经营的优势,精选优质品种,采用先进农机具,推广先进农业技术,实现了土地集约化、科学化经营。

再次,促进了农民增收致富。通过农村土地流转,一方面农户获得了稳定的租金(一般每亩每年 200 元至 800 元不等);另一方面农村富余劳动力向二、三产业转移,农民外出务工,增加了农民的劳务收入。垦利县已成为京津沪等大中城市的主要劳务输出地,全县非农收入已占农民人均纯收入的60%以上。

最后,促进了农村社会和谐。经过农地流转后实现了农地规模经营,流转合同取代口头形式逐渐走向规范,规模经营主体加大投入、改善基础设施,减少了因口头协议、抗旱排涝等引起的纠纷,促进了农村社会和谐发展。

(五)垦利县关于通过农地流转实现农业适度规模经营存在的问题

第一,部分群众流转意愿不高。主要表现在:首先,随着各级支农惠农力度的不断加大和土地征用的频繁发生,农民对流转土地潜在价值的预期不断上升,在一定程度上制约了土地流转。其次,思想认识制约。当前存在较为突出的农民"两不"和主体"两怕"现象。农民"两不",指粮食直补等农业补贴政策致使其"不愿"交出土地经营权;部分群众对土地流转认识不足,心存顾虑。虽然垦利县不断加大土地流转宣传力度,部分群众仍担心流转后收益和基本生活没有保障,将土地作为生活保障的最后一道防线,"不敢"交出土地经营权。主体"两怕",指"一怕"农村土地政策不稳,不敢大胆投入;"二怕"农业生产自然和市场双重风险压力大,不敢搞大规模开发。再次,农民转移就业难度较大。从调查情况来看,目前从事家庭农业生产的劳动力多为50岁以上的人群,这一群体更趋向于就近就业。垦利县大部分村庄离城镇较远,农民就近进入二、三产业的机会较少,使得大多数农民滞留在土地上。最后,还有不少农民对土地有着特殊的感情,即便在传统种植业比较效益下降、外出务工工资水平不断上涨的形势下,他们仍不愿流转土地。

第二,土地流转社会化服务缺位。虽然各镇、街道建立了农地流转服务中心,但农村产权交易大厅尚未正式建成投用,缺少专业土地流转中介服务组织,土地流转供需双方有效对接机制不健全,土地流转信息渠道不畅,满足不了日益旺盛的市场需求。同时,随着二、三产业发展越来越快,农民收入大部分来自于经商、打工,很多农民干脆把土地或租或送给亲朋好友耕种,甚至抛荒,影响了土地资源的合理流动和优化配置。

第三,土地流转程序和手续不完备。首先,土地流转过程中缺乏明确的法律依据和统一的标准,村集体内部的流转多是口头协议,即使有合同,其内容也不完整,双方的权利义务不明确,部分条款不具备法律效力,特别是在落实惠农补贴政策时,流转双方极易发生纠纷。2015年,因流转双方约定不清,在落实棉花价格补贴时引发了大量的矛盾纠纷。其次,土地流转过程中,除镇村通过委托代理,统一组织的大规模流转外,大部分流转土地未报镇街土地流转服务中心备案,留下很大的隐患。最后,部分村集体由于推进规模经营心切,以少数服从多数为由,以村集体名义直接与外来业主签订土地流转合同,将群众的承包地出租,相关法律手续又不完备,村集体承担较大的经济风险,但抵御风险的能力不强。

第四,土地流转易引发纠纷。一是土地权属不清引起纠纷。垦利县土地权属复杂,存在大量的"飞地""插花地",村集体之间、村集体与军马场、户与户等之间存在大量土地界限不清的问题,出现农户私下开垦和流转争议地的情况,土地权属争议双方对这类土地的归属及其流转往往纠纷不断。二是土地流转价格引起纠纷。由于受自然灾害、土地开发等因素影响,土地流转价格频繁剧烈波动,土地流转双方因价格协商不成引起矛盾纠纷。三是因土地多重发包引起纠纷。受利益驱使,部分承包户直接再次发包,赚取中间差价。土地几经转包才能到真正经营者手中的情况时有发生,由于权属变化复杂和签订合同的不规范,一旦出现纠纷很难进行调解。四是农村承包土地纠纷难以解决。农地纠纷涉及标的额小、取证难,导致现实中"村组织难以调解、仲裁机构无力裁决、法院解决成本高"的现象,农民的合法权益得不到保护。

第五,规模化经营效益不高。垦利县通过农地流转发展了多种形式的规模经营,积累了丰富的经验,取得了较为显著的成效,但仍然存在一些问题影响了规模化效益。首先,群众对流转土地有后顾之忧,土地流转期限多以短期为主,稳定性较差。其次,种养殖补贴等资金在收益中占有很大比重,规模经营者担心政策变化,缺乏持续发展动力,不敢大胆投入、大规模开发,影响双方受益。再次,农业承受着自然与市场"双重风险",当市场供求关系变化时,农户和企业很难应对。同时,农业还面临干旱、洪涝等自然灾害的威胁,一旦受灾,容易面临大幅度减产减收,甚至会导致企业破产。最后,农业保险发展滞后,理赔金额较低,投保避险性较弱。如,棉花种植保险,保险金额为 450 元/亩,保险责任为雹灾、涝灾,一旦大范围受灾,保险金额与农户期望要求有一定差距,甚至低于前期投入成本,对农户的损失帮助有限。

第六,工商资本参与农地流转引发诸多问题。过去,由于从事农业生产的赋税重、比较效益低、流转市场不健全等原因,工商资本很少参与农地经营,近年来,由于国家对农业生产的支持、农产品价格上涨和二、三产业竞争激烈等原因,工商资本开始加快进入农业领域。近几年,在垦利县工商资本参与农地经营的情况越来越多,从参与农地经营的流程分析,工商资本能否参与和以何种方式参与农地经营,关键在农地流转环节。通过对东营市垦利县的调研发现,工商资本进入农业,包括产前的农资供应、产中的生产性服务和产后的农产品加工及流通等,但主要还是直接参与农地经营。参与农地经营的模式主要分为两种形式:一是工商资本通过租赁、转包等形式,从承包农户手中获取农地直接从事农业生产经营。工商资本支付给农户流转费用并获得一定的土地使用权期限,也有部分企业吸纳承包农户进入企业就业。这种形式最为普遍。二是工商资本以技术、资本入股,农户以劳动力、土地入股,通过股份合作的形式进行农业生产经营,实现"利益共享、风险共担"。

在调研中发现,部分强势的工商企业长时间、大面积"圈地",又不能吸纳农村劳动力就业;由于农户的弱势地位,在签订合同时,往往出现程度不等的损害农民利益的情况;有些工商企业搞资本运作,以农业开发为名流转土地,实际进行非农业开发,并且抬高土地价格后租给其他企业;还有些工商企业为了获得更多的利润,从事设施农业及高效作物的生产经营。

(六) 东营市垦利县关于通过农地流转实现农业适度规模经营的调查分析

东营市垦利县在改革之初主旨便定位为:追求土地的适度规模效益,发展现代农业。其改革重点是纯农业区,目的是追求土地的规模效益。正因为其准确定位,使其改革创新的做法具备了更大范围内推广应用的价值。如前所述,我国通过农地流转实现农业适度规模经营的政策导向已经非常明确,垦利县在"三权分置"指导下,根据当地情况,通过土地流转实现了多种形式的农业适度规模经营,其中一个亮点,就是科学把握了"适度"的范围。

农业适度规模经营最重要的指标是农地的适度规模,农地适度规模经营首先有量的要求,并非越大越好,需要根据各地的资源禀赋、种植作物及工农收益等情况确定;同时,农地适度规模经营也体现出质的提高,鼓励和追求劳动生产率和土地产出率的双重提高。此外,农业适度规模经营的推进还受外部条件的制约,要与农村社会保障体系的完善及农民市民化的进程等相适应。垦利县根据当地资源、种植作物、规模经营主体的经营能力等多重因素,科学确定了各种作物的最佳种植面积,使一定面积的土地最大程度地发挥生产功能。

在调研过程中,也发现了通过农地流转实现农业适度规模经营过程中存在着诸多问题。归结起来主要有以下四点:

一是土地流转制度不规范。自发流转多,口头协议多,权属不清,流转程序和手续不完备等引发日常纠纷多,各地确权登记颁证工作尚未完成,土地流转价格评估标准尚未制定、土地流转中介机构尚不健全、土地流转网络平台尚不规范、社会化服务体系尚不成熟、配套保障尚不完善等。

二是农户合法权益受到侵害。通过土地流转实现农业适度规模经营的过程中涉及众多利益主体,与合作社、工商企业相比,承包农户显然处于弱势,出现承包农户土地权利贫困的状况。而权利贫困的重要原因是农民的权利不断受到来自政府、农村集体和各类经济组织的"合法"剥夺。有些地方基层政府把鼓励引导变成行政干预,有些村级集体经济组织随意变更或撤销承包合同,强行推进农地流转;有些村级集体经济组织存在截留、挪用流转收益的现象;有些村级集体经济组织擅自引入工商资本,出现流转面积过大、租期过长、合同不规范、风险防范机制缺乏等诸多问题。这些都是在推进"三权分置"改革中亟待解决的问题。

三是"非农化""非粮化"现象。工商资本参与农地经营能够发挥市场的引导作用,带来技术、人才、资金,推进农业专业化、标准化、品牌化生产,是以城带乡、以工补农的重要形式。但工商资本的趋利性造成"非农化""非粮化"现象,进而影响到国家的粮食安全。近些年,有些地方甚至出现了"工商资本替代小农"而不是"工商资本带动小农"的问题。究其原因,工商资本参与农地流转面临着进入机制不完善、服务不到位、风险防范机制不健全等问题。其一,工商资本参与农地流转的进入机制尚不完善。尽管国家的政策是明确的,但目前尚缺乏具体的可操作的办法。《农村土地承包法》中只有原则性的要求,比如,农地流转中受让方必须具有农业经营能力。在实践中关于"农业经营能力"的要求也是形同虚设,没有具体的认定标准,更没有行之有效的贯彻办法。其二,工商资本参与农地流转的服务尚不到位。工商资本参与农地经营的关键服务在于农地流转。尽管我国的政策导向和法律法规都已经对农地流转做了包括流转方式、流转当事人、流转管理等在内的全面规定,但在实践中仍然存在合同缺失、强迫流转、信息不全、市场滞后等情况。其三,工商资本参与农地流转的风险防范机制尚不健全。工商资本参与农地经营促使经营权集中和生产经营规模扩大,但同时也会有各种风险。农业生产本身自然风险集中,近些年农产品价格的大幅度和高频率波动导致农业经营市场风险的增大,一旦工商企业在经营过程中出现风险,就会影响到企业和流转农户,甚至可能引发社会风险。但目前工商资本参与农地经营的风险防范机制几乎处于空白状态,迫切需要建立健全。

四是政策支持有待加强。尽管中央提出了改革要求,但国家层面支持改革的政策不够明确具体,缺乏稳定性,还有待进一步细化和强化。农业本身就是弱质产业,自身抵御自然风险和市场风险能力差,特别是在纯农业地区、远郊村镇,规模经营遇到资金短缺、农业保险发展滞后、覆盖面少等难题,导致规模化经营效益不高。

根据以上问题,在下一步改革中要有针对性地采取措施,尊重农民意愿,完善农地确权登记颁证制度,建立农地流转规范管理制度,健全促进适度规模经营发展的政策措施,在投入、补贴、金融、保险等方面发挥政策支持的作用,最大程度发挥农业规模化经济效益。对于工商资本,概括起来就是要支持、引导,目的是更好地带动农业发展、带动农民致富。工商资本参与农地经营是大势所趋,但是要做好风险防范,以农地流转为中心,全面健全和完善工商资本参与农地经营的政策体系和法律法规。这些都是在今后推行"三权分置"中需要解决的难点问题。

第三节 难点三:多元主体从事农地经营问题

"三权分置"使农地承包经营权分置为承包权和经营权,经营权相对独立化,土地资源可以在更大范围内实现优化配置,推动了农业适度规模经营,实现了经营方式的多样化,同时,也实现了农业主体的多元化。

一、多元主体从事农地经营的基本情况

中共十八届三中全会指出,我国农业将呈现出以家庭经营为基础的"家庭经营、集体经营、合作经营、企业经营"等多元经营模式共同发展的特征。"三权分置"农地制度改革不仅使家庭经营的基础地位更加巩固,而且有利于发挥多元主体参与农业经营的作用。家庭经营的基础作用已经被我国的农业发展历程证明,也被东亚经济体和欧美大规模农业佐证。改革之初,对于传统的以户为单位的自营农民来说,承包权和经营权没有分离的必要,但是随着农业发展步伐的加快,家庭经营的内涵不断丰富和延伸,家庭经营范畴中出现了种养大户、家庭农场等新型经营主体,而"三权分置"农地制度改革的最大意义就是使农地经营权相对独立化,使资源在更大范围内得到优化配置,由此催生了合作经营层面的专业合作社和企业经营层面的农业企业等新型经营主体。简言之,"三权分置"改革旨在为这些新型经营主体的发展壮大保驾护航。需要明确的是,"三权分置"农地制度改革不但没有弱化家庭经营的作用,反而巩固强化了其基础地位,同时也促成了多元化的农地经营模式。

在多元化的农地经营模式中,我国在理论层面和政策层面对于家庭经营、集体经营和合作经营给予了充分肯定和重点扶持,特别是对于家庭农场和农民专业合作社。在各地的土地流转中,流入家庭农场、专业合作社和农业企业的土地最多,而且各地坚决贯彻中央政策,针对新型农业经营主体的不同性质、层次和需求,分别出台了支持家庭农场、专业合作社和农业企业的指导意见并予以实施,但在参与农地经营过程中还是存在诸多问题,并呈现出不同的特点,在以下关于东营市垦利县的调研中将会做详细分析。

二、东营市垦利县关于新型经营主体从事农地经营的调查研究①

近年来,垦利县坚持"三权分置"的改革思路,以黄蓝国家战略深入实施和国家级现代农业示范区建设为契机,把培育壮大新型农业经营主体作为加快现代农业发展的战略选择,以培育和引导龙头企业、农民专业合作社和家庭农场为重点,有效激发了农村各种生产要素潜能,逐渐形成了与原有小农户经营主体互利互补、共生共赢的新局面,农村各类经营主体之间呈现出竞相发展的态势。

(一) 关于垦利县家庭农场的调查研究

2013 年,中央一号文件明确提出发展家庭农场,引起了垦利县广大种养大户的高度关注。2013 年 5 月,《山东省家庭农场登记试行办法》(以下简称《办法》)颁布实施后,全县掀起了注册成立家庭农场的热潮。由于《办法》中未对成立规模作出明确规定,导致在登记初期,很多不成规模的种养殖户也进行了家庭农场登记。为进一步规范和完善家庭农场管理工作,县农业局于 2013 年 6 月制定了《垦利县关于落实〈山东省家庭农场登记试行办法〉的意见》(垦农字〔2013〕93 号),对种植、畜牧、水产等家庭农场的生产规模、准入条件和规范管理进行了进一步明确和细化。至此,垦利县家庭农场进入了高速规范发展的阶段。到 2013 年年底,全县经工商局登记注册的家庭农场总数达到 103 家,到 2014 年年底,家庭农场总数达到 199 家。截至目前,家庭农场已发展到 234 家,其中市级示范性家庭农场 31 家。从产业分布来看,种植类家庭农场 131 家,养殖类家庭农场 65 家,种养结合类家庭农场 28 家,休闲观光类家庭农场 3 家,其他类 7 家;从经营规模来看,全县家庭农场经营土地面积达到 11.5 万亩,其中种植类家庭农场经营土地面积

---

① 资料来源于垦利县农业局。

7.83万亩,养殖类家庭农场经营土地面积1.35万亩,种养结合类家庭农场经营土地面积2.16万亩,休闲观光类家庭农场经营土地面积1500亩;经营土地面积在500亩以上的家庭农场达到112家,占家庭农场总量的47.9%,主要集中在粮食种植产业。

1.垦利县发展家庭农场的主要做法

一是加强组织领导,建立推动家庭农场发展的长效机制。垦利县成立了由县委副书记任组长,分管副县长任副组长,相关部门单位负责人任成员的现代农业发展工作领导小组,具体负责组织协调现代农业园区、家庭农场、农民专业合作社和农业龙头企业的发展,涉农部门单位分片负责各镇(街)家庭农场等规模化经营主体发展的协调调度,各职能部门依据各自职责,搞好协调,密切配合,加强对家庭农场的指导。领导小组定期对各镇(街)年初提报的发展任务进行督导,年底采取查阅档案、现场验收的方式进行现场考核,考核结果计入对各镇、街道和承担督导任务部门的年度综合考核成绩。

二是加强沟通协调,推动家庭农场快速健康发展。联合农业、林业等部门,在对全县种养大户进行摸底调查基础上,确定符合垦利县实际的各类家庭农场发展规模,制定出《垦利县关于落实〈山东省家庭农场登记试行办法〉的意见》。为规范家庭农场登记管理,与工商局建立联动机制,凡需注册登记家庭农场的,需经当地农经部对流转土地合同的真实性、合法性进行审查,并出具相关证明。

三是细化奖补政策,引导家庭农场上规模上层次。为突出家庭农场等规模经营主体在促农增收中的示范带动作用,县委、县政府出台《〈关于加快全县现代农业发展若干扶持政策的意见〉的补充意见》,明确将家庭农场列入扶持范围。针对家庭农场的规模层次、种养结构等因素分等次进行奖补,提高了政策的针对性和实效性。2013年,经现代农业发展工作领导小组现场考核验收,对全县13家家庭农场进行了资金扶持,共落实财政奖补资金40万元。2014年,全县17家市级示范性家庭农场获得市级财政奖励资金 180 万元。

四是强化宣传培训,提升家庭农场人员素质。以新型农民科技培训工程、农村劳动力培训阳光工程项目的实施为依托,突出对家庭农场负责人的培训,选择部分示范带动能力强的家庭农场,将其列入农民辅导员和科技示范户进行重点培养,集中开展政策宣讲棉花、水稻、小麦的技术培训与技术指导,同时注重引导家庭农场不断拓展经营范围,提高其经营管理水平。2015 年,累计对 200 名辅导员和 600 名科技示范户进行了轮训。

2. 家庭农场发展面临的困难

一是土地流转难。一方面,拥有适宜种植耕地的农民不愿流转,或流转价格较高,整片流转难以形成共识;另一方面,部分村土地承包经营权仍坚持"三年一小调,五年一大调",难以形成长期稳定的流转关系。家庭农场经营者只能选择承包国有农业用地和村集体"四荒地",这类土地往往交通不便、农田基础条件较差、开发利用成本高。同时,受土地流转价格剧烈波动的影响,家庭农场开展土地流转的积极性严重受挫。

二是贷款融资难。家庭农场面临资金需求大但需求满足率低的最大难题。特别是在经营初期,要扩大生产规模困难重重,因为投入集中、固定资产不足,很难通过资产抵押获取银行贷款。董集镇黄金全夫妇经营着占地 1320 平方米的水稻,注册了隆鑫家庭农场,2014 年为维持经营打算申请贷款,但由于缺少抵押物,又找不到合适的保证人,贷款未能如愿,严重挫伤了其生产经营的积极性。

三是抗灾能力差。农业是生产周期长、抵御自然灾害能力较弱的弱势产业,在洪涝干旱灾害面前,垦利县以传统农产品经营为主的家庭农场成为最大的受害者。永安镇媛媛家庭农场宋媛媛承包东义和村600 亩地种植棉花,由于棉田排涝设施不完善,棉田大面积积水,50%棉田绝产,预计损失近 23 万元。

四是生产成本高。一是家庭农场自家劳动力常常不能满足生产所需,雇工现象普遍。近年来,工资成本有较大涨幅,雇工费用已占到生产成本的 25%—28%。二是农资成本高涨。近两年来,农业综合生产成本一直以 10% 的速度增加。化肥、农药、种子等农资价格平均涨幅普遍在 13% 以上。三是固定资产闲置。由于农业社会化服务体系不够完善,家庭农场不论规模大小,各类农机具一应俱全,但使用频率偏低,大部分时间处于闲置状态,造成农机使用费用偏高,且占用了大量资金。四是投入产出率较低。由于家庭农场流转的土地多为基础设施条件差的农田,受资金限制,难以进行有效开发整理,经营者只能通过广种薄收的粗放式的经营,向经营规模要效益,造成投入产出率较低。从近三年的情况来看,水稻、棉花的投出产出率分别为 187% 和 142%,而家庭农场经营水稻、棉花的投入产出率为 176% 和 122%。

(二) 垦利县关于专业合作社的调查研究

1. 垦利县农民专业合作社发展情况

一是合作社发展数量持续快速增长。自 2007 年《农民专业合作社法》正式颁布实施以来。垦利县农民专业合作社从无到有,从小到大,呈现出快速发展、逐步规范的良好态势。截至目前,全县依法注册登记的合作社已经达到 487 家,实有入社农户达到 11584 户,约占全县农户总数的 23%,带动周边农户达 3 万余户。同时,垦利县紧跟政策形势,不断加大探索合作社规范化运作和规模化发展的力度,率先培育成立了 5 家农民专业合作联合社。

二是领办主体呈现多元化。垦利县农民专业合作社组建形式主要有以下几种:一是能人或专业户牵头兴办,约占总数的 35%。如黄河口镇水稻种植大户王爱琴在指导和带动周边农户开展种植水稻基础上,牵头成立了东方水稻专业合作社。二是依托政府科技部门、农技部门创办,约占总数的 8%。如胜坨镇供销社依托供销渠道优势,成立的瑞丰棉花种植专业合作社,为 200 户棉花种植户提供产供销一体化的服务。三是村组织成员带头兴办,约占总数的 47%。如垦利街道办事处大三合村"两委"将小麦种植户组织起来,成立了大三合小麦种植专业合作社,注册了"三合情"品牌,产品经过分类包装,成功打进了胜大、信誉楼等超市。四是"企业+合作组织"的形式,由企业负责人领办,约占总数的 10%。如正汉生物科技有限公司充分发挥技术和销售双重优势,牵头成立的垦邦食用菌种植合作社,为 200 多户社员提供种植销售全方位的服务,实现了企业与农户的双赢。

三是合作社的内在实力实现较大提升。从机制运行上看,大多数合作社具有规范章程和会计账簿,内部管理制度比较健全。能按法律要求实行二次分配,体现合作制原则。重大事项需经过社员大会讨论,及时向全体社员公布资金来源和使用情况,并接受社员监督。从服务功能看,在生产、销售合作的基础上,通过发展农产品加工、储藏,延伸了产业链条,使农民获得增值利润。如一邦水稻种植专业合作社采取"企业+合作社+基地+农户"经营服务模式,走出一条"研、产、供、销"一体化的产业化发展路子,建立了科技示范基地,开发出"水城米仓"有机大米系列产品,产品主要销往北京、济南、潍坊、东营、青岛、广州等地。2016 年又建设了 1.5 万吨/年有机(绿色)稻米精加工项目,项目建成后将有效解决垦利县大米产业的瓶颈,拓宽产业链条,全面带动 22 家大米生产合作社的发展。

四是示范社建设初步展开。目前,通过颁布示范社创建标准,垦利县建立了全国示范社 4 家,全国农机示范社 1 家,省级示范社 15 家,市级示范社 48 家,推动了合作社标准化生产和品牌化经营。

五是农产品标准化品牌化水平逐步提升。通过广泛宣传和引导,广大农产品生产者和组织者开展农产品标准化生产和品牌化经营的意识逐步增强,农民专业合作社积极做好对其生产和销售的产品开展"三品"认证和商标注册工作,为产品进入超市创造条件。目前,已有 25 家农民专业合作社开展了"三品"认证工作,其中认证无公害农产品

41 个、有机农产品 4 个、绿色食品 2 个。经合作社注册或授权合作社使用的商标 20 个、地理标志 3 个。

六是农产品与市场对接模式呈现多样化。积极组织农民专业合作社参加农超对接洽谈会及各类产品展示展销会,指导合作社建品牌,闯市场。截至目前,垦利县已有 23 家合作社与超市或流通企业建立了产销关系,产品涉及粮食、瓜果、蔬菜等 18 个品种,辐射带动 3000 多农户,产品新型流通网络初步形成。合作社农产品与市场对接的形式主要有:一是开设直销店铺。部分规模较大的合作社通过开设小区直销店等形式积极开拓产品销售渠道。如一邦水稻种植合作社在东城开设的特优农产品展示展销店,黄河口原生态农业专业合作联合社在胜利油田五个小区分别开设的农产品直销店。二是进驻大型超市。如大三合小麦种植合作社在胜大、信誉楼等超市销售的"三合情"小麦。三是便利店代卖。如红柳农副产品合作社生产的杂粮通过各类小型商店、批发部进行代卖,取得了良好的销售业绩。

2. 垦利县专业合作社存在的主要问题

概括来说,大多数合作社服务领域狭窄、服务内容单一,多是以开展农资统购统销、技术培训、价格信息等初级合作服务为主,普遍缺乏管理、营销、信息、财会等专业人才,不能提供加工、销售等群众企盼的、对提高农产品附加值贡献大的服务内容,农民合作组织作用发挥有限。具体表现在:

其一,实力较弱,对农民的吸引力不强。目前,大多数合作社规模小、社员数量少、再生产资金少、农民组织化程度低、抵御风险能力较弱。部分合作社与农民的实际经济利益结合不够紧密,对农民的吸引力不强。据北宋镇水稻种植专业合作社理事长王志浩介绍,合作社在各级政府部门的扶持下,开发出水稻种植基地,建设了大米交易大厅,并积极与油田等企业开展对接,但由于社员数量少,种植规模和层次不高,加上当年灾害性天气的影响,在水稻减产和销售难的双重困境下,严重挫伤了社员参与的积极性。

其二,管理还不够规范,凝聚力还不强。合作社中普遍存在社员民主管理意识欠缺、合同签订不够规范、相关制度制定不够科学、利益分配不够明确等问题,导致社员与合作社之间不能结成真正的利益共同体。垦利县一些以水稻种植加工销售为一体的合作社,在成立之初吸引和带动了许多农户开展订单种植,但由于合作社与农户之间未能建立紧密的合同关系,且在利益分配上未能按照《章程》的约定进行二次分配,合作社组织框架下的种植效益未见显现,社员的种植热情急剧下滑,最终合作社成为一副空架子。

其三,合作领域还处于初步阶段,产品附加值还不高。目前,垦利县现有的合作社中,90%以上都是直接从事种植和养殖,绝大部分合作社的服务和业务还是停留在初级农产品生产及销售层面上。如垦利县大部分水稻种植合作社仅仅为社员提供生产资料统一购买、技术指导类的服务,而在水稻收获后的销售完全靠社员自行解决,对于像一邦水稻种植合作社、民丰社大米种植合作社这样通过统一收购、统一加工、包装销售的合作社仍然较少。

其四,政策扶持力度还不够,发展后劲不足。很多专业合作社自身资金积累能力非常有限,实力较弱,各级财政支持力度有限。同时,合作社缺少有效抵押物,难以从银行获得贷款。目前,只有部分专业合作社的社员以个人名义在商业银行获得小额担保贷款。垦利县众兴小麦种植专业合作社理事长张希勇介绍说,"合作社在扩大基地规模和开展产品营销过程中,由于资金不足,而以合作社名义无法实现贷款的情况下,理事会成员只能以个人名义贷款给合作社使用,但由于贷款规模小,也只是杯水车薪。"

(三) 关于垦利县龙头企业的调查研究

1. 垦利县农业龙头企业的基本情况

近几年,垦利县加大对重点农业龙头企业的扶持力度,积极引导企业转方式调结构,新上带动能力强、科技含量高、产品效益好的项目,努力扩大农业龙头企业规模,提高企业的经济效益。目前,全县农业龙头企业52家,企业资产总额达到68.89亿元,销售收入突破64.91亿元,其中年销售收入过亿元的企业有7家,过十亿元的2家,从业人员达7077人,带动基地19.72万亩,累计带动农户45921户,带动农民增收30352万元。

据统计,县年销售收入过亿元的企业有10家,过十亿元的2家;农业种植加工类企业有38家,水产养殖加工类企业7家,畜禽养殖加工类企业7家,分别占总数的73%、13.5%、13.5%。

垦利县龙头企业的主要产品情况和市场情况如下:

垦利县农业龙头企业经营范围广泛,涵盖了水稻、小麦、棉花、水产等主导产业,主要产品有黄河口大米、食用菌、大豆分离蛋白、时鲜果蔬等,全县加工型农业龙头企业14家,涉及水产品、水稻、棉花等产业,年加工能力达到28.5万吨,年产量12.8万吨,年产值28.6万元。

垦利县农产品主要以外销为主,黄河口大米、黄河口面粉、莲藕、大豆分离蛋白等产品远销全国各地,万得福大豆蛋白销往南非、俄罗斯、东南亚等国外市场。市场知名度和占有率逐步提升。近年来,随着黄河口农产品品牌知名度的提升,受利益驱使,市场上出现了多种品牌鱼龙混杂的现象,质量水平参差不齐,致使黄河口大米、黄河口面粉等品牌农产品信誉度受到较大影响,品牌的保护力度需要进一步加强。

垦利县龙头企业的经营和盈亏情况如下:

2015年,在整体经济下行大环境下,各企业积极调整发展思路,转变经营理念,强化管理、提质增效,积极走出去与外界对接,整体经营情况平稳。如一邦农业科技有限公司积极与国家粮食储备库对接,每年储备大米1.6万吨,这就解决了3万亩订单水稻种植销售问题,另外,利用2万亩订单种植高品质水稻,走精品路线,这样既能提升公司发展水平又能带农增收。海跃公司与中粮集团并股经营,既提升了企业知名度,又分担了市场风险,为企业持续健康发展做好保障。上半年垦利县农业龙头企业实现总产值 36.4 亿元,比上一年同期增长 12 个百分点,销售收入 35 亿元,比上一年同期增长 13.6 个百分点,获得利润 3.7 亿元,比去年同期增长 15 个百分点。

2. 垦利县龙头企业存在的主要问题

总体来说,农业产业化龙头企业数量少、规模小、水平低。农产品深加工不足,大多数还停留在卖原料的阶段,科技含量低,产品附加值低,农产品精品名牌偏少,市场竞争力不强,农户抵御市场风险能力偏弱等问题突出,对市场变化反应不够敏锐,因盲目跟风而遭受损失的现象时有发生。具体表现在:

其一,遭遇资金瓶颈,制约企业发展。垦利县农业龙头企业大多处于发展扩张阶段,种养企业基础投资大、周期长、见效慢,普遍面临着融资难的问题。一些生产加工型企业收购农产品的时间相对集中,所需收购资金额度大,而目前银行对农业企业,尤其是中小型农业企业设置了诸多门槛,贷款条件苛刻,企业融资困难,制约了企业的发展壮大。县、镇财政能力有限,对于土地流转和农业规模经营的支持和补贴力度有限,仅靠自筹资本运营,发展后继无力。如,位于黄河口镇的东营飞翔农业开发有限责任公司流转农地 200 余亩,完成投资 300 余万元,建成机械化现代化的水稻种植基地,产品销售良好,公司计划扩大规模,但融资难问题严重制约了企业发展。2015 年,垦利县黄河口镇万隆农林经贸有限公司在参与黄河口新生地万亩优质水稻标准化生产基地建设项目中预计总投资 3100 万元,包括整平土地、地力培肥;水利配套;道路硬化 4.5 公里;育秧大棚 10 栋;更新大米加工生产线 1 台套、扩建厂房 1800 平方米;晒场硬化 10700 平方米,架设高压线路 7000 米、320KV 变压器 4 台;建设有机食品生产基地 1000 亩。但是,企业生产经营前期没有收益,需要大量资金维持,融资难成为企业起步、发展的头等难题。

其二,产业化链条短,品牌效应不明显。一是垦利县农产品多为大米、小麦、棉花等初级产品销售,产业链条短,产品深加工度和科技含量都不够高。例如润丰农业科技公司种植小麦,初级产品售价跟简单加工后售价相差10倍。二是品牌影响力不大。在农产品质量和包装差异较小的情况下,影响产品价格的主要因素就是品牌。目前垦利县农产品品牌建设虽然初步显现成效,但"黄河口"特色农产品品牌知晓率、市场占有率依然不高,产品附加值较低。

其三,专业技术人才流失严重,影响农业企业持续发展。目前,因为农业专业技术人才市场的供不应求,垦利县农业企业普遍存在着"留不住人才"的问题。一方面,受地域或企业规模等条件限制,高端技术人才很难落户于垦利县。各农业企业一般会以各种优惠条件吸引人才,但因为农业专业技术人才缺乏的大环境,专业技术人才在与企业签约时会慎重考虑工作年限,一般在本企业工作2至3年,一旦遇到条件更好的企业就会选择跳槽。另一方面,有些农业企业曾经自己举办各种培训班或者选派职工外出培训学习,但因为投资大、耗时长,缺乏相应的约束机制,精心培养出来的人才依然会选择离开本企业。总起来说,因为专业技术人才的缺乏,严重影响了农业企业的持续发展。

其四,原料不能满足需求,增加企业成本。万得福公司每年加工大豆12万吨以上,而当地大豆生产远远不能满足需求,只有靠外地调进,增加了企业的生产成本;宏远纺织公司由于当地的棉花纤维达不到纺织要求,选择从新疆等地调进皮棉满足需求。既要解决农产品原料的产需对路,又要平衡产需双方利益关系,才能避免企业舍近求远。科腾棉业有限公司是垦利县规模最大的一家棉花加工行业,随着近几年垦利县棉花种植面积的逐步减少,已不能满足企业原料供应,企业每年生产时间在2个月左右,有10个月是停产期,但在停产期间,由于固定的税费不能减少,企业间竞争激烈企业已在微利或亏损的边缘徘徊,仅靠企业自身微利水平难以发展壮大。

（四）关于东营市垦利县新型经营主体从事农地经营情况的调查分析

多元化的农业经营主体各具特色,在垦利县政府的扶持下,出现了蓬勃发展的景象:家庭农场方兴未艾,成为农业集约化经营的新兴力量;农民合作社蓬勃发展,成为带动农户进入市场的重要载体;农业龙头企业不断壮大,成为发展现代农业的重要支撑。通过垦利县新型农业经营主体的调研不难发现,各类经营主体在发展过程中表现差异性,需要根据主体的不同性质和特点采取有针对性的措施。专业大户属于自然人,家庭农场经过注册后拥有法人地位,专业合作社属于互助性经济组织,不以营利为目的,而农业企业是营利性的经济组织,具有法人资格。各类规模经营主体的性质不同,决定了它们的特点也不同。种植大户和家庭农场多为自主经营,在租赁土地规模上算出自己的经济账,或者说在土地面积不限的情况下,他们只种自己能够种得了的土地。土地面积过大带来资金和用工投入的增加,经营风险相对增加。因此,与农业企业相比,种植同类作物的情况下,种植大户和家庭农场的亩产效益更高。从事规模经营的农业企业多以高效的经济作物为首选,企业利用自身的资金、技术和市场优势,开展附加值更高的农业产业。

同时,也要注意到各类经营主体发展过程中也面临着诸多共性的难题,制约着新型农业经营主体的进一步发展,急需加以研究破解,问题如下:

其一,要素约束较多,发展瓶颈难以突破。大多数新型农业经营主体在土地、资金和用水用电等方面面临着较强的约束。在土地方面,由于部分农民恋地情节严重,"土地命根子"思想浓厚,如果实现集中连片并中长期流转土地面临的困难重重,土地流转期限以三年至五年居多,甚至一年一租,短期行为非常明显,不利于农业的可持续发展。在资金方面,实行农业适度规模经营、发展现代农业是一个资金密集投入的过程,流转而来的分散土地需要资金进行统一整理,同时,基础设施建设、现代农业机械收割等资金投入巨大。绝大多数的新型农业经营主体因为规模小、实力弱,抵押、担保能力有限等原因,导致信贷部门发放贷款的积极性不高,金融支持力度不够,并且还存在授信担保困难、申请手续繁杂等问题,致使新型农业经营主体对其望而生畏。在用水用电方面,大部分小型农场水利、电力设施建设滞后,尤其是缺乏节水灌溉设施,种植成本较高。

其二,管理不够规范,相关法规难以落实。新型经营主体发展大多存在机制不健全、管理不规范等问题,虽然有少数经营主体制订了财务管理制度、内部控制制度、民主管理制度及会计核算制度,但相关制度与章程大多流于形式,难以真正落到实处。对经营场主的管理方面,由于经营主体的登记和管理分离,工商部门只负责登记,对于经营主体是否规范以及以后如何去管理,归农业部门负责,由于权责利不统一,造成部分新型农业经营主体先天不足。此外,虽然国土部、农业部已经下发了《关于进一步支持设施农业健康发展的通知》,要求完善现行的设施农用地政策,支持设施农业和规模化粮食生产发展,但实际上,由于基层部门担心经营主体借建设配套设施用地的名义改变土地用途,导致该通知的落实情况大打折扣,新型经营主体设施农用地仍然面临"有地不能用"的困境。

其三,后继人才缺乏,农技服务难以同步。新型农业经营主体一般都具有丰富的农业生产经验和较强的经营管理能力,有利于农业的现代化生产经营,但大多数经营主体负责人年龄都在45岁以上,高龄化现象比较突出,而当前"80后"和"90后"从事农业的意愿并不强烈,一旦他们退出农业生产经营,新型经营主体的发展将面临"后继无人"的局面。同时,新型农业经营主体的规模化发展越来越需要农业技术服务的支撑,但当前基层技术服务人员数量偏少且年龄偏大,同样面临着"青黄不接"的局面。此外,社会化服务体系的不完善也是制约新型农业经营主体发展的重要因素。

其四,品牌意识不强,竞争优势难以凸显。由于受传统农业生产经营观念影响,加上对品牌效益认识不够,新型经营主体负责人普遍缺乏品牌意识,在经营管理中侧重于农产品销售,满足于眼前的既得利益,关注短期、单一的产品利润而忽视品牌所承载的综合效益,缺乏创立农产品品牌的积极性、主动性。正是由于缺乏一批"叫得响、卖得广"的农产品品牌,导致农产品销售渠道狭窄,市场竞争力不强,市场占有率偏低。同时,由于认证费用较高且政府部门缺乏必要的支持与补贴,新型经营主体对农产品"三品一标"认证工作缺乏积极性,甚至出现了一些经营主体放弃"三品一标"产品认证或续展的现象。

综上,"三权分置"不仅使家庭经营的基础地位更加巩固,而且鼓励支持经营主体多元化,致力于实现"家庭经营、集体经营、合作经营、企业经营"的经营模式。但是,在现实中,各种新型农业经营主体遇到要素约束多、管理不规范、后继人才缺乏、农技服务滞后、品牌意识不强等问题,制约了农业规模经营。这些都是在今后推行"三权分置"改革中亟须解决的难点问题。

第四节　难点四:农村土地承包
经营权抵押问题

如前所述,随着现代农业的发展,我国已经涌现出了大量新型农业经营主体,他们在农业生产经营活动中面临的最大困境就是资金短缺,成为农村金融市场中需求最强烈但需求满足程度最低的群体。究其原因,是出于对社会和政治的综合考量,土地不仅是农民最重要的生产资料,还承担着社会保障的功能。因此,现实中存在着诸多法律限制和变现困难,致使经营者通过土地流转获得的土地经营权不能为他们获得信贷融资发挥担保物的作用。

党的十八届三中全会明确指出,赋予农地抵押、担保权能,后来又多次强调此项权能。可以说,中央对农地承包经营权"扩权赋能"作出了全面的顶层设计,而"三权分置"则是具体化的制度设计。

一、"三权分置"为解决农地承包经营权抵押困局提供制度基础

构建"三权分置"农地制度为解决农地抵押困局提供了重要的制度基础。原因在于,承包权与经营权分置后,承包户享有稳定的承包权及承包权的收益权,而经营者获得的经营权可以为客体设定抵押;以经营权作抵押不会影响承包户与集体的承包关系,经营者若不能按期偿还抵押债务,就要以地租收入或以经营权获得的农产品收入优先受偿,金融机构或其他债权人不能取得承包方的地位。

承包权与经营权分置后,以经营权设定抵押来解决经营者融资难题,以承包权稳定来强化农民财产权和提供社会保障,达到效率与公平的两者兼得。通过调研发现,各地已经开展的或即将开展的关于农地抵押融资的实践探索中,都是以承包权和经营权的分置为前提,不涉及承包权,特别是枣庄市探索的农地抵押担保机制,以经营权作抵押,同时,政府设立担保公司,为解决抵押困局保驾护航,充分显示出"三权分置"对于农地抵押的现实意义。

二、设定农地承包经营权抵押的制度障碍

建立农地承包经营权抵押制度有利于促进农民承包经营权的完全化和主体化,有利于缓解经营者融资难题,有利于盘活农村资本市场。但是长期以来,我国农地承包经营权抵押制度一直是处于试点阶段,究其原因,主要在于农地承包经营权抵押面临着诸多制度障碍和现实困境。

（一）农地承包经营权抵押面临立法障碍

近些年,我国农地权利经历了逐渐由国家公权和集体公权让渡给农民私权的过程,在中共十八届三中全会以前,我国通过《物权法》《农村土地承包法》等法律赋予农民土地流转的自由,并放开了"四荒地"承包经营权抵押。但是,相关法规对耕地的承包经营权能否抵押则没有涉及或倾向于反对。由此可见,在现有法律规范框架下,农地承包经营权抵押至今还是受到严格限制的。

（二）农地承包经营权抵押面临成本约束

由于我国长期以来实行"两权分离"的家庭承包经营制度,虽然保证了农民均分土地的平等权,但也出现了土地分散化、细碎化及农地产权权属不明等问题,这些问题无疑会提高承包土地抵押的成本。比如,签订合同前农地等级分类和价值评估等工作范围广、难度大,权属关系不清致使抵押风险过大,如果再缺乏政府支持,抵押交易成本过高,必然会影响金融机构和农民的积极性。

（三）农地承包经营权抵押面临社会保障制约

长期以来,由于城乡二元经济结构的存在,我国一直是"农民社会保障靠土地,城市居民社会保障靠政府"的状况。尽管近年来农村社会保障体系初步建立,但从保障的水平、内容和范围来讲还很有限,农地依然担负着基本生活保障的功能。基于对社会保障的考量,限制农地承包经营权抵押似乎也有道理。但从本质上看,农地承包经营权抵押是农民对土地的自主支配性权利,而社会保障是国家和政府提供的公共服务,两者是并行不悖的。如果不打破传统观点和思想束缚,回避国家和社会应尽的社会保障责任,不从土地上剥离农民的主要社会保障功能,我国农地承包经营权抵押制度就难以确立并付诸实施。

为了解决这些制度障碍和现实困境,作为国家最早一批开展抵押创新试点实验的地区,枣庄市根据本市情况,进行了有针对性的农村承包土地经营权抵押工作,并取得了较好的效果。

三、枣庄市农村承包土地经营权抵押工作探索的调查研究①

2008 年,枣庄市政府组织开展了"三农"问题的"百日大调研"活动,并作出了"实行土地规模经营是发展现代农业的前提条件,而发展土地规模经营的主要制约因素还是资金瓶颈问题"的基本判断。自2008 年下半年开始,枣庄市便从资金瓶颈这一关键问题入手,开展了以"发证赋权、搭建市场、培育主体"为核心,以"科学评估,防范风险,配套推进"为依托,以还原土地经营权资本化权能,赋予其抵押担保功能为目的的土地制度改革,探索开展实现土地经营权抵押担保功能的实现途径,有效破解了农业规模经营资金瓶颈难题。

(一) 设计"三位一体"的抵押制度

实现农村土地经营权抵押担保,前提基础是将农村土地承包经营权中承包权和经营权进行分离,把分离出来的土地经营权相对独立化并赋予抵押权能,枣庄市设计了以"一证、一所、一社"为核心的"三位一体"抵押担保制度。

"一证"是发放农村土地使用产权证,赋予土地经营权抵押权能。将农户承包土地的经营权从原承包经营权中剥离出来,使其相对独立,并由区(市)人民政府向土地经营者颁发《农村土地使用产权证》(2013年后,农村产权交易鉴证书代替了该项证书的功能)。持证人可依法使用土地,也可作价、折股作为资本从事股份经营、抵押担保等,从而清晰界定土地经营权权属和功能。通过土地经营权相对独立化和拓展权能空间,为实施推动改革的相关措施提供基础支撑。在枣庄市的改革理论和实践操作体系中,土地产权的清晰界定和使用权的相对分离居于核心和基础地位。

---

① 资料来源于枣庄市经管局。

"一所"是成立土地使用产权交易所,这是土地经营权抵押贷款从理论变为现实的关键因素。为了规范农村土地经营权交易抵押行为,保证土地经营权抵押变现,枣庄市成立了全国首家农村土地使用产权交易所,并形成了市、区(市)、镇街三级交易市场平台体系和服务体制。该交易所主要职能是为农民、合作社或银行等单位利用土地使用产权证抵押贷款提供交易咨询、信息发布、出具他项权证书等服务。2013年,枣庄市农村土地使用产权交易服务所升级为枣庄市农村产权交易中心。

"一社"是组建土地合作社,培植抵押担保贷款主体。发展规模农业,重点是培育农业适度规模经营主体,枣庄市把农村土地合作社作为农业适度规模经营的主要经营主体和土地改革的主要载体进行培植,架起了传统农业通向现代农业的桥梁,找到了现行土地家庭承包分散经营制度下实现农业规模经营的有效途径。土地合作社可以把入社农民的土地使用产权证集中使用,实现较大额度的贷款,从而解决合作社从事规模农业所需资金问题。

(二)　制定五项风险规避机制

规避风险是实现土地经营权抵押担保的关键,为此,枣庄市建立了"五项规定"。一是规定"三不变"。即加入合作社的农村土地的所有权归属、承包权归属、土地用途不变,以此规避农村基本经营制度私有化和土地非农化风险。二是规定"两个80%"。即土地合作社成员中,农民数量和农民表决权都不得低于80%,以此规避农民丧失土地的控制权风险。三是规定合作社用于抵押的土地数量最多占总数的1/3,期限最多3年,规避农民的失地风险。四是规定土地合作社可以优先享受农业保险、农业项目、种粮奖补和贷款贴息等扶持政策,规避土地合作社经营风险。五是对申请抵押贷款的土地合作社,由金融部门对其进行专门的信用评级,并以评估价值的30%作为授信依据,其中,贷款额度较大的(100万元以上),在土地经营权抵押担保的基础上,再由枣庄市金土地担保公司(国有企业)给予辅助担保,从而规避了金融风险。

(三)完善配套措施

为了完善土地经营权抵押贷款的监管机制和处置机制,枣庄市制定了五项配套措施,具体措施如下:

一是科学评估。枣庄市成立了专门的评估机构,对土地经营权价值进行科学评估,为抵押贷款提供公正的参考依据。清晰的权属证明、专门的交易市场、相当数量的交易主体和科学公正的价值评估,完成了土地经营权抵押担保的制度设计。为了科学公正的评估土地经营权价值,枣庄市创建了全国首家农村土地资产专业评估机构——普惠农村土地资产评估事务所,其主要职能是对土地使用产权价值和经营预期收益价值进行专业评估,对土地经营权出具具有法律效力的资产评估报告,为农村土地使用产权抵押贷款提供客观公正的参考依据,规范交易行为。该所拥有职业评估师 10 名,聘任各类副高级职称以上的各类农业专家 36 名,在全市设立了 6 个办事处。截至目前,实现评估案例 500 余宗,累计评估农村土地使用产权和土地收益总价值 65 亿元,实现农地抵押担保贷款 7 亿余元,为全市农村土地使用产权抵押贷款提供了科学依据。通过长期的工作,初步创建了一套"评估师+价格师+专家"的评估模式,建立了农村资产评估的工作流程、操作办法、运营规则、管理规范等工作机制。

二是规范流程。中国人民银行出台了金融支持农村土地合作社发展的指导意见和实施意见,市农业局、市人行、市财政局联合下发了《枣庄市农村土地使用产权和经营收益权质押贷款管理暂行办法》,明确了抵押贷款工作的规程。

三是增加授信。积极协调省级金融部门支持,山东省农商行授予枣庄农村土地经营权抵押贷款信用额度 3 亿元,中国人民银行济南分行签署了《金融支持枣庄市国家农村改革试验区建设战略合作协议》,

协调金融支持 6 亿元。

四是财政补助。从 2010 年起,市财政每年列支资金达 1000 万元以上,专项用于土地制度改革,并成立农业担保公司,辅助推进农村土地经营权抵押担保贷款。对列入试点的土地合作社,政府从"保、贴、扶、补"四个方面配套政策。即为了保障合作社生产的稳定,政府把参保的农产品种类扩大到全部种植作物,并给予土地合作社 80% 的保费补贴;为了缓解合作社的资金压力,给予土地合作社贷款贴息;重点扶持土地合作社修建生产道路、新上水利设施、购置农机具等;为了确保粮食安全,对种粮的试点土地合作社给予专项种粮奖补。

五是司法保障。经山东省高院同意,枣庄市中级人民法院出台了《关于为我市农村土地改革提供司法保障和服务的意见》,为土地经营权抵押担保贷款中出现的纠纷、处置等问题提供了专门的司法保障和服务。

(四) 枣庄市农村承包土地经营权抵押担保工作的改革成效

枣庄市的农村土地使用产权制度改革,顺应了农村生产力发展的新要求和广大农民的意愿,其改革实践已充分证明是成功的,枣庄市的农村土地"三权分离"的做法为国家出台"三权分置"指导意见提供了有力的参考依据。

一是解决了农业规模经营中的资金难题。2016 年,全市利用农村土地使用产权贷款累计达 7.3 亿元(其中由担保公司辅助担保贷款约 3 亿元),平均每家合作社累计贷款 170 余万元,最高的单笔贷款达到 1000 万元。

二是找到了建设现代农业的有效途径。全市的土地合作社已达到 1700 余家,家庭农场达到 600 余家,全市土地流转面积达到 90.3 万亩,土地流转比例 33.6%,土地合作社平均经营面积 380 余亩,入社农户数 87.8 户。通过组建合作社,实现了分散经营向规模经营、传统农业向现代农业的转变。

三是提升了农业的组织化水平和农业综合生产能力。通过股份制土地合作社组织运营,提高了农业组织化程度。同时,通过合作社实现了技术资金集约化,从而提升了农业综合生产能力。

四是实现了农民持续增收和劳动力进一步解放。通过改革,入社土地的产出效益成倍增加,农民的收入明显增长。近4年来,土地合作社亩均收益6660元,比分散经营高出62%,入社农民人均纯收入高于全市1100元。有了稳定的收益保障,众多的农民从土地上解放出来,形成了"人动带地动,地动带人动"的良性发展循环,既使农村劳动力得到进一步解放,又进一步增加了农民的劳务收入,实现了"一举多得"。

五是促进了统筹城乡经济发展。通过土地改革,大量土地加入合作社,甚至整村土地入社,降低了农民对土地的依赖度,大批农村劳动力进入当地工业园区就业,进而到城镇居住,这些地方顺势组建了新农村社区,形成了土地集中入社、资本集中下乡、公共服务集中推进、社办企业集中小城镇的发展新格局,城乡差距逐步缩小,推进了统筹城乡发展的良性循环。

(五) 关于枣庄市农村承包土地经营权抵押工作的调查分析

农村土地承包经营权抵押贷款的积极开展,对于盘活农村土地资产,拓宽农民财产性收入渠道,深化农村金融改革具有重要意义。之所以选择枣庄市对农地经营权抵押制度探索的案例,主要是鉴于枣庄市作为全国的试点,其做法已经相对成熟,在政策支持、风险规避、配套措施等各方面能够得到保障,取得的效果比较好,已经成为全省乃至全国的典型。

1. 枣庄市农村承包土地经营权抵押改革试验的经验与启示

枣庄市是中央农村工作领导小组批准的农村改革试验区,它进行的农村土地产权改革的实验,预示了农地制度和基本经营制度改革的方向和思路。因此,枣庄市的具体做法对山东乃至全国来说,都有极大的价值。其中,枣庄市以承包权和经营权的分离为前提进行的承包土地经营权抵押工作为我们积累了丰富的经验。

枣庄市坚持"自下而上"的思路,在进行农村承包土地经营权抵押改革之前,枣庄市政府组织开展了"百日大调研"活动,并作出了"实行土地规模经营是发展现代农业的前提条件,而发展土地规模经营的主要制约因素还是资金瓶颈问题"的基本判断。先是经营主体对于承包土地和农村金融改革的强烈需求,推动基层政府的改革意志,基层政府发挥强大的动员能力,进行相关的制度创新,并为风险防控等提供财力保障。自 2008 年下半年开始,枣庄市便从资金瓶颈这一关键问题入手,开展了以还原土地经营权资本化权能,赋予其抵押担保功能为目的的土地制度改革。它以合作社为载体,通过土地产权有形市场的建立,发挥市场机制,达到提高土地规模效益的目标。

枣庄市在土地经营权抵押工作中,解决了几个关键性问题。在调研中发现,东营市垦利县尚未开展抵押工作,一是因为农地产权交易市场尚未正式投用,二是缺乏政府方面的担保基金,金融机构参与积极性不高。而枣庄市为了科学公正地评估土地经营权价值,创建了全国首家农村土地资产专业评估机构——普惠农村土地资产评估事务所,其主要职能是对土地经营权价值和经营预期收益价值进行专业评估,为农村土地经营权抵押贷款提供客观公正的参考依据。从 2010 年起,市财政每年列支资金达 1000 万元以上,专项用于土地制度改革,并成立农业担保公司,辅助推进农村土地经营权抵押担保贷款。对列入试点的土地合作社,政府从"保、贴、扶、补"四个方面配套政策。专业的评估机构加上政府的财政支持,为枣庄市农村承包地经营权抵押工作顺利推进奠定了坚实的基础。

2. 农村承包土地经营权抵押改革试验面临的问题

毋庸置疑,枣庄市农村承包土地经营权抵押改革之所以能够成功,是跟它自始至终强调改革的整体性密不可分的。从科学评估、规范流程、增加授信、财政补助、司法保障方面做到了环环相扣,才使改革得以顺利推行。但不同地区具有不同特点,具体做法在更大范围内推广应用难度较大。

其一,法律上"经营权"的缺位问题。

目前,我国的法律中,关于"经营权"还处于缺位状态。土地承包经营权的用益物权属性决定其应当遵循物权法定的基本原则。但目前地方试验没有上位法的支持,只有政府发布的政策性规范文件。而据此签订的合同内容因与现行法冲突,不具有任何法律效力。此外,政策性规范不是适格的法律渊源,无法成为司法机关裁决时可援引的法律依据。当承包土地经营权抵押引发诉讼时,尽管有些法官认为地方政策更具合理性,但依然不愿冒险置上位法于不顾,会首先坚持"上位法优先适用"这一法律原则。

其二,政府主导的抵押模式有待进化。

在枣庄市抵押担保工作中,政府扮演了政策制定者、市场辅助者和最后买单者三种主要身份,直接参与了抵押的全过程,并且发挥了全面主导作用。地方政府在农地经营权抵押制度试点中取得了卓越的成效,也以数据证明了承包土地经营权抵押解决了农业规模经营中的资金难题、找到了建设现代农业的有效途径、提升了农业的组织化水平和农业综合生产能力、促进了统筹城乡经济发展,进一步证明了土地承包经营权抵押制度解禁的必要性和可行性。然而,政府主导的抵押模式较之由市场需求进行的抵押模式,其成本更加高昂,减少了制度变革的可复制性和可持续性,并使该制度演变为政府意志替代市场主体意愿的静态制度,"独立体现承包土地经营权资本化的抵押制度破冰仍有待时日"①。

---

① 吴越:《土地承包经营权流转制度瓶颈与制度创新》,法律出版社 2014 年版,第 35 页。

综上,枣庄市农村承包地经营权抵押担保工作为下一步农村产权改革、农业规模化提供了可供借鉴的经验。同时,也反映出现行制度蕴含的瓶颈障碍,比如,地方政策难以成为适格的法律渊源、土地社会保障功能驱动下的法律禁忌、政府主导增加制度交易成本等。这些都是在以后的"三权分置"改革中需要有针对性地解决的主要问题。

本章小结

"三权分置"对于解决现实农村土地问题具有重要意义。本章结合对山东省枣庄市和东营市推进"三权分置"过程中相关问题的调研,深入分析"三权分置"改革中的四大难题,力图为有针对性地寻找破解之道奠定基础。

其一,农村土地承包关系长久不变问题。稳定现有土地承包关系并实现长久不变是我国农地政策一以贯之的重要取向。落实"长久不变"的难点在于如何保证"长久不变"的起点公平,如何确定"长久不变"的具体期限,如何完整体现"长久不变"。具体涉及土地确权登记颁证工作、土地流转制度、土地征收制度、农民承包地退出机制及相关法律的修订等。

其二,农地流转与农业适度规模经营问题。农地流转是农地产权制度的深化,"三权分置"的政策导向是通过农地流转实现农业适度规模经营。以农地流转实现农业适度规模经营的难点在于认识和克服土地流转不规范、支持资金不充足、农民合法权益受侵害、社会化服务体系落后、农业保险滞后、工商资本参与农地经营、规模化效益不高等问题。具体涉及农地承包经营权流转规范管理制度、农业适度规模经营发展的政策措施等。

其三,多元主体从事农地经营问题。"三权分置"不仅要巩固家庭经营的基础地位,而且要发挥多元主体参与农业经营的作用,形成"家庭经营、集体经营、合作经营、企业经营"的多元经营模式。其难点在于新型农业经营主体要素约束多、管理不规范、后继人才缺乏、品牌意识不强。具体涉及新型农业经营主体培育的政策体系。

其四,农村承包土地经营权抵押问题。"三权分置"为解决农地抵押困局提供了制度基础,有利于解决经营主体的融资难题。农村承包土地经营权抵押实施难点在于成本约束和立法障碍,具体涉及经营权价值评估、经营权交易市场体系构建、相关法律的修订等。

"三权分置"是一项涉及面极广的综合性工程,具有强烈的系统性和整体性,涉及的现实问题之间紧密相连。实际上,以上四大难题贯穿于"三权分置"改革的产权确认、产权流动和产权实现三个环节中,相互之间密不可分,牵一发而动全身。只有农村土地承包关系保持稳定并得到相应的保障,才能确保经营权的相对独立性,才能确保经营权在更大范围内流动,通过农地流转,形成农业规模经营形式的多样化和经营主体的多元化,才能为经营主体抵押融资创造条件,解决资金短缺难题,进而促进农业现代化的实现。因此,落实"三权分置"需要纵观全局、协调局部和整体推进。

"三权分置"改革涉及的地区情况千差万别,利益主体诉求不一,"三权分置"不可能有"放之四海而皆准"的固定模式和具体做法。虽然枣庄市和东营市已经探索出很多行之有效的方法和路径,但只是在"三权分置"的单项改革上有亮点和突破。目前的做法多是将具体问题分解落实到主管部门,在协调性和统一程度上还存在欠缺。此外,现实中还存在一些问题尚处于初步探索阶段,比如,承包地继承问题、进城农民土地退留问题。随着生产力的发展和实践的推进,各种问题还会相继显现,而所有这些正是目前各地改革普遍面临的难题,需要我们在现实中有针对性地选择"三权分置"的实现路径。

第四章　中国特色农地制度"三权分置"改革的实现路径

在科学理论的指导下，根据前期实践调研情况，推进落实"三权分置"，需要对其进行整体性设计，综合考虑制度演进的内在逻辑和外部环境的影响，有针对性地构建"三权分置"在产权确认、产权流动和产权实现环节的制度保障和政策保障体系，并实施相应的配套措施。只有这样，才能确保中国特色农地制度"三权分置"改革顺利推进。

第一节　中国特色农地制度"三权分置"改革的目标要求与基本原则

"三权分置"改革首先要着眼于加快农业现代化和统筹解决好"三农"问题，总结实践经验，明确目标要求，搞好顶层设计，继而才能更好地探索行之有效的实现路径。

一、中国特色农地制度"三权分置"改革的目标要求

"三权分置"作为产生于农村土地承包实践的重大理论创新和制度创新，最终的目的就是为了指导农地制度改革的实践。"三权分置"农地制度改革，归根结底，就是为了通过落实集体所有权，稳定农户承

包权,维护农地承包者的权益,保障农户承包经营权的财产权益,在此基础上,以市场化方式优化配置土地资源,推动形成"集体所有、家庭承包、多元经营"的新型农业经营体制,加快实现农业现代化①。

落实"三权分置",要克服认识上的误区,避免实践中的弯路,做到"四个有利于",为农村稳定、农民增收、农业增效及推进城镇化奠定坚实的农地制度基础。

（一） 要有利于农村稳定,实现共同富裕

"三权分置"农地制度改革要充分发挥社会主义公有制的优越性,贯彻执行体现中国特色社会主义的"共享"和"共富"理念,在坚持农地集体所有的前提下,确保农户平等享有稳定长久的农地承包关系,促进社会公平正义。

（二） 要有利于维护农民权益,改变农民权利贫困的现状

农业是弱质产业,农民是弱势群体,"三权分置"农地制度改革就是要维护农民权益,改变农民土地权利贫困的状况,使农民真正成为改革的参与者和受益者。农民组织化程度低,处于"集体无意识"状态,从观照弱势群体和社会公平的角度出发,"三权分置"推进的各个环节都应体现保障农民权益的倾向。在农地承包经营权确权中,确保农户作为集体经济组织成员平等的获得承包权;在农村土地经营权流转中,确保农民对承包地的控制权;在农地经营权抵押中,确保农户的承包权益;在土地征收中,确保农民的知情权、监督权和参与权;在承包地的退出中,尊重农民的真实意愿和自主选择权。

（三） 要有利于发展现代农业,真正解决"谁来种地"和"怎样种地"问题

"三权分置"改革取消了土地经营权主体资格的限制,打破了将其

---

① 郭晓鸣:《"三权分置"改革必须构建的三大制度支撑》,《中国合作经济》2016年第 11 期。

限制在本集体经济组织内部的禁锢,通过流转,将分散化细碎化的土地集中到真正愿意种地并真正能种好地的经营主体手中,使新型农业经营主体的不断产生和发育有了坚实的基础。充分发挥新型农业经营主体懂技术、重合作、会经营、善管理、敢担当、能创新的优势,真正面向市场,最大程度地提高土地产出率、劳动生产率和资源利用率,加快实现农业现代化的步伐,真正解决"谁来种地"的问题。

此外,通过规模经营实现农业现代化,是农业现代化的一般规律,这是已被诸多国家的实践证明了的。目前,由于农地细碎化分散化,农地粗放经营,甚至出现土地撂荒,难以与市场接轨,农产品国际竞争力不强,我国农业现代化水平已经远低于资源丰富的国家,比如,美国、澳大利亚,也远低于资源短缺的国家,比如日本、荷兰,同时也低于本国工业化、城镇化水平。落实"三权分置",通过构建土地流转规范管理制度,既让农民放心流转土地,又让土地要素真正流动起来,流向规模经营主体,使土地由农民沉睡的资产变成可增值的资本,为实现科技农业、绿色农业和现代农业提供土地规模基础,最大限度地发挥农地的社会、经济、生态等功能,实现集约化、专业化、科学化、产业化生产,保证主要农产品有效供给,提高农业国际竞争力,真正解决"怎样种地"的问题。

（四）要有利于促进城镇化发展,真正从土地上解放农村劳动力

随着工业化、城镇化的推进,从事农业生产的低收入和非农就业的高收入成为农村劳动力转移到城市二、三产业务工的推拉力量,农村劳动力的大量转移使农村人地关系出现了结构性矛盾,人地矛盾成为农地制度改革的助推力。经营权与承包权分离后,要不断强化农民土地承包权益的物权保护,既割断承包农户与承包土地的经营关系,又要使承包农户切实享受到土地流转后长久不变的承包权带来的财产收益。同时,健全覆盖城乡居民统一的社会保障体系,让农村劳动力从土地中真正解放出来,为流转土地或退出承包地解除后顾之忧,安心进城落户,进而推动以人为核心的城镇化进程。

二、中国特色农地制度"三权分置"改革的基本原则

(一)"三条底线"原则

深化农地制度改革,要坚持土地公有制性质不改变、耕地红线不突破、农民利益不受损①,防止颠覆性错误。

首先,坚持土地公有制性质不改变。农村土地所有制是我国农村产权制度的核心。农地集体所有是我国农村最大的制度,同时也是中国特色社会主义的重要制度特征。任何动摇或改变农村土地公有制性质的思想和行为都是绝不可取的。尽管理论界一直有人主张土地私有化,认为只有土地私有才能真正实现农业现代化。但是,我国的人地关系紧张,一旦实行私有化,工商资本就会肆无忌惮地大规模圈占土地,出现土地兼并和集中,必然导致部分农民失地失业,进而引发严重的社会问题。还有人一直主张土地国有论,这显然没有考虑到制度转换带来的巨大成本问题。因此,只有实行集体所有制,才能确保农民平等拥有土地承包经营权,才能为农民实现共同富裕提供制度保障。所以,"三权分置"改革绝不能把农村土地集体所有制改垮了,绝不能走改旗易帜的邪路,搞"私有制",也不能走封闭僵化的老路,搞"绝对公有制",而是充分发挥土地集体所有的优势,积极探索集体所有制的有效实现形式。

其次,坚持耕地红线不突破。我国耕地总量不足、质量堪忧,"三权分置"改革,必须守住耕地红线,不能把耕地改少了。我国人地矛盾紧张,土地细碎化分散化程度严重,近些年征地现象较为普遍,致使我国面临着日益严重的粮食危机。"三权分置"下催生了多元化的农业经营主体,他们在规模经营过程中,多数以营利为目的的经营主体出于

---

① 韩长赋:《农村土地制度改革须守住三条底线》,《人民日报》2015年1月29日。

非粮经济作物比粮食作物收益高的考虑,必然会选择在一定程度上减少粮食作物的种植面积。这在山东省各地的调研中也有所体现,现实中经营主体从事非粮经济作物的比例越来越高。特别是准许工商资本进入农业领域后,在缺乏约束机制和监管机制条件下,为了获得更多的利润,工商资本很容易以农业的名义"圈地",一方面,直接从事非农生产,另一方面,绝大多数工商资本投资非粮作物生产和服务。甚至有些地方出现了"工商资本替代小农"而不是"工商资本带动小农"的问题。因此,应当在坚持农地农用前提下,加强对农业经营主体的监督检查,特别是要强化工商资本进入农业的资格审查和项目审核。坚持耕地红线不突破,禁止"非农化",控制"非粮化",做到守土有制、守土有责,确保把饭碗端在自己手里。

最后,坚持农民利益不受损。农民问题是中国革命和建设的首要问题,农民利益问题是马克思主义理论宝库中的重要内容。而农民的根本利益所在就是实实在在的土地。中国革命和建设的实践证明:排斥农民,中国革命不可能成功;牺牲农民利益,中国的现代化事业也不可能成功。毛泽东将农民问题的解决与中国革命的出路结合起来,通过土地革命的方式,推翻了封建剥削制度,实现了"耕者有其田",得到了广大农民的大力支持,最终取得了革命的胜利。邓小平始终关注农民问题,将农民自下而上进行的家庭承包经营改革迅速推广到全国。他还将农民利益与农业现代化结合起来,提出了"两个飞跃"思想,以促进农业的规模化现代化。应该说,我们党始终把实现好、维护好、发展好农民利益作为农村一切工作的出发点,将农民问题置于经济社会发展的首要地位,才使得中国取得今天举世瞩目的成就。

"三权分置"是在原有制度安排中农民显然已经不能获得更多利益的前提下,通过自下而上的方式进行的需求诱致性制度变迁,其改革动力主要来自于农民,是在顺应农民意愿的基础上进行的。"三权分置"下,在农村土地经营权流转中,确保农民获得稳定的租金和分红等收益;在土地征收中,确保农民公平分享土地增值收益;等等。只有改革的制度设计和落脚点处处坚持"以农为本",真正维护农民利益,确保农民利益不受损,满足农民所求,改革才能得到群众的广泛支持和真正拥护,才能顺利推进。

(二)因地制宜原则

由于中国各地自然条件与文化传统差异巨大、现代经济与传统经济之间仍有冲突、农地制度操作层面滞后于政治层面等因素影响,农地制度中产权的界定和农地流转的约束力等受非正式制度的影响很大,一味用绝对统一化的制度来解决中国农业问题是行不通的,非制度性特征将长期存在下去。因此,"三权分置"只有适应农村不同生产力发展水平和非正式制度的特点,才能彰显出新制度的活力。

我国地域面积大,农业问题的难点在于农村情况复杂,甚至村与村之间资源禀赋、经济条件、风俗习惯等千差万别,农地类型多种多样。加之新中国成立以来,我国农村土地历史遗留问题复杂,有些问题至今依然没有得到解决。比如,改革开放之初,由于缺乏系统的制度框架,各地的农地承包具体办法不尽相同,包括"生不增、死不减""大稳定、小调整""大变动、大调整"等,导致"长久不变"的起点难以统一。因此,"三权分置"没有固定模式和一成不变的做法,需要根据各地的实际情况、地区特点和自身优势,坚持因地制宜,积极探索"三权分置"的有效实现形式,不可盲目模仿复制经验。

(三)农地管理制度改革、农地流转制度与农地经营制度改革同步原则

"三权分置"产生于农村土地承包实践,核心是农地产权制度改革,而农地产权制度、农地管理制度、农地流转制度和农地经营制度是相互联系的整体,共同构成了完整的农地制度。其中,农地经营制度包括培育新型农业经营主体、构建新型双层经营体制等。新型经营主体的培育主要是指确立家庭的经营主体地位,培育职业农民;发展农民专业合作和股份合作,培育合作社、农业企业等新型经营主体,构建新型农业经营体系。农地流转制度包括建立和完善农地流转市场,加强土地流转管理和服务,发展多种形式的农地适度规模经营,提升农业经营的专业化和集约化水平。农地管理制度包括土地利用综合规划和征收征用、政府职能转变、市场机制配置土地资源等。加强农地管理制度主要表现为管理理念从依靠土地政策转变为依靠土地制度,发挥政府的引导调节作用和市场机制在配置土地资源中的基础作用。随着市场经济的发展,在全面依法治国的治国方略下,政府必须转变职能,改进农村工作的领导方式方法,放权于基层,让权于市场,还权于农民,减少土地政策的不稳定性,注重制度建设;土地管理手段也要相应的由行政行为转变为制度管控,减少行政行为的随意性;当前更重要的是尽快规范制度内容。

四者之间的逻辑关系表现为,农地产权制度决定农地管理制度、农地流转制度和农地经营制度改革。在农地产权制度改革和创新以后,为了顺利推进改革,巩固改革成果,就要同步改革农地经营制度、农地流转制度和农地管理制度。如果缺少农地管理制度改革,就没有合理的土地利用规划、没有耕地保护制度、没有对市场配置农地资源的监管,农地流转市场就会缺乏规范,新型农业经营主体培育、农地流转和规模经营等经营制度的改革就缺乏有力保障;如果没有流转制度改革,农地经营制度改革就难以实现;如果没有经营制度的改革,管理制度创新就缺乏活力和动力。因此,坚持农地管理制度改革、农地流转制度、农地经营制度改革同步原则是农地制度"三权分置"改革的需要。

第二节　中国特色农地制度"三权分置"
改革的具体思路

农地制度"三权分置"改革的目标和原则已经非常明确,但是,改革过程中尚存在诸多制度性障碍和具体困难,比如,土地承包关系长久不变问题、农地流转与农业适度规模经营问题、工商资本参与农地经营问题、农地抵押问题、进城农民土地退留问题等。鉴于农地制度改革是一项复杂的涉及经济、政治、法律等的综合性工程,要顺利推进改革,就必须坚持正确清晰的具体思路。

一、"三权分置"改革的主线

在中国,农民和土地的关系从古至今都是一个根本性问题,中国农地制度改革的主线始终是农民与土地的关系。早在革命年代,毛泽东就指出,中国革命的关键在于解决农民的土地问题。在艰难的革命斗争过程中,党带领广大人民,逐渐形成了解决农民土地问题的路线、方针和政策,意在真正建立"耕者有其田"的土地制度。新中国成立后,首先进行了土地改革,彻底废除了封建剥削土地制度,农民真正成了土地的主人,农业生产活动迅速恢复和发展,第一次极大地解放了农村生产力,为国家的工业化建设准备了条件。但是,后来由于"左"的影响,我国实行了"两权合一"的人民公社制,严重压抑了农民的生产积极性,束缚了农村生产力的发展。1978 年,农村改革又从土地制度入手,1982 年中央一号文件正式对家庭联产承包责任制予以认可,确立了"集体所有、家庭承包"的格局,彻底结束了人民公社制,理顺了农民与土地的关系,因而调动了农民的生产积极性,又一次解放了农村的生产力。

新中国成立以来的农村土地制度改革历程表明,只有正确处理好农民与土地的关系,才能调动农民的生产积极性,才能真正地解放农村生产力。在新时代,习近平总书记指出,农民和土地的关系依然是深化农地制度改革的主线。"三权分置"就是在土地集体所有制的前提下,一方面,稳定现有农地承包关系,让承包户享有充分而有保障的承包经营权;另一方面,解除传统农民身份的经营权主体限制,让农民从土地上真正解放出来。党中央明确要求进一步深化对农民与土地关系的认识,并将其作为推进改革的主线。目前,改革已经进入前所未有的关键时期,必须紧紧围绕正确处理农民和土地关系这一改革主线,防止在这一根本性问题上犯颠覆性错误。从"三权分置"正式提出以来出台的政策文件,可以看出,无论是中央对于"三权分置"格局的顶层设计,还是"三权分置"改革的目标要求和基本原则,都饱含着对这条主线的清晰把握。

二、"三权分置"改革的基本取向

"三权分置"是在坚持农村土地集体所有的前提下,以土地产权的清晰界定、承包权和经营权的分离作为全面深化改革的制度基础,稳定农户承包权以强化承包权的物权功能和增加农民的财产性收入,放活土地经营权以优化人地资源配置关系和形成农业适度规模经营,激活土地资本功能以解决涉农融资难题和发展壮大新型农业经营主体,以此来解锁土地产权——规模经营——金融服务之间存在的连环困局,以一招之变激活农业农村发展的全局。当前,健全完善和推进落实"三权分置"农地制度改革,需要在各项具体政策与制度中体现"三权分置"的要求。

(一)明确界定承包权与经营权的内涵

明确"三权分置"的权利配置架构,农户通过承包获得承包经营权,在坚持农地集体所有的前提下,承包经营权分离为相对独立的承包权和经营权,承包权长久不变,承包户可将经营权向本集体经济组织内部的成员或以外的主体自由流转。在明确承包权与经营权的内涵基础上,进一步明确所有权、承包权和经营权的权能,明确三权之间层层派生和相对独立的关系,这是顺利推进"三权分置"改革的基本前提和必备条件。

(二)落实集体所有权

习近平总书记指出,深化农村改革最大的政策,就是必须坚持和完善农村基本经营制度,坚持农村土地集体所有①。"三权分置"首先解决的是集体产权归谁所有、归谁支配和归谁用益。既不能重蹈绝对所有权(人民公社体制)的覆辙,也不能出现农户撂荒现象;既不能过分强化所有权,又不能虚化所有权。综合考虑"集体"的历史遗留因素和现实动态发展情况,清晰界定集体的范围及集体成员资格,明晰集体农地产权归属,实现集体产权主体清晰,确保所有权约束其他权利的不规范行使。进一步明确所有权主体的性质和组织机构,明确国家、集体、农民三者有关承包土地的责权利关系,做到三者利益统筹兼顾,并以法律形式予以确认。彻底解决集体土地权属不明所带来的集体土地流转中的低效率和农民权益受侵害问题。

(三) 保持农地现有承包关系长久不变,凸显承包地的财产功能

明确界定农民的集体成员权,平等合理地将承包权分配给集体成员,在起点公平基础上实现农地承包关系长久不变,让农民真正把土地当成自己的。同时,切断人口增减与土地调整的关系,建立承包地继承权的人口增减调节机制。在我国历史上,就是通过农地继承权来调节新生人口对农地的需求。农地承包关系长久不变无疑是赋予农民土地继承权,并要制定相应的法律为其提供保障,只有这样,才能从根本上治理因人口增减引起的土地调整。"三权分置"指导我们不要将眼光局限在以农地自身解决农地供需,而是要跳出这个禁锢,依靠新的就业和市场转让来调节。

"三权分置"虽然已经上升至国家层面和政策层面,但是,由于提出时间短,改革本身涉及的范围广、利益主体多,目前尚处于探索阶段,有些问题带有不可预知性,有些问题认识还各不相同,很多政策文件带有模糊性。党的十七届三中全会以后中央多个一号文件出现以下模糊

---

① 习近平:《加大推进新形势下农村改革力度》,2016 年 4 月 28 日,见 http://news.xinhuanet.com/politics/2016-04/28/c_1118763826.htm。

的表述:"加快制定办法""抓紧修订、完善相关法律法规和政策""抓紧研究具体实现形式"。一旦遇到现实复杂问题,地方政府和相关部门可能会无所适从,但这恰恰为各地创新"长久不变"实现形式提供了充分的空间。中国地域广阔,各涉农地区地理区位、资源禀赋和风土人情都存在极大的差异性,可以充分发挥各地优势,依据现实情况,探索多种形式,确保现有土地承包关系长久不变。

党的十八届三中全会通过的《决定》赋予农民更多的财产权利,这就要求在落实农村土地承包关系长久不变的基础上,通过扩大承包经营权权能,保护农民的土地财产权利,强化承包权的物权功能,使农民在流转和征地过程中获得承包权带来的收益,增加农民的财产性收入。

(四) 平等保护经营权,创新搞活农地经营权的制度

"三权分置"出于现实矛盾的变化,突出对经营权的平等保护。因为现实矛盾的焦点由集体所有权侵犯农民土地承包经营权,转变为实际经营者在农业适度规模经营中的土地权益缺乏法律和政策支持。为了通过农业适度规模经营实现农业现代化,必须要平等保护规模经营主体的经营权。因此,在经营权流转期限、自主生产经营、获得相应收益、有限续租承包土地、被征收地上附着物和青苗费的补偿等方面都要体现对经营权的保护。

现有的法律制度安排摒弃了农地"债权说",强调农地的物权性。承包权和经营权分置以后,强调承包权是为了稳定承包关系,体现农地的社会保障功能,强调经营权是为了破解受让人集体组织成员的身份桎梏,使经营权在更大范围内得到更好的优化配置,将经营权流转给真正有农业经营意愿和经营能力的农业经营主体,发展多种形式农业适度规模经营,体现农地的处分权能和资本功效,实现农地的生产增值功能和抵押融资功能。因此,首先要摒弃一直以来"农地是农民的社会保障"的惯性思维,赋予农户将农地作为资本参与现代农业生产经营组织的权利,全面清理现行制度障碍,通过制度创新破解改革瓶颈。

三、"三权分置"改革中须把握的重点

"三权分置"是一项涉及范围广、利益主体多的综合性改革,落实"三权分置",需要把握重点,正确处理好不同权利主体之间的关系、新型城镇化中农业适度规模经营与"耕者有其田"的关系及现实、政策和法律之间的衔接关系、政府和市场在改革中的作用。

(一) 防止"一权独大",正确处理不同权利主体之间的利益关系

"三权分置"贯彻了中国特色的"共享"发展理念,为全面建成小康社会奠定了"三农"领域新的制度基础。它不仅体现了党全心全意为人民服务的宗旨,而且是实现社会主义社会的本质要求。"三权分置"通过将"三权"分开设置,并且进一步扩权赋能,对农地产权权利进行重新构造,旨在实现集体、农户和经营主体三方对土地权利的共享。

但是,当所有权、承包权和经营权分开设置后,不同权利主体间面临着如何进行权利切割和分配来实现"共享"的问题,这就要求正确处理好权利主体间的利益关系,建立"三权分置"后的利益协调机制。一是合理界定发包方、承包户和经营者的权利界限,明确各自的权利与责任及相互间的关系,防止出现"一权独大"、侵蚀其他两权的风险,最终形成三权均衡发展、同等保护的格局。二是"三权分置"后权利主体在涉及征地、承包地收回等情况下,必定会产生利益冲突,需综合权衡,协调三者的利益关系。三是"三权分置"后,国家对农业补贴只会增加不会减少①,农业补贴改革主要用于农业生产条件的改善,遵循存量调整、增量倾斜的原则,主要解决农业补贴在承包户和经营者之间的分配。按照政策的基调来看,农业补贴中的增量向新的农业经营主体倾

---

① 《农业补贴只会增加不会减少——农业部部长韩长赋解读〈农村土地三权分置意见〉》,《国土资源》2016 年第 11 期。

斜,将农业补贴与粮食生产挂钩,避免出现"拿补贴的不种粮、种粮的拿不到补贴"。

（二）防止发展高于稳定,正确处理新型城镇化中农业适度规模经营与"耕者有其田"的关系

城镇化,被看作是中国经济的最大发展红利和增长引擎。当前,我国已经进入了新型城镇化的重要时期。习近平总书记在中央城镇化工作会议上的讲话指出,推进新型城镇化是解决"三农"问题的重要途径。农业劳动力转移和农业适度规模经营是新型城镇化的必然结果[①]。与此同时,鉴于土地承担的社会保障功能和农村稳定功能,我们又要兼顾"耕者有其田"。因此,真正搞好新型城镇化,一方面,保证真正有需要的农民有地可种;另一方面,不能让土地成为农民进城的顾虑,也不能让城镇化成为农民抛荒的过程。"三权分置"的制度设计特别注重农民的意愿,让真正想种地的农民有地可种;让真正想流转农地的人放心流转,在进城务工的同时,享有充分的财产权益。

在新型城镇化背景下,农业规模经营的发展速度必须兼顾农地的数量、农民的数量、农业转移人口的就业速度及城镇的吸纳能力等因素。当前,我国正经历着全球规模最大、涉及人口最多的城镇化。虽然世界城镇化已有 260 年的历史,贯穿了人类社会现代化的整个历程,已经积累了丰厚的经验。但我国新型城镇化不同于其他任何国家,其规模之宏大和问题之复杂,在世界城镇化历史上是空前的,没有现成的套路可以照搬,只能在理论和现实的结合中摸索前行。据测算,如果到 21 世纪中叶,中国城镇化率达到 80% 的时候,需要转移多达 12 亿人口,已超过发达国家的人口总和,问题的复杂度是显

---

① 宋志红:《农村土地"三权分置"改革:风险防范与法治保障》,《经济研究参考》2015 年第 4 期。

而易见的。按照目前的城镇化率,户均经营规模提高到 100 亩,则需要转出近 2 亿户农户①。目前我国城镇化进程虽然明显加快,但仍然不能为进城农民工提供相应的就业、教育、医疗等社会保障,进城务工或经商农民一直过着候鸟式的生活。在社会保障不全、人口城镇化滞后于土地城镇化、身份转换滞后于职业转换等现实面前,新型城镇化在短期内完成显然是不现实的。

由此可见,我国在相当长一段时间内还是会保持规模经营与小农经济并存的状况。这就要求在农地流转问题上,必须处理好发展与稳定的关系。如果一味追求规模经营的速度,让少数人有地可种,农业效率提高了,但是进城农民的就业及各方面保障不能充分实现,那就会引发严重的社会问题。基于此,"三权分置"改革必须处理好新型城镇化进程中农业适度规模经营与"耕者有其田"的关系。

(三) 防止改革逻辑混乱,正确处理好现实、政策和法律之间的衔接关系

40 年来,中国改革形成了取得成功的逻辑和策略。概括起来说,首先是底层发动,农民群众发挥首创精神,通过自发的行动突破原有的政策,底层的实践为改革提供可供选择的可行性方案,在多种力量共同推动改革的情况下,中央出台相应的政策文件,政策体系在稳步推进改革的过程中逐渐完善,最终推动法律的修订。"三权分置"就是土地累积问题及底层实践探索的积极回应。目前,中央已经做好了"三权分置"的顶层设计,为深化土地制度改革指明了方向,并已经上升到国家政策层面,相继出台了一系列政策文件,制定了清晰的改革时间表和路线图,但是当前法律表现出明显的滞后性,"三权分置"尚未在法律层面得以保障,接下来国家必然要启动相关法律的修改和法律体系的构

---

① 宋志红:《农村土地"三权分置"改革:风险防范与法治保障》,《经济研究参考》2015 年第 4 期。

建。这是坚持正确的改革逻辑的体现。

贯彻党的十八届四中全会全面依法治国的精神,坚决反对那些颠倒改革逻辑,企图以某些不合时宜的法律条文反对质疑"三权分置"的观点,同时,也坚决反对那些因现行法律的缺位、或相关法律条文过于笼统、或与当前现实不符而否定"三权分置"的观点。而是应该围绕"三权分置"的农业政策适时修改完善相关法律,做好现实、政策与法律的衔接。2015 年中央一号文件已经明确提出完善农地产权保护法律制度,抓紧制定相关法律法规,严格界定"三权"的权利边界及相互关系,进一步确定承包权与经营权的物权性质,使农地经营主体明确应有的权利内容,得到相应的法律保障。此外,还需要在土地确权登记、资本下乡等诸多环节完善相关法律法规,使得法律与"三权分置"政策保持高度一致。应该说,"三权分置"的法律解释正当其时,为现实中"三权分置"的顺利推进提供了重要依据和重要保障。

法律要根据国家发展阶段和发展需要、围绕农地政策而制定,这是现代社会法治发展的趋势,也是各国的普遍做法。在日本,以《农地法》的制定为例,为了战后经济的恢复,1952 年的《农地法》从法律上确立了农民所有制的地位,发挥了保护"自耕农主义"的作用;为了适应城市化工业化、实现农业规模化现代化的需要,1970 年的《农地法》则发挥了保护"耕作者主义"的作用。在法国,为了克服农地过于分散的状况,法国于 1954 年颁布了《法国农业法典》,农业法典多达 1336 条。该法典大力提倡农地交换,甚至规定了某些交换义务;法典改革了农地继承制度,规定配偶和未成年的直系亲属可以共同继承一定的农地;等等。

只有法律及时跟进,土地制度改革方案才能落实,并取得良好的制度绩效。否则,土地政策改革的效力将会递减。总之,只有正确处理好现实、政策和法律之间的衔接问题,才会避免改革逻辑上的混乱,使改革得以顺利进行。

（四）防止"一手抓"，正确处理政府和市场在"三权分置"改革中的关系

通过调研不难发现，在推进"三权分置"改革中各地政府都发挥了至关重要的作用，在每个环节几乎都起到了引导和推动作用。比如，农地确权登记颁证工作、农地承包经营权流转、农地抵押担保等。如果没有政府的政策支持，上述问题几乎不可能单纯依靠市场力量得到解决。

毋庸置疑，在深化农地制度改革的过程中，政府的经济调节、市场监管和管理服务功能发挥了至关重要的作用。这点在国外的经验中也已经得到了证明。在市场经济条件下，农民的有限理性需要政府进行引导规范。在农地流转中，政府通过制定和完善政策法规解决农业问题和农民问题。近年来，为了鼓励农场进一步扩大经营规模，法国政府降低了地租，并承担了合并小块土地的全部费用，以租赁经营方式为主的农用地约占全国的60%以上。同时，国家放宽了对各类农业经营公司设立条件的限制，制定了相应的财政金融扶持政策，鼓励农场以土地入股的形式开展联合经营，形成了家族式公司农场。法国政府还成立了专门机构"土地整治与农村安置公司"（非营利性的股份公司），履行收购分散土地出售给大农场的职责，有效解决了土地分散问题，推进了农地流转和规模化经营。1961年，日本政府制定了《农业基本法》，放宽了对土地买卖的限制，大力提倡和推动土地买卖，加快了农地流转的速度和规模，解决了农地细碎化分散化问题。后来，随着城镇化的快速发展，出现了农民兼业化现象和地价飙升现象，政府又审时度势，由推动土地买卖转为提倡租地，引导农民走规模化经营道路。美国政府为了有效防止农地非农化，实施了"保留农田制"，买断了农地的永久开发权，并通过农户联结项目和赠送资金援助项目，控制农场买卖中的农地非农化。

根据科斯定理，只要财产权是明确的，并且交易成本很小甚至为零，那么，无论将财产赋予谁，市场均衡的结果是实现资源配置的"帕累托最优"。然而,由于当前我国农地产权不明,政府与市场的关系不清,现实中仅仅依靠政府的政策优惠降低交易成本,只能取得暂时性和不可持续性的效果,无法从根本上克服制度性障碍,最终必然是无法实现农地资源的优化配置。实践中,农地承包经营权作价出资无法过户的难题和现代农业生产经营组织无法以农地进行抵押融资就是很好的例证。所以,"三权分置"改革应该由市场而非单纯依靠行政力量推动资源的有效配置。只有对政府进行正确定位,发挥政府在投入、补贴、金融、保险等方面的导向作用,将权利行使的主体交给市场交易的当事人,将权利确立的依据交给具有权威性和稳定性的法律,将市场作为资源配置的主要方式,才能真正克服制度性难题。党的十八届三中全会的主线正是发挥市场在资源配置中的决定性作用。因此,改革的初期,鉴于试点先行阶段,可以强调政府的作用,但"三权分置"改革的方向是厘清政府和市场的关系,只有充分发挥市场的决定性作用和政府的引导作用,改革才能顺利推进。

第三节　中国特色农地制度"三权分置"改革的对策分析

根据前期调研中发现的问题,有步骤、有针对性地落实推进"三权分置",需要遵循中国特色农地制度"三权分置"改革的基本思路和原则,兼顾制度演进的内在逻辑和外部环境的制约,进一步优化各项制度保障,建立健全相关政策保障体系。

一、构建农村土地承包关系长久不变实现机制

稳定农地承包关系,是我国农地制度变迁一贯坚持的基本点,"长久不变"延续了这个基本点,成为"三权分置"农地制度的核心,充分发

挥了承包经营权的物权属性,对于稳定地权、增加土地投入预期和保护农民的合法权益具有重要意义。因此,构建农地承包关系长久不变实现机制是当前"三权分置"改革的首要任务。需要注意的是,"长久不变"最终是为了确保农民的权益,这在"三权分置"改革的目标要求中有强烈表达。因此,在构建农村土地承包关系长久不变实现机制的每一个环节都要充分体现农民的意愿和充分保护农民的权益。

(一) 建立健全农村土地确权登记颁证制度

目前,中国土地产权基础保障存在的最大缺陷就是产权模糊,权利界定不清,保障强度不够。农村土地确权登记颁证是"三权分置"改革的前提条件和基础性工作,其目的是重新界定国家、集体以及农民之间的土地权利和义务关系。确权登记颁证工作被视为"新土改"的先声,是农村产权制度建设和农地制度改革的基础性工程[1],它在实现"产权清晰、权利完整、保护严格"的农地产权制度目标中发挥着重要作用。一是确权使产权清晰从而止息纷争,防止公权力的侵害,农民可以依法自主自愿地处置土地,有利于发挥土地的社会稳定功能。二是确权能够稳定地权,农民就会有长期预期,有利于维护农地的生态涵养功能。三是确权使农地权属更加清晰,权能更加明确,能够促进承包经营权在更大范围内流转,并带动劳动力、技术等生产要素在城乡之间流动,促进城乡一体化,有利于发挥农地的财富增值功能。四是为经营主体抵押融资创造基础条件。五是有利于落实最严格的耕地保护制度,提高土地管理水平。总之,农村土地确权登记颁证是稳定农地承包关系、农地合理有序流转、经营权抵押、农民合法权益保护和国家对土地规范管理的基础工作。保障农地承包经营权"长久不变",可以以这次确权为契机,确定"长久不变"的起点。

---

[1] 徐勇、项继权:《确权:文明与和谐的基础》,《华中师范大学学报(人文社会科学版)》2010年第2期。

确权登记颁证工作的重要性也恰恰反映了它的紧迫性,2008 年,中央开始启动此项工作,2013 年,土地确权首次成为中央层面的战略部署,规定 5 年内完成。韩长赋部长在 2017 年 12 月 29 日召开的全国农业工作会议的讲话中指出,已完成确权面积 11.3 亿亩,占二轮承包面积的 84%①。按照中央设计的进度表,确权登记颁证工作仅剩一年多的时间。

1. 农村土地确权登记颁证工作的内容

农村土地确权登记颁证主要包括产权主体的确定、产权范围的界定和产权内容的确定三个方面。一是产权主体的确定。产权主体的确定包括所有权的界定,将地权界定给农村集体经济组织或村民小组,从而明确所有权主体;产权主体的确定还包括承包经营权主体的界定,根据集体成员权将土地承包经营权界定给承包农户。如果承包权与经营权分离,则会涉及承包户将经营权界定给实际经营者。二是产权范围的界定,包括时间上的界定、空间上的界定,有些还包括份额上的界定(股份制或土地股份合作社制中的股权)。三是产权内容的确定,包括排他权、处置权等的多少与大小。

农地的确权工作是一项复杂的系统工程,涉及面广,工作量大,社会关注度高,由于历史遗留问题、法律障碍、各地风土人情等诸多原因,涉农区县的确权工作面临着很多难题,全面落实中央决策,需要各级政府及相关部门、农村集体及村民整体协调、攻坚克难、通力合作,充分认识到确权登记颁证的重要性,并把工作落到实处。

2. 农地确权登记颁证工作的实现机制

目前,山东省各地确权登记颁证工作走在了全国的前列,积累了很多成功的经验。中国农村杂志社、新华通讯社山东分社等主流媒体先

---

① 《韩长赋部长在全国农业工作会议上的讲话》,2018 年 1 月 20 日,见 http://www.moa.gov.cn/nybgb/2018/201801/201801/t20180129_6135905.htm。

后来调研,并进行了宣传报道。枣庄市徐庄镇重视摸底调查和分类对待的做法成为全国的样板;德州市探索了土地确权登记颁证"八步工作法"(方案制定环节—宣传发动环节—调查摸底环节—入户核实环节—平台搭建环节—调处维稳环节—督查调度环节—检查验收环节),在具体工作中体现了"稳、准、实、明、快、多"六个特点,即工作稳步推进、节点控制准确、登记全面翔实、工作环节透明、成果转化快速、经验亮点多,曾在农业部《农村经营管理》等多个杂志刊登,并在全国推广①。

枣庄市徐庄镇和德州市的具体做法为各地确权登记颁证工作提供了可供借鉴的丰富经验,顺利推进确权工作需在坚持确保稳定、尊重历史、因地制宜原则的基础上抓住关键点。

一是提高农民的认知,维护农民权益。

要让农民真正理解和主动参与到工作中来,需要全面掌握农民对确权登记颁证的认知和意愿。经调研发现,农民缺乏清晰、强烈的土地产权意识。在受访农户中,认为"国家所有,农民使用""集体所有,农民使用"的分别占了 56%、31%,认为"农民所有,农民使用"的占了9%,还有 4%的农民不清楚归谁所有②。在访谈中发现,多数农户认为在承包制度下一直有地可种,并不关心土地到底归谁所有,由此可见,农民缺乏土地产权意识。随着国家对承包期的延长直至"长久不变",部分农民认为自己对承包地享有比较充分的权利;农民对农地确权颁证的主观认识超出了其客观作用。在进行采访时,关于承包地确权颁证的认知,84%的农民认为很有必要,其中,75%认为确权可以维护农民权益,25%认为确权有利于实现农业规模化;10%认为确权作用不大,6%认为没有必要。当问及农地承包经营权证有何作用时,受访农

---

① 资料来自德州市经管局。
② 资料来自山东省农地制度"三权分置"改革调查。

民大多认为此证仅作为土地纠纷和征地补偿时的主要凭证。农民的认知与法律规定存在较大差异,按照现行的《农村土地承包法》,承包经营权的凭证是承包合同,政府颁发的承包经营权证仅起到确认作用,一旦发生冲突,应以承包合同为主;多数农民不支持"增人不增地、减人不减地"的政策,部分村庄一直坚持定期调整土地。参与调查的受访者中,认为承包地应"随人口变动隔几年调整一次"的占88%,认为"保持现状永不调整"的占12%。实行二轮土地承包以来,承包地被调整过的占31%,69%的村庄未调整。通过访谈,传统公平观、人口增加、土地保障功能及农业补贴、流转收益、征地补偿等是农民要求均分土地、定期调整的重要动因。在进行调查的村庄中,东营市、潍坊市3个村庄进行3年或5年一调整,还有2个村庄不定期小调整。由此可见,尽管政策基调是承包关系长久不变,但"土地均分、人人有份"仍然是部分农民的诉求。如何协调"长久不变"与"土地均分"的矛盾,是确权工作面临的重要问题。因此,要全面推进农地确权工作,必须通过有效方式,将确权登记颁证的目的意义、工作内容、方法步骤及有关政策宣传到位,及时化解群众疑虑,调动广大农民的积极性。

二是深入摸底调研,把握确权工作大局。

在方案制定环节,各县市区结合实际,细化工作方案,编制工作配档表。村级制定方案时,乡镇靠上指导,县级分类细化,业务部门分线指导,形成切实可行的实施方案,坚持"一村一策、因村施案"原则。

在宣传发动环节,坚持"一切依靠群众、一切服务群众"的理念,充分利用广播、电视、宣传栏等形式,将确权登记颁证的相关事宜宣传到位,调动广大农民的积极性。结合"两学一做"活动,采取干部进村入户的方式,与农民群众"一张板凳聊天",确保农户家喻户晓、群众人人明白。

在调查摸底环节,及时印发各地《农村土地承包经营权确权登记颁证工作有关法规政策问题解答》,每村一本。注重发挥老党员、老干部熟悉村情、民情的优势,严格按照农业部三项行业标准,全面收集农户户籍信息、二轮土地承包数据等资料,详细调查登记村组、农户及承包地块的基本情况。

在入户核实环节,对照农户户籍和二轮承包数据信息,进行逐户、逐人、逐项、逐地块核实,并由村委、村民、调查人员三方签字确认,切实做到村不漏户、户不漏人、人不漏地块、地块不漏信息。对提出分户的农民,做到家庭成员统计到人,分户地块位置、四至边界标注到位。对于由于行政规划调整、部门的宗地编码混乱、农民开荒、"嫁出娶入""分家"等历史原因造成的权属不清、边界不明、争议较大的土地,进行有针对性的处理。全面掌握土地情况,为周密部署和精心组织实施奠定基础。

在平台搭建环节,与测绘公司建立了即时沟通机制,随时解决工作中出现的技术性问题。组织地方相关部门及测绘公司人员开展培训,详细掌握数据库和平台建设的具体要求。按照"分段实施、统一合库"方式,推进土地测绘、数据合库及信息平台建设。

三是强化信访维稳,建立纠纷调处机制。

确权登记颁证涉及的工作面广,相关的利益主体多,因此,调处维稳环节是确权颁证工作中最重要也是最有难度的工作。建议坚持社会矛盾最小化和共识最大化原则,坚持群策群力,发挥民智民力,依法妥善解决各类问题,及时化解矛盾纠纷,维护农村稳定,确保工作顺利推进。在具体工作中建议利用"典型分类法",循序渐进地细致开展工作。具体分为以下四步:先确立先进典型乡镇。将那些二轮土地延包资料齐全,矛盾纠纷少,按程序步骤推进较快,较好地解决了土地权属复杂、矛盾纠纷多等难题,规范完成确权登记颁证工作任务的乡镇树立为先进典型乡镇。再确立协调解决处理矛盾纠纷较好的村居典型。对那些跨村、跨乡镇地界且有争议的土地,经村干部、农经站、农业局、村协调议事小组、县国土局协调,重新定义土地界限,并向村民解释清楚,妥善解决矛盾纠纷。进一步确立较好地解决了土地权属复杂、矛盾纠纷多等难题的乡镇和村居。在此类乡镇和村居,一般会出现诸多问题。比如,有些村干部思想上不够重视,有些村荒碱地严重,合同面积与实测面积悬殊较大,有些村村界不明、人地争议较大等问题。需经过深入调查、了解情况、共同商讨、村民公决、统一规划整理、重新分配到户,逐项解决原有历史遗留问题。最后确定土地测绘采用专业测绘与图解法相结合的较好的典型乡镇和村居。确权涉及的利益主体多,问题异常复杂,农业部门与信访部门要相互合作,让农民能够充分表达实际诉求,深入调查、了解情况、畅通信访渠道,建立纠纷调处机制,加大信访维稳力度。

四是重视督查和验收工作,保证确权的公开公正。

在督查调度环节,严格落实调度工作机制,建立专项督导机制。各地区成立督导组,采取入户访谈、查阅档案、听取汇报等方式,对确权工作进行巡回督导。相关单位主要负责人挂点包干,有效杜绝工作中暗箱操作、徇私舞弊现象的发生。

在检查验收环节,严格按照农业部《农村土地承包经营权确权登记颁证成果检查验收实施办法》和《省级抽查验收实施方案》等文件要求,组织工作人员,同时聘请第三方专业测绘公司,组成专项检查验收组,对确权地区进行逐乡镇考核,对验收情况进行确权登记颁证《公示》公告,保证工作的严肃性和公开、公正、透明。

五是强化确权登记颁证工作的各项保障。

首先,切实做好组织领导保障。从建立组织领导机制入手,成立纪检、宣传、农业、财政、国土、信访等相关部门主要负责同志为成员的工作领导小组,组建专门办公机构,落实联席会议制度,形成市级统筹、县级指导、乡镇协调、村组实施的组织领导机制。其次,切实做好专项经费保障。充足的工作经费是做好确权登记颁证工作的关键。积极争取上级专项补助经费,专门用于地力核查确认、地理信息录入、材料印发、干部能力提升、专业技术人员培训、设备购置等工作,有效促进工作顺利开展。再次,切实做好专业技术保障。在外业测量与内业制图阶段,由专业测绘公司专项负责地界勘测。地界确定后,按照技术规范进行地块编码和面积登记,形成农户承包地地籍图,达到户籍信息、地块信息、权证内容及档案资料"四相符",确保专业技术保障。最后,切实做好问题解决保障。及时组织人员进行调研,召开专题会议,对城中村、城郊村、园区村土地确权登记工作进行安排部署,在无法确地到户的情况下,积极引导通过确股、确面积等方式进行确权,确保问题解决保障,为实现农民更多财产权利奠定基础。

总之,只有从组织领导到经费投入,从人员培训到技术支持,从宣传发动到纠纷调解,每一个环节精心设计,保证有序实施,才能为全面推开农村土地确权登记颁证工作铺平道路。

六是完善土地承包经营权的确权登记法律制度。

2015 年印发的《关于认真做好农村土地承包经营权确权登记颁证工作的意见》中指出,在稳步扩大试点的基础上,用 5 年左右时间基本完成土地承包经营权确权登记颁证工作。而在现实中,农地承包经营权的确权登记颁证工作在法律制度上还存在障碍,比如,现行的《农村土地承包法》和《土地管理法》只做了发包方和承包方签订承包合同的要求,而未要求土地承包经营权必须确权登记颁证。

完善土地承包经营权确权登记制度有利于维护农民土地合法权益、促进土地有序流转和保障国家对土地的规范管理,因此,应当尽快通过修改《农村土地承包法》和《土地管理法》,正式建立土地承包经营权确权登记制度,同时,废除相关法律中关于土地承包经营权的期限为三十年的规定(《农村土地承包法》第 20 条、《土地管理法》第 14 条),实现农地承包经营权的长期性、稳定性和权利转让的自由性,为承包经营权资本化的实现扫清障碍。

（二）完善土地征收制度

当前,土地征收制度中存在明显的征地范围过宽、农民补偿标准偏低的问题。党的十七届三中全会、十八大和十八届三中全会分别提出"严格界定公益性和经营性建设用地""提高农民在土地增值收益中的分配比例""完善对被征地农民合理、规范、多元保障机制",为我国改革和完善农村土地征收制度指明了方向。当前,在"三权分置"指导下,我国土地征收制度应该进一步与土地承包关系"长久不变"和维护农民权益的制度走向相一致。

第一,明确界定公益性用地,最大程度缩小征地范围。

从世界范围看,各国在土地征收上都以"公共利益"为前提和目的,并且在各国法律中对公益性用地进行了明确界定。比如,日本在《土地征收法》中列举了49种可实施征收的事业,美国法院、联邦和州的立法从不同方面为"公益性"划定范围。我国《宪法》和《土地管理法》中也有明确规定,只有为了公共利益才能征收土地,但只是停留在原则性规定层面,应该借鉴有关国家的经验,在制定和修改相关法律法规时明确界定公益性用地的范围。

由于各国政治体制、文化传统、风俗习惯及社会发展阶段不同,各国对"公共利益"的认定必然会有所不同,随着经济的不断发展,即使同一个国家对"公共利益"的认定也会随之发生变化。考虑我国近些年来征地频繁、规模大等现状,建议对征地范围进行最大程度的缩小,工商业用地不应通过征收取得。可沿用各国通行的做法,将纳入的征地范围具体为国家机关用地、军事用地、教科文卫等公益事业用地及交通和水电气等基础设施用地,并通过相关法律法规予以保证。

第二,完善征地程序,保障农民的权利。

目前,我国征地程序不完善、现有程序要求落实不到位等问题突出,导致被征地农民的知情权、参与权、监督权和收益权得不到保障,按照党的十八届三中全会精神规范征地程序、保障农民的权利成为当前急需解决的问题。

首先,增强权力机关对行政机关征收权的控制。

英美等国为了防止行政机关滥用征收权,征地项目须经地方议会的批准,议会以召开听证会的形式听取各方面意见,特别是财产权人的意见。而在我国,与征地直接相关的土地利用总体规划、城乡规划根本不需要作为权力机关的各级人大批准,具体的征地项目也由政府操办,人大没有控制权。建议为了减少规划和征地的随意性,明确土地利用总体规划、城乡规划和具体征地项目,只有经过同级人大审议并获得批准后才能报送审批。

其次,征地前切实广泛听取被征地集体经济组织和农民的意见。

我国《土地管理法》仅仅规定征地补偿安置方案应当听取被征地集体和农民的意见,而在决定征地的关键环节却没有相关规定,现有的包含征地公告、征地补偿登记和补偿安置方案公告的"两公告一登记"也未得到全面遵循。建议土地利用总体规划涉及农用地转用的,应当切实听取被征地集体和农民的意见;在人大审议征地项目的阶段,应当召开听证会听取被征地集体和农民的意见,并将征集意见报送审批机关;征地决定不仅要在公告栏中进行一定时间的公告,还要书面通知到每一户被征地农民。

最后,健全农村集体征地补偿费分配制度和管理制度。

近些年,被征地农民上访的重要原因就是农村集体征地补偿费分配不公、管理不透明甚至出现贪污挥霍等问题。鉴于此,应当健全相应的制度,既要统筹考虑"长久不变"的制度走向,又要明确补偿费分配使用应当经集体成员全体会议讨论通过,并做到实时公开,以确保"公开、公正、透明"三原则。

第三,明确公正补偿原则,提高征地补偿标准。

土地被征收是被征地农民为了公共利益而作出的牺牲,国家就有义务给予公正补偿,这在世界各国已经达成共识。如美国宪法、法国

《人权宣言》和日本宪法分别将"公正补偿""公平预先补偿"和"正当补偿"作为征收前提。我国也应该在法律中明确对被征地农民的公平补偿原则,使补偿额不仅弥补农民的损失,还能使其共享土地增值的成果。

发达国家和地区的征地补偿大多以现金为主。美国将"公正补偿"诠释为"公平的市场价值",韩国和我国台湾地区则以基准地价和土地现值为基础确定补偿地价。考虑到我国地域广、各地农情和经济发展水平的差异,建议将当前并行的统一年产值补偿制度和区片综合地价统一为区片综合地价制度,进一步确定标准和完善工作机制,并赋予省级政府定期调整的权利,稳步提升现金补偿水平。同时,统筹考虑土地承包关系"长久不变"的制度走向,修改《土地管理法》,将按 30 年补偿变为"长久"补偿,将一次性补偿变为按年度补偿。

由于发达国家和地区的社会保障制度相对完善,它们大多采取一次性支付现金的做法补偿被征地农民。而在我国,土地对于农民来说,承担着生产资料和社会保障的双重功能,所以,建议我国在稳步提升现金补偿水平的同时,将补偿的重点放到对被征地农民的安置保障上。首先,由政府从土地出让收入中提取适当比例直接为农民缴纳保费,改变"农民缴费、政府补贴"的社保缴费模式,"保障被征地农民享受到比普通农民更高水平的保险待遇"[1]。其次,加强对被征地农民的就业扶持、技能培训和就业指导。最后,对于被征地农民自主创业的,国家应给予信贷、税收等方面的扶持。

(三) 完善农民承包地退出机制

深化农地制度改革,需要构建农地产权主体的"进入机制",同时也需要构建农地产权主体的"退出机制"。"三权分置"为农民承包地的退出设计了制度框架,它适应了不同阶段相关主体对土地制度的需

---

① 张红宇:《新型城镇化与农地制度改革》,中国工人出版社 2014 年版,第 164 页。

求。当前,进城农民退出承包地的制度障碍已经消除,但在如何退出、谁来补偿、如何补偿、补偿多少等具体问题上还尚待进一步研究。

首先,兼备农民承包地退出的硬性条件和尊重农民意愿。

在调研中发现①,多数农民退留承包地意愿明确。在受访的农户中,74%认为农民进城落户后也应该保留承包地,26%认为不应该保留承包地。当问及"如果有合理的经济补偿,是否会选择退出承包地"时,72%表示会选择退出承包地,28%表示不会退出。67%表示如果和城里人有同样的社会保障会选择退出承包地;76%表示如果在城里有稳定的工作和收入来源会选择退出承包地。由此可见,大多数农民支持"长久不变"的政策,支持承包地的有偿退出机制,同时也表达了对社会保障、稳定收入等相应条件的强烈诉求。因此,与城镇化的节奏相一致,我国只能有步骤地逐步建立和实施农地退出机制。一是必须充分尊重农民的意愿。二是农户退出既要考虑到承包地承担的基本保障功能,还要考虑到就业和收入是否稳定、基本公共服务是否能够平等的享有等。由此可见,承包地退出涉及的问题多,真正完成或实现会需要很长一段时间,因此,要对其保持足够的历史耐心。

枣庄市徐庄镇对农地流转退出机制的积极探索②中,强调以户为单位,注重农民的意愿和农地退出的硬性条件。在具体的操作环节,设置了一定的过渡时间,给予农民谨慎、充分考虑的机会。农户主动退出承包地,应是有稳定职业和固定收入的农民,可享受医疗卫生、子女教育以及各类社会保险政策待遇。此外,枣庄市现在正致力于完善农户在迁出地和迁入地的农村养老保险和新型农村合作医疗的衔接工作。鉴于徐庄镇实施农民承包地退出机制的时间较短,尚处于起步阶段,加之农民承包地退出是一项综合性工程,涉及面广,牵扯到的利益主体

---

① 资料来自山东省农地制度"三权分置"改革调查。
② 资料来自枣庄市经管局。

多,决定了农民承包地退出必然是一个长期的复杂的过程,其效果尚需在以后的进一步实践探索中逐步显现。

其次,明确退出农地承包的经济补偿主体。

农地承包经营权属于用益物权,理应对农民退出承包地给予经济补偿。按照农地相关政策和法律文件,要由集体经济组织对补偿标准和补偿条件作出详细规定并给予实际补偿。对于经济困难的集体经济组织,国家要给予适当的支持。鉴于我国各地迥异的经济发展状况和土地承包具体办法,可以以省为单位依据国家政策和法律,制定符合各地实际的农地退出机制。2016年年底,枣庄市徐庄镇出台了《关于农村居民落户城镇自愿退出承包土地经营权处置补偿暂行办法》,但是由于颁布时间短,实施效果尚待进一步的观察。

最后,深度研究解决承包地的继承问题。

与进城农民退出土地紧密相关的还有承包地的继承问题。在当前司法实践中,农村土地承包经营权继承纠纷越来越多,以至于在缺少法律明确规定的情况下,《最高人民法院关于审理涉及农村土地承包纠纷案件适用法律问题的解释》中第一条就做了"人民法院应当受理此类继承纠纷"的规定。在关于承包地是否应该继承的调研①中,65%的农户认为应该继承,理由主要有承包期内可以自由处置承包地(49%)、消除农民对土地政策不稳定的担忧(38%)、激发继承人养老积极性(13%),30%的农户认为不应该继承,理由主要是允许继承会造成新增人口无地可分(51%)、农地是集体或国家的(46%)、其他(3%),5%的农户认为是否继承无所谓。由此可见,多数农户认为农地应该继承。党的十七届三中全会《决定》已明确指出完善土地承包经营权权能,赋予农民更加充分而有保障的土地承包经营权。因此,无论从实践情况、农户需求还是国家政策来看,都应该在承包期内明确承认

---

① 资料来自山东省农地制度"三权分置"改革调查。

土地承包经营权的继承权能。

虽然明确土地承包经营权可以继承可能会引发一系列新生问题，但这不足以成为否定农地继承权的理由。因为通过合理的制度设计就完全可以避免可能产生的负面效应。比如，灵活确定土地承包经营权的继承方式、具体方法，对继承人进行适当限制和合理约束，根据价值规律进行折价继承等，来实现土地承包经营权的继承权能。

二、建立健全农地承包经营权流转制度

"三权分置"农地制度改革旨在实现农地由资源向资产、社会保障功能向致富资本功能的转变，农地功能的转变必然会推动农地承包经营权流转向市场化交易模式演进。通过对东营市垦利县的调查进一步说明，落实"三权分置"必须建立健全以市场化为导向的农地承包经营权流转制度。

（一）明确当前土地承包经营权流转的相关概念

土地承包经营权流转是中国特有的称谓词，1995 年，在农业部《关于稳定和完善土地承包关系的意见》中，明确提出这一概念。从改革开放之初一直到今天，承包户之间互换农地或让渡经营权的现象时有发生，这种非货币化的农地流转在中国历史上和西方国家是从未出现过的，因此，"流转"概念是基于中国历史形成的话语习惯，体现了鲜明的中国特色。"流转"的弹性大，包含着农地的货币化和非货币化交易。在我国现行的政策文件和法律法规中，一直沿用"土地承包经营权流转"这样的提法。但从理论和实践上分析，土地承包经营权实际上包含了承包权和经营权，主要有转包、出租、互换、转让、入股等几种流转形式。其中，以转包、出租流转形式所占比例较高。调研①结果现实，土地流转方式中，转包、出租、转让、代耕、互换、入股比例分别为

---

① 资料来自山东省农地制度"三权分置"改革调查。

39%、35%、14%、7%、3%、2%。东营市垦利县以转包、出租形式流转土地分别达到 15.85 万亩和 10.8 万亩,分别占流转土地总面积的 59.1%和 40.3%。在转包、出租、互换、入股、转让等诸多流转形式中,涉及承包关系变化的只有转让、互换等少数流转方式,其他的占据主导地位的流转方式并不会导致承包关系发生变化,也就是说,绝大多数情况下土地流转并不会对原有的土地承包关系造成影响。

从实现农业现代化的角度看,农业现代化的要求是实现土地资源在更大范围内的优化配置,其关键在于用活经营权,并不涉及承包权。因此,为了达到明晰流转政策和细化流转服务的目的,建议在修订相关政策文件中,将其具体分类,把涉及土地承包关系变动的流转方式(转让、互换等)与不涉及土地承包关系变动的流转方式(转包、出租、入股等)严格区分开来,明确用"土地经营权流转",摒弃之前笼统的"土地承包经营权流转"的概念。

(二) 完善农地承包经营权流转市场

结合对垦利县农地承包经营权流转的具体分析,经过前期调研①,可以看出,农地承包经营权流转目前存在产权不明晰、流转过程不规范、流转市场不完善、工商资本大面积租赁农户承包地、"非农化""非粮化"、农民利益受侵害、社会化服务水平不高等问题,迫切需要建立健全农地承包经营权流转制度以解决这些问题。推进农地承包经营权有序流转,需要建构规范统一的流转市场为其提供机制保障。改革开放以来,我国农地市场经历了从无到有再到发展的过程,但目前配置土地资源依然是行政手段占主导,市场机制的作用并未充分发挥。因此,按照党的十八届三中全会提出的"建立农村产权流转交易市场"要求,健全农地流转市场机制,培育农地承包经营权流转市场平台成为当下"三权分置"的紧迫任务。

---

① 资料来自山东省农地制度"三权分置"改革调查。

第一,完善农地承包经营权流转市场机制。

首先,完善供求机制。供求机制是调节市场供需矛盾的机制,是市场体系运转的核心,连接着交换、分配等多个环节。只有供给者对商品拥有完整的产权且能独立处置商品,供求机制才能发挥作用。众所周知,供给主体就是承包农户。但在实际中,由于长期以来"两权分离"下农地产权权能分割不清,农户无法享有完整明确的承包经营权,这是制约供求机制发挥作用的重要原因。此外,当前土地仍然承担着农民的社会保障功能,这在一定程度上影响了供给主体的流转意愿。因此,必须赋予承包户承包经营权的物权性,弱化土地的社会保障功能,强化土地的经济功能。相比农地承包经营权市场的供给主体,需求主体则表现出多样化,包括农民、合作社、企业等。从供求关系看,农地承包经营权市场处于供不应求状态,因为农地本身是稀缺资源,供应者范围单一,需求主体范围宽泛。所以,农地承包经营权流转要偏向于土地利用效率高的主体,可以更好地提高农地利用率和产出率。

其次,完善竞争机制。市场经济条件下,自由竞争是农地承包经营权流转市场的基本原则,但从目前市场建构总体情况审视,自由竞争的实现还面临着重重障碍。农地虽然是商品,但具有特殊属性,比如固定性、不可再生性,这些特性决定了土地交易只能在原地进行,土地市场只能是地方市场,而不同地区的经济发展水平存在巨大的差异性,引致土地市场的地区差异性和不均衡性,土地价格受制于供求关系以外的因素影响,极易出现土地垄断。由此可见,竞争不足的现状需要改变,完善流转市场的竞争机制,进一步赋予流转市场以法律地位和保障,并通过信贷政策扶持,有效刺激土地市场竞争机制发挥作用。

再次,完善价格机制。当前,只有当农地承包经营权在市场力量作用下有效流转时,农地资源才能合理配置,而农地承包经营权有效流转的前提便是农地如何估价和农地的价格形成机制。从现实情况看,我国目前没有真正意义上的农地价格评估机构、专业评估人员和价格评估标准。所以,建立和完善农地价格形成机制就势在必行了。

一是建立科学的农地承包经营权价格评估标准。在国外,目前存在已经成熟的市场比较法、收益还原法和成本法三种农地价格评估标准。鉴于我国农地交易市场尚处于起步阶段,不具备市场比较法所要求的交易额高、交易透明度高及交易信息足够流动等条件,所以建议采取收益还原法和成本法结合的估价方法,既考虑到了农地的开发成本,又兼顾了农地的收益能力。在农地流转的初期,法律不宜强制性规定选择哪种标准,可以授权农业行政部门制定当地的农地交易指导价或基准价。待农地交易市场成熟时,可以考虑采用市场比较法,完全由供需双方根据市场行情自主商定。

二是建立农地价格评估机构。21 世纪前,我国的土地评估机构一直是以政府事业单位"评估所"为主,由于缺乏土地评估的专门法律,土地评估行业缺乏应有的约束,一直存在不正当竞争现象,致使出现多重评估标准和评估价格。从农地承包经营权流转市场化的趋势来看,农地价格评估机制应该采取市场化运作模式,将农地价格评估机构从政府提供的社会公共服务中分离出来,使其提供有偿服务,逐步建立完善的土地流转管理服务体系。最重要的是,通过立法方式取消地区垄断,允许和支持各地的土地价格评估机构公平竞争。农业和土地相关行政部门履行对土地价格评估机构的监管职能。

最后,完善宏观调控机制。市场机制本身带有自发性、盲目性和不可控性,单纯依靠市场机制并不能实现土地的有效配置,这就决定了发挥政府在信息引导、土地使用权限制、经济激励等方面的宏观调控作用,通过立法、价格、税收等手段调控农地承包经营权的流转条件、方式等。只有政府的宏观调控,才能真正促进农地承包经营权流转市场的完善。

第二,建立健全农地产权市场,为农地产权供需双方提供规范的交易平台。

据前期调查表明,土地流转供需双方有效对接机制不健全,土地流转信息渠道不畅,满足不了日益旺盛的市场需求。同时,随着二、三产业发展越来越快,农民收入大部分来自于经商、打工,很多农民干脆把土地或租或送给亲朋好友耕种,影响了土地资源的合理流动和优化配置。在农地流转程序方面,4%的认为存在村集体以村集体名义直接与外来业主签订流转合同的现象;在农地流转手续方面,100%认为土地流转时应有协议保证,67%的采用书面协议,33%的采用口头协议,但合同缺乏完整性和规范性,导致交易双方权责不明,引发土地纠纷。35%的农民表示未曾流转土地,而未转出农地的原因主要是担心转出后收不回土地(38%)、担心收益或生活会没有保障(33%)、信息不通流转不出去(13%)、担心土地纠纷难以解决(10%)与农户交易太麻烦(4%)和其他(2%);存在土地撂荒现象,撂荒比例达到22%;未转入农地的原因主要有不知道有谁愿意转出土地(27%)、没有合适的评估价格(26%)、转入价格太高(13%)、与转出农户的交易太烦琐(12%)、没有合适的生产项目(12%)和其他(10%)①。因此,建立健全农村土地产权市场,搭建农地流转交易平台,为交易双方提供信息发布、规范交易、监督合同执行、减少交易成本,架起土地供需双方之间的桥梁,成为当务之急。

2015年1月,国办发布了《关于引导农村产权流转交易市场健康发展的意见》(以下简称《意见》),该《意见》是第一部针对农村产权流转交易市场的全国性指导意见,对农村土地流转领域的所有权、承包权和经营权进行了分类指导,强调农村产权交易不涉及农村集体土地所有权和承包权。《意见》进一步指出,农村产权流转交易市场是服务"三农"的非营利性机构,决定了服务平台将会降低受让人的交易成

———————————

① 资料来自山东省农地制度"三权分置"改革调查。

本,让利服务对象。以《意见》为指导,各地需建立健全农地产权市场,为农地产权供需双方提供规范的交易平台。

首先,以"盘活沉睡的农地市场"为目标,坚持为农民服务的原则,真正满足农民的需求,确保农民得到长期稳定的土地权利保障,放心地让手中的土地进入市场。其次,全面整合不同系统的数据。根据土地供需双方的需求,通过互联网、新媒体等技术手段提高信息整合度和便捷度,将土地确权系统、土地流转系统、产权交易系统等进行整合,及时更新系统,保障数据之间的关联。再次,发挥农村产权流转交易平台的主体作用,切实参与到交易环节中,健全评估服务、登记备案、合同管理、法律咨询、权益评估、风险评估、纠纷调解、抵押融资等方面的制度,提高自身的业务能力和业务素质,以自身不断丰富的资源为交易环节提供润滑,降低交易成本,加大宣传力度,建立健康、规范、活跃的流转交易平台。最后,为促进农村产权流转交易市场的发展,必须加强农村产权流转交易市场外部环境的建设,加强监管。

2013 年,枣庄市在工商部门登记注册成立了山东省首家市级农村产权交易中心——枣庄市农村产权交易中心①。其主要服务内容包括提供场所、信息发布、交易咨询、组织交易、交易鉴证。一是建立农村产权交易体系,明确交易范围。二是制定交易规则,完善运行机制。出台了交易管理办法(枣政发〔2014〕6 号),规范交易所章程、交易流程、交易规则、竞价规则、拍卖规则、档案管理制度、各类农村产权交易细则等多个规范性材料,形成了"交易申请、登记审核、信息公告、登记受让意向、审查受让资格、组织竞价、委托组织拍卖、组织交易签约、交易款项结算、出具交易鉴证"的运行机制。明确了市、区(市)、乡镇三级产权交易中心职能。三是发放产权交易凭证,规范产权交易行为。对进场交易的供求双方,由市农村产权交易中心出具《枣庄市农村产权交易

---

① 　资料来源于枣庄市经管局。

鉴证书》,规定凡涉及农村集体产权权属变更、农村集体产权抵押担保的,必须凭交易鉴证书,产权主管部门方可予以受理。四是建立配套保障机制,促进农村产权交易健康运转。包括成立了以市长任主任的枣庄市农村产权交易监督管理委员会和事业单位建制的枣庄市农村产权交易管理办公室,对全市农村产权交易机构建设进行监督和指导;完善交易前评估、交易中担保、交易后鉴证服务体系,枣庄市成立了全国首家农村土地资产评估事务所——普惠农村土地资产评估事务所,对土地经营权出具有法律效力的资产评估报告,为抵押贷款、产权交易提供价格依据。市财政牵头注册资本1亿元,成立金土地融资担保有限公司,专门为土地抵押贷款提供担保服务。在实际运行中,产权交易中心发挥了重要作用,农民产权流转的需求和新型经营主体对更多土地资源的需求较之以前满足程度提高,程序更加透明,合同更加规范,增加了农民收益,减少了利益纠纷。

综上,枣庄市农村产权交易平台的建立为各地提供了很好的经验借鉴。需要注意的是,土地承包经营权流转尚处于初期阶段时,农村产权交易所大多是政府主导的。随着市场的日渐成熟,应当将其转化为市场化的交易所,以适应农地产权的市场化流转,大大节省交易成本,同时,也将提升交易所的市场化服务能力。

(三)倡导农村家庭承包土地入股,实现流转方式多样化

第一,倡导农村家庭承包土地入股。

2016年,《关于完善农村土地所有权承包权经营权分置办法的意见》中倡导农村家庭承包土地入股,确认了"入股"作为家庭承包土地的主要流转方式之一,并提出进一步完善相关法律制度。在调研中发现,近几年,土地经营权入股合作社已在各地区被采用,逐渐成为土地流转的重要方式。垦利县以永安镇二十师为代表的土地入股的流转形式成效明显,该村村"两委"牵头成立了合力水稻种植专业合作社,全村农户以土地入股,合作社筹措资金对土地进行分类开发,完善沟路渠

等配套设施,再通过招商的方式对土地进行出租,村民实现了"一份土地,两份收入(租金和股金)"的梦想。但是,土地经营权入股农民专业合作社在成员"自由出资"入社和自由退社制度上存在明显缺陷。为了克服缺陷,还有部分地区正在探索土地入股农业公司的方式,虽然克服了土地入股农民专业合作社的缺陷,但自身在股权行使等方面也暴露出问题。因此,需要完善相关制度。

首先,完善农地入社制度。

为了鼓励农户参与合作经营,我国现行《农民专业合作社法》一方面赋予合作社法人地位,另一方面又未规定农户的法定出资义务,而是由合作社章程自行决定,导致了现实中大量合作社面临资本不足的困境。如果没有政策优惠和支持,合作社很难持续发展。我们可以借鉴美国的成功经验,美国实行"股份制合作社",确立了股份制合作社法人和公司法人同等的出资制度,规定农户参与合作社的基本前提是缴纳股本。而我国的法律并未确立合作社的出资制度,这正是合作社面临资本难题的根本原因。鉴于以上原因,重构农民入社制度成为当务之急。

其次,完善土地承包经营权作价入股农业公司制度。

农地承包经营权作价入股农业公司是农业国际竞争力提高和农业资本化发展的必然要求,这就要求我们尽快完善土地承包经营权作价入股农业公司制度。

完善土地承包经营权作价入股农业公司制度,必须坚持农民自愿原则、农地农用原则和登记生效原则。在公司的设立方面,鉴于我国农地按户承包,细碎化分散化严重,在土地承包经营权入股农业公司制度时,公司股东人数不应当受50人上限人数的限制;在股权行使方面,提高农户参与决定和监督力度,切实维护农民的权益;在劳动用工方面,建议修改《农业法》等法律法规的相关规定,规定农业公司优先招聘入股农民。另外,在现行《农民专业合作社法》和《公司法》中创设农户对原承包地的"优先回购权",防止农民失地。需要说明的是,农户"优先回购权"的制度设计仅仅是一种过渡性的制度安排,农村社会保障体系足够完善之时,"优先收购权"就丧失了存在基础,应该发挥市场在农地资源配置中的决定性作用,从而加快农地流转,促进农业的规模化经营。

最后,建立和完善入社(股)农户的土地承包经营权退出制度。

退出原则是衡量合作社或农业公司运行机制是否完善的重要手段,同时也是衡量其成员利益能否得到维护的重要标准。"当一个生产周期结束,合作社或农业公司的成员可以根据收益的预期标准决定是否退出"[①]。但是入社(股)农户必须坚持"有法定条件的自由退出"原则,不能损害合作社或农业公司及其他成员的合法权益。在现代股份制的法人型合作社中,退社已经受到越来越严格的控制。在农业公司中,由于农户以土地承包经营权入股公司后,土地承包经营权就转移到了农业公司,农户要退出应当按照公司法中股东退出公司的有关规定。此外,在合作社、农业公司清算、破产时,农户的土地承包经营权应当按照《公司法》《破产法》《物权法》《农民专业合作社法》的相关规定退出。

第二,借鉴国外经验,实现流转方式多样化。

关于农地流转,国外的很多做法为我们提供了有益借鉴。在日本,为了扩大农地规模,逐步建立农地保有合理化制度,形成了农地保有合理化法人组织来促进农地的合理流动和利用,多数以上的农地租借活动都是通过它来实现的。为了应对当时土地细碎化现象和农民惜地情结,日本政府修改了《农地法》,将自耕农主义变成了耕作者主义,并逐步建立了"中间保有,再分配机能"的农地保有合理化制度,在这一制度下,农地保有合理化法人随之诞生。合理化法人拥有政府背景,从农

---

① 林毅夫:《制度、技术与中国农业发展》,上海人民出版社 2008 年版,第 15 页。

民手中买入或借入土地,作为一种中介组织,它再卖给或借给其他从事农业经营的主体。为了促进农地尽快流转到合理化法人手中,政府针对卖地给法人和出租土地给法人的农户,分别采取了减少税收和一次性给付租期内全部租金的方式。通过农地保有合理化法人促进农地流转是日本农地工作的重点,农地流转要集中到"认定农业者"手中。

在法国,其政府专门设立了土地中介机构——土地事务所,对分散的农地进行重新整合和分配。土地事务所是土地市场管理机构,土地转让或租赁必须经过事务所的批准,否则,农地流通没有任何效力。同时,土地事务所还享有对小块土地的优先购买权。

（四）完善耕地保护制度

党的十六届三中全会明确提出了"实行最严格的耕地保护制度"。基于我国人多地少的基本国情农情和确保国家粮食安全的需要,针对现实中"弃荒抛荒"现象和土地流转中的"非农化""非粮化"现象日益严重化,"三权分置"下更加需要健全农村土地流转的监督检查机制,完善耕地保护制度。

首先,对于政府来说,严格执行耕地用途管制政策。

在调研中发现,有些地方基层政府把鼓励引导变成行政干预,或借"三权分置"名义通过农地流转引入工商企业,随意占用耕地[1]。对于这种现象一定要严厉打击,保证农地农用,确保耕地红线不突破。

其次,对于农业经营主体来说,防止弃耕抛荒并引导其保护耕地。

"三权分置"赋予农民和新型农业经营主体较之以前更多的土地权利,在相关政策文件中都有相应的规定。比如,现有土地承包关系保持稳定并长久不变、土地流转要确保不损害农民权益、平等保护经营权等,上述权利都强调了对农业经营主体土地权利的保护。但同时也要注意,经营主体的土地权利需要进一步规范,必须坚持农地集体所有、

---

[1]　资料来自东营市垦利县农业局。

农地农用等原则,但现行制度下政策文件和相关法律中对经营主体土地权利的边界限制还并不严格清晰,当然这也成为今后农地制度改革的努力方向。

耕地保护主义是世界各国普遍的做法。比如,英国政府制定了严格的土地用途管制制度和农地规划管制制度。法国规定一定要农地农用,一律不准劣耕、弃耕和在耕地上搞建筑。美国农地制度虽然是以家庭私有制为基础,但这绝不意味着土地私人所有者拥有绝对的所有权。美国通过限制农地非农化保护农地。其一,政府通过选民公决,让选民同意多交税负,支付给农场主从农场主手中买断农地的永久开发权,实施"保留农田制"。这种买断了永久开发权的农地叫"保留农地","保留农地"依然归属于原农场主,但必须保证这片土地只能农地农用。其二,通过农户之间的联结项目和赠送资金援助项目,控制农场买卖过程中的农地非农化现象。农场主买卖农场或农场土地必须经过政府批准。政府在获知农场主的买卖意愿和行为后,会动员参与联结项目的真正想务农的农户购买。其三,必须经过土地分区法和使用规划来严格控制农业生产区以外的农地,防止随意非农化利用。

再次,对于工商资本来说,正确引导其流转土地的行为并建立风险防范机制。

国际经验证明,每个国家在发展到一定阶段都会面临"农地农用农民用"还是"农地农用全民用"的抉择。随着工商资本进入农业的速度加快、规模加大,我国也遇到同样的问题,已经引起国家的高度重视,在相关文件中都有反应。从政策层面,国家对工商资本参与农地经营的态度一直是谨慎的。2001年中央18号文件《中共中央关于做好农户承包地使用权流转工作的通知》明确提出,不提倡企业长时间、大规模租赁和经营农户承包地,以防造成"土地兼并"的后果;2013年,国家明确提出建立严格的工商资本租赁农户承包地的准入制度和监管制度。中共十八届三中全会明确提出引导工商资本到农村发展适合企业化经营的现代种养业。由此可见,当前,鼓励工商资本进入农业是大势所趋。"三权分置"赋予了农业经营主体更多的土地权能,随着经营权的独立,大量工商资本进驻农业。工商资本参与农地流转会带来推动农业现代化发展所需的资金、技术和人才等,对待工商资本参与农地流转应该充分发挥它的优势,重点引导工商资本向农业输入现代经营模式和生产要素,到农村发展技术密集型、资本密集型和人才密集型的现代种养业。同时,也应看到,为了获取更多的利润,工商资本容易侵害农民利益和搞农地非农化、非粮化。

2014年,为了科学引导规范工商资本进入农业领域,农业部有针对性的将农业区域划分为红区、黄区、蓝区和绿区四类,红区是国家严格限制工商资本进入具有高消耗高污染的区域,黄区是国家对工商资本强化监管的涉及土地密集型产业的区域,蓝区是国家引导工商资本进入的市场化程度较高的区域,绿区是国家鼓励扶持工商资本进入并承担部分公益性服务的区域。

通过调研①发现,在受访的农户中,53%能够接受公司整体租下所在村庄农地,但是,76%的农民对公司长时间、大规模租用农地担心,主要担心亏欠租金(32%)、破坏耕地(27%)、收不回地(22%)、损害集体利益(14%)和其他(5%)。各地政府和相关部门高度重视,对于工商资本作为非农主体参与农业经营,更多的是警惕甚至排斥的态度。在东营市垦利县的土地流转情况报告中,明确提到"加强对流转土地农业用途监管。要坚持农地农用的原则,确保流转的农用地不改变农业用途,尤其要加强对流转面积大、流转期限长且有工商资本参与流转的监督;坚决纠正和查处流转中的违法违规行为。农村土地流转既要放活,但也要扎紧制度的笼子,就是要坚持最严格的耕地保护制度,重点纠正和查处侵害群众土地承包权益和非法改变流转土地农业用途等问

---

① 资料来自山东省农地制度"三权分置"改革调查。

题,切实保护基本农田"①。

由此可见,当前围绕农地流转健全工商资本租赁农地的进入机制、监管机制和风险防范机制势在必行。一是严格控制工商资本的进入门槛。只有经过农业部门的认定和认可,工商资本才能进入。二是严格监控工商资本的土地利用。规范工商资本租赁农地使用行为,禁止"非农化",控制"非粮化"。确保农地农用,保障农民基本权益。三是对于进驻农业的工商资本,需尽快出台风险防范及管理制度的相关政策文件,从加强土地流转管理、工商登记、金融支持、农产品质量安全、政府服务等多角度严格管控,加强准入审查和事后监管,建立健全资格审查、项目审核和风险保障金三项制度。四是明确镇政府和村级监管责任,加大国土部门土地执法监察巡查力度,切实纠正农地"非粮化""非农化"经营问题,占用耕地和基本农田,涉嫌犯罪的必须依法移送司法机关。

最后,建立耕地质量检测监督机制,加大"三权分置"后的生态建设。

为了耕地的可持续利用,国家应该建立耕地质量检测监督机制,制定科学合理的质量检测标准和程序,严防各种为了眼前利益对土地进行的短期性的过度开发。一旦农地耕作层遭到破坏,农地的可利用性将会丧失,后果将不堪设想。特别要防止"三权分置"土地流转市场化以后,进入农业领域的工商资本为了攫取利润,过度使用农药,造成水源、空气、土壤等生态破坏。

我国人多地少水缺,农产品需求却越来越大,客观现实决定了我国不可能复制欧美国家长期大范围的休耕制度。只有牢固树立绿色发展理念,充分考虑农业资源和生态环境的承载能力,建立耕地质量检测监督机制,鼓励经营主体投资土地改良,提高土壤质量,确保耕地质量不

---

① 资料来自垦利县农业局。

下降,这样才能保证农地的可持续利用,真正实现生产、生活、生态"三生共赢"。

三、构建培育新型农业经营主体的政策体系

任何改革都离不开主体的塑造。实施"三权分置",促进农业规模经营,涉及多元经营主体的培育。近年来,随着城镇化的推进和大量农村劳动力的转移,承包农户不断分化,催生了家庭农场、农民合作社、农业企业等新型农业经营主体。在对东营市垦利县的调研中发现,各类各层次的经营主体出现了竞相发展的好势头,但也普遍存在人才缺、品牌意识差、规模小、层次低等问题。因此,落实"三权分置",需针对现实问题构建培育新型农业经营主体的政策体系。

(一) 切实落实各项优惠政策

新型农业经营主体能够更好地促进农业的集约化、专业化、规模化。因此,需要切实落实各项优惠政策,支持引导新型农业经营主体做强做大,不断增强自身实力。首先,利用村庄内闲置地或复垦的土地,建设农机库、晾晒、仓储设施等;将农产品加工、新型农业经营主体办公等与农业产业紧密相关的用地视同农业用地,采取灵活政策,予以优先支持。同时,积极探索实践更新更好的模式,解决经营主体粮食晾晒、储存的难题。其次,积极培育龙头企业、示范社、示范场。深入推进龙头企业、示范社、示范场创建活动,逐级建立龙头企业、示范社、示范场名录,促进新型农业经营主体规范化发展;优惠政策重点向进入名录的龙头企业、示范社、示范场倾斜,在政策扶持、项目申报上优先考虑;引导和鼓励规模主体不断拓宽经营服务范围,扩大群体规模,增强辐射带动能力。此外,与工商部门搞好对接,探索开展合作社清理整顿工作,对空挂牌子、无经营服务业务的,督促其恢复业务或变更经营范围,对无发展合作意愿的,建议其自行清查注销。再次,完善税收政策。对新型农业经营主体实行税收优惠政策,扩大营业税优惠范围。积极推进

合作社、家庭农场年审制度。最后,加大财政扶持力度。重点支持新型农业经营主体开展深加工、直供直销等业务。

(二) 加强农村实用技术人才引进工作

按照"分类指导、针对培育"的原则,继续将企业家培养作为提升农业产业化发展的战略性措施来抓,大力开展企业家、合作社负责人的辅导培训,为产业组织做大做强提供智力支持。建立龙头企业培训咨询专家团队,对骨干龙头企业开展"一企一策"会诊咨询服务。选择有基础、有潜力的企业家出国培训或到专业院校培训,启迪思路、开阔视野,学习先进的经营理念和管理方式。同时,不同经营主体对人才的需求是多样化的,应鼓励新型农业经营主体,特别是龙头企业根据自身需要,采取灵活多样的形式有针对性地培养业务骨干。

要积极引进外部人才资源,鼓励事业单位科研人员和农技推广人员到农业新型经营主体任职、兼职和担任技术顾问;地方农业科技人员也要参与新型农业社会化服务组织的培训和推广工作,进一步夯实基层的农技推广服务体系。

(三) 培育新型职业农民

在前期调研中发现,农民思想观念、自身素质和从业技能在一定程度有待提高。部分农民满足现状、小富即安,不愿参与改革;农业从业者年龄偏大,缺乏技术更新和应用能力,年轻一代从农意愿较低,制约现代农业的持续发展;缺少高素质新型职业农民,影响土地流转进程和改革进一步深化。推进"三权分置"需要更新农民观念,提升农民素质,扶持农民工返乡创办农场、领办合作社、建立农产品加工企业和农业社会化服务组织,进一步增强其参与改革的积极性。

2014年,我国农业部启动了新型职业农民培育工程,培育工程内容涵盖教育培训、认定管理和政策扶持等全过程,力图满足当前农业生产领域的职业培训需求,打造培养一批既具有传统农民的特质,对农村、农业、农民有深入的了解,同时,又具有较强的科学文化素质、创新变革理念、市场分析能力和进取合作精神的新型职业农民[①]，为新型农业经营主体注入新生力量。但是，就目前的总体情况来看，新型职业农民的培育仍然存在覆盖面小、培训内容与实际需求脱节、实训基地缺乏等问题。通过调研可以看出，农民的思想观念、技术掌握能力等自身素质存在整体性较弱的状况。因此，新型职业农民的培育应从农民整体素质的提高入手，建议从以下几个方面抓起：一是普及"三权分置"的相关政策文件，使农民及时了解掌握党的大政方针和改革指向。在对受访农户的"三权分置"认知调查[②]中，59%的农户表示大致了解，22%的农户表示特别关注，还有19%的农户表示不了解；在关于"三权分置"改革目的的调查中显示，认为是"实现农业规模化经营"的占了50%，认为是"保护农民权益"的占了31%，认为是"土地私有化"的占了11%，其他的占了8%。这说明农户绝大部分关注国家的农地政策，关注农地制度改革的最新动向，但是，也存在部分农户对其认知还不够主动全面的状况。要想让"三权分置"顺利推行，必须首先让农民真正理解、支持并参与到改革中来。二是普及农民的基础文化知识，尤其是农业知识和科学技术知识。在参与调查的受访者中，年龄主要集中在18—45岁年龄段，占受访总人数的85%；文化程度主要集中在高中以上学历，占总数的80%。由此可见，当代农民已经具备了一定的文化基础，各级政府要积极编写适合不同年龄段的农民的科技读本，尽可能使读本内容丰富、涉及面广泛，使广大农民能够在农业生产实践中活学活用，提高自身的文化水平和技术水平。三是鼓励高等学校知识分子下乡，特别要鼓励农业高等学校的师生要学以致用，加强与广大农民的联系，将本院校所授的最新最先进农业知识与农业生产实践结合起来，既能提高师生的科技运用能力，又能开阔农民的眼界，切实提高农民的

---

① 赵美玲、袁云：《改革开放以来家庭农场的历史演变与发展导向》，《理论学刊》2015年第8期。

② 资料来源于山东省农地制度"三权分置"改革调查。

水平,实现双方的共赢。四是各级政府要积极开办农民学校,及时了解农民的实际需求,根据农民的劳作情况和种植情况,使广大农民在劳动之余,重进课堂进行有针对性的学习。五是积极开发有关农业的广播节目和电视节目,充分利用互联网,以农民喜闻乐见的形式加大普及农业知识的力度。

健全农村"双创"促进机制,积极引导和鼓励创业大学生、科技人员、退役军人等群体成为新型农业经营主体,充分发挥他们素质高、见识广、技术专、信息快、能力强的优势。同时,要鼓励选调、选聘到乡镇、村任职及"大学生村官""三支一扶"的大学生,积极参与现代农业产业体系建设及农村产权制度改革的发展工作。

当然,最重要的是农业教育体系的构建和完善,确保农业教育的连贯性和整体性①。荷兰在农民教育方面形成了自己的特色,积累了丰富的经验,为我国新型职业农民的培育起到了很好的借鉴作用。荷兰政府将农业分为基础教育、中等职业教育、农业高级职业教育和农业大学四个阶段,后三个阶段分别取得经营农场、农场主和高级农业人才的资格,只有经过严格的理论学习和实践锻炼,才能持证上岗。

(四) 强化新型农业经营主体农产品品牌建设

强化农产品品牌创建、"三品一标"认证等方面的培训,提高新型农业经营主体负责人品牌创建的积极性、主动性。加快推进无公害农产品、绿色食品、有机食品和国家地理标志保护农产品认证。依托农民合作社、家庭农场等新型农业经营主体,加大商标注册力度,培育形成一批产品品牌、产业品牌和区域品牌。整合农产品品牌资源,引导同类多、规模小、效益差的品牌创建主体统一生产标准,统一产品商标和地域标识。组织开展名优农产品的联合营销、集中展示、重点推介活动,

---

① 赵美玲、袁云:《改革开放以来家庭农场的历史演变与发展导向》,《理论学刊》2015 年第 8 期。

推行农超对接、农校对接、农企对接、农社对接,提高地区农产品知名度、品牌影响力和市场竞争力。

（五）引导新型经营主体的联合

在调研中发现,各类农业经营主体性质、规模、层次、特点等方面虽然有所不同,但是又能同时并存、互相补充、交叉运行,形成公平竞争的共赢关系,共同承担起重要农产品有效供给和国家粮食安全的责任[①]。因此,鼓励合作社之间开展横向纵向的联合,推动有条件的合作社成立联合社。积极为合作社牵线搭桥,引导种养合作社间、服务型与生产型合作社之间开展上下游合作。按照"吸股不吸储、分红不分息、对内不对外"的原则,鼓励合作社开展资金互助业务。发挥龙头企业在资金、技术、管理等方面的优势,鼓励农业龙头企业和专合组织与农户结成利益共同体,采取农户入股、建立合同生产基地、建立风险基金的"龙头企业+专合组织+基地+农户"模式,实现利益共享、风险共担。

（六）构建经营主体利益保护机制

"三权分置"要求平等保护经营权,切实为农业经营主体提供制度保障和政策支持。从世界各国的农业发展历程来看,他们都实行耕作者保护主义。主要表现在:一是延长租期,使实际耕作者产生长期的投资预期。比如,"法国为9年,荷兰为12年,意大利为15年,以色列为至少90年"[②]。二是降低租金。荷兰通过土地银行体系从农民手里购买土地,再以低于购进价的2.5%为年度租金,转给具有从事农业经营意愿和能力的中农。在法国、比利时等国家,法律明确作出了限制租赁价格的规定。三是邻近有先买权和先佃权。如果先买权和先佃权得不到满足,可以向法院提起诉讼。这在法国和西欧国家都有类似规定。

我们可以借鉴国外经验通过延长租期、降低租金、先买权和先佃权

---

① 赵美玲、袁云:《改革开放以来家庭农场的历史演变与发展导向》,《理论学刊》2015年第8期。

② 叶兴庆:《农村集体产权权利分割》,中国金融出版社2016年版,第27页。

来保护农业经营主体的利益。除此之外,"三权分置"下,保护农业经营主体还表现在农业补贴、地租标准和农地征用上。在农业补贴方面,改变以前按照承包关系对农业进行补贴的办法,改变农业直接补贴的分配方法,现实中应当根据经营权分离的登记采取给实际农业生产经营者发放补贴的方法,向农业经营主体倾斜,补贴的增量部分应投向农业经营主体,特别是生产环节和技术应用环节补贴资金更应该发放到农业经营主体手中;在地租标准方面,为了进一步鼓励经营者,防止出现"地租侵蚀利润"风险,国家应出台相关政策,各地根据其情况制定具体的地租标准,兼顾承包户与农业经营主体的利益,同时,避免经营主体因地租高进行非农生产获取利润的行为;在征地方面,农业经营主体应该享有青苗费的补偿。只有通过农业补贴和农地征用上兼顾农业经营主体的利益,才能提高农业支持政策效率,真正搞活经营权。

值得注意的是,近几年我国的支农惠农力度越来越大,2014 年、2015 年、2016 年农业三项补贴总和分别为 1436.45 亿元、1434 亿元、2011 亿元。这助推了农业经营主体的快速发展,但强农惠农政策中对农业经营主体的倾斜应该注意适度原则,一要防范拿补贴的主体靠补贴生存,而不是专心搞农业;二要防范大户在圈地基础上,在补贴支持下,出现排挤小农的现象。

四、健全农业适度规模经营发展的政策措施

"三权分置"遵循了农业现代化的一般规律,通过促进农业适度规模经营实现农业现代化。通过前期调研发现,农业规模经营中普遍存在资金缺、保险弱、社会化服务少等问题。因此,落实"三权分置",需要在促进农业适度规模经营的过程中,发挥政府在投入、金融、保险等方面的支持和激励作用。

(一) 确保规模经营在适度范围内

规模经营不能单纯求快,必须与各地的农村劳动力转移和新型城

镇化进程及农村社会保障等相适应。新型城镇化是农民转化为城镇市民和全面发展的长期过程,同时,也是一个农耕文明的演变过程,而农耕文明是千年来中华民族生产生活的实践总结和精华浓缩,是中华文化绵延不断、长盛不衰的重要原因。在城镇化的大环境中,农耕文明和城市文明如何真正相容,农民如何真正转化为市民,这些问题决定了城镇化将是一个漫长复杂的过程。如果盲目追求规模经营速度,在没有充分的社会保障情况下,极易出现农民游离于农村和城市之间的现象,甚至出现社会风险。

规模经营更不能一味求大,要根据各地的资源禀赋、工农收益、经营者经营能力、经营产业等情况确定规模经营的"度"。以东营市垦利县为例,对于个体的种植大户或家庭农场,种植粮食作物面积应在 100 亩—500 亩为宜,棉花在 50 亩—100 亩为宜,底线控制确保经营者获得可观的经营收入,上限控制有利于防止土地过度集中。在调研中发现,为了推动规模经营的速度,有些地市采取了规模越大财政补助资金越多的现象,应该特别注意,提高警惕,尤其要加强对经营面积过千亩经营主体的审查。

(二) 发展多种形式农业适度规模经营

在前期调研①中发现,农地流转表现出极强的地域性,65%的农民表示愿意并已经进行了土地流转,这部分农民大都在外有稳定的工作且有固定的收入,与农村基本脱离关系,有些农村因为部分农民的带头作用,出现了农民整体外出务工的情况;35%的农民表示未曾流转土地,这部分农民年龄偏大,大多以农业为主业。

由此可见,在农民已经转移到外地并有稳定收入的村庄,土地流转的意愿强烈,而且现实中土地已经大量流转,农地所有权与承包经营权完全脱离,这样的村庄在东营、德州出现的比较多,大多采用的是大户

---

① 资料来自山东省农地制度"三权分置"改革调查。

带动型、家庭农场经营型、龙头企业带动型等形式实现农业适度规模经营,这些地区在尊重农民意愿的情况下,通过土地经营权流转实现了土地集中型规模经营,解决了"谁来种地"的问题。

而在农业为主的村庄中,农地流转的意愿、频率和范围相对来说就小,或者农民不愿意流转土地,这样的地区与土地集中型地区不同,适合发展服务集中型的农业规模经营。通过培育社会化服务主体,以社会化服务带动农户和新型主体实现对土地经营权的共享,解决小农经济条件下无法与市场对接的问题,也为解决新形势下"地怎样种好"问题提供了借鉴。如果农民不愿流转或不愿放弃土地的经营权,可以通过政策引导农民接受服务集中型的规模化经营。比如,土地托管能够较好地适应新形势,有效避免行政推动土地流转带来的诸多不利,具有牢固的群众基础和较为广泛的使用范围,是一种接地气的规模经营实现形式。近年来,通过积极培育和政策引导,垦利县涌现几家规模较大的社会化服务组织开展实施了规模化、专业化程度较强的社会化服务。如永安安顺农机合作社等 5 家农机合作社开展的 5 万亩小麦全程机械化作业服务,众兴小麦种植合作社开展的 1.1 万亩小麦"一喷三防"植保服务,彤昊农机专业合作社开展的 5000 亩机采棉作业服务。

总之,深入贯彻党的十八届五中全会精神,发挥土地集中型和服务集中型规模经营在现代农业建设中的引领作用,用适度规模经营引领农民增加收入,引领农业提高竞争力,加快实现农业现代化的步伐。

(三) 改革农村金融服务体系

"三权分置"目标之一是实现农业适度规模经营,而农业适度规模经营是一个资金密集投入的过程。在调研中发现,流转而来的分散土地进行统一整理、基础设施建设、现代农业机械收割等方面资金投入巨大。2014 年,中办、国办联合印发的《关于引导农村土地经营权有序流转发展农业适度规模经营的意见》中实现了土地流转由以往的"推进"

到"引导"的政策话语转变。目前,各地土地流转的状况是"流转在先,确权初启,金融滞后"。

随着农地流转的速度加快,规模经营主体的资金需求愈来愈强烈,而资金需求的满足程度却很低,融资难是农业规模经营中面临的最突出问题。由于金融机构信贷门槛高,贷款条件苛刻,贷款手续烦琐,程序多,解决资金瓶颈需要农村金融服务体系的不断完善。

第一,加快市场化改革步伐,提高服务农村的能力。

出于金融风险防范的考虑,国家曾一度在农村金融机构的网点选择和服务体系构建等方面进行严格的行政管制,结果却出现了行政代替市场模式,金融服务体系内控与外部监管同时弱化。因此,行政部门应该将决策权下放,使农村金融机构能够因地制宜地安排自身体系,扩展乡镇服务网络,建立专门的机构和运营机制,不断提高涉农贷款比例,并将涉农信贷投放情况纳入综合考评体系。

第二,完善农业信贷制度。

改革开放以来,我国对农村金融也进行过改革,最终在农村形成了"三驾金融马车",即农业银行、农业发展银行和农村信用社。但农村金融改革显然已经滞后于当前农业发展的需要,各种问题逐渐显露,诸如金融机构网点少、银行授信体制难度增加、农行和农信贷款权力上移导致贷款难等。此外,改革开放以来,农村金融机构将农村的闲散资金以储蓄形式集中起来,大部分向城市扩展,只有少数用于农村,这显然与"保障金融机构农村存款主要用于农业农村"的政策相悖。农村金融仍是整个金融体系中最为薄弱的环节。

首先,应该加快建立政策性金融、商业性金融和合作性金融相结合的金融体系。对农地产权交易进行政策性扶持。其次,创新型农村合作金融。按照"注重创新、积极试点、政策引导、防范风险"的思路,重点发展合作社内部的资金互助,审慎推进合作社间的互助。再次,通过金融机构,为农业规模经营主体的贷款项目给予财政贴息和利率优惠,鼓励金融机构有针对性地面对不同规模经营主体的需求,简化信贷手续,开发土地经营权抵押担保、互联网金融等多样化的金融业务。最后,适当放开对民间金融的管制。当前不同经营主体农村金融的多样化需求决定了金融服务的多样性。市场经济条件下,民间资本能够凭借自身优势及时解决信息问题,因此,应当鼓励民间力量进入农村金融市场。但在实际工作中,因为夸大某些地方出现的民间资本"高利贷"情况,监管部门对民间资本采取了限制的政策。对于民间金融市场,应该及时规范,使其向着统一有序的方向发展,特别要大力支持由社会资本发起的县域中小银行,鼓励发展小额信贷业务。放宽国家对小额信贷准入的限制,将民营资本进入小额信贷的途径放开。

(四) 完善农业保险体系

实施"三权分置",发展农业适度规模经营,要在农业保险方面发挥政策支持的作用。从目前调研及资料搜集情况看,农业规模经营主体面临的三大困难是晒粮难、贷款难、保险弱。农业政策性保险品种少,保险供给主体少,保险覆盖面少,远远不能满足农业生产经营的需要。而自然因素对农业的影响大,损失大,农业保险的风险也较大。当经营主体面临风险时,农业保险本应是化解风险的最后一道屏障,但是,在现实中,保险公司制定的赔付条件十分苛刻,最后真正拿到理赔要经过相当烦琐的手续。因此,国家应加强保险立法和扶持,在政策、法律、经济等方面对农业保险给予支持,丰富保险品种,提高赔付标准、扩大保障覆盖面,搞好保险服务,对规模经营经营主体实施大灾保险,完善农业再保险体系,使农业保险真正发挥实效,以持续稳健的农业保险真正为规模经营主体搭起一道风险的防护网,助推适度规模经营之路走得更稳更远。

(五) 构建全方位的农业社会化服务体系

实施好"三权分置",发展多种形式的规模经营,离不开农业社会化服务体系的保障作用。围绕"为谁服务、谁来服务、服务什么和怎样服务"构建覆盖全程、综合配套的中国特色新型农业社会化服务体系。首先,发挥政府的支持与引导作用。构建政府公共服务体系,鼓励以政府与私人合作的 PPP 模式(Public Private Partnership,简称 PPP),使农民真正参与到现代化进程并真正分享到现代化成果,为农业经营主体提供基础设施建设、技术推广、资金投入、信息咨询、政策法律等服务,为实现规模经营优化宏观环境。其次,坚持经营主体与农业社会化服务的紧密结合。坚持因地制宜原则,发挥各种服务组织之间补充协调的功能,满足各类经营主体个性化、多样化的需求,促进规模经营的专业化、现代化。同时,提升经营主体自我发展的能力,实现经营主体与社会化服务的良性循环①。最后,借鉴别国经验。运用社会各方面的力量,注重发挥政府、社区、农民、企业等社会化服务主体的不同功能,构建贯穿整个农业生产过程的社会化服务体系。综合以上三点,真正建立起适合中国不同地区的公益性服务和经营性服务相结合、专项服务和综合服务相协调的新型农业社会化服务体系。

五、构建农村承包土地经营权抵押实现机制

党的十八届三中全会通过的《决定》赋予承包经营权抵押、担保权能,开禁农村承包土地抵押,从此开启了全国范围内对承包经营权抵押的试点。2014 年中央一号文件明确指出,向金融机构抵押融资的是经营权,2015 年中央一号文件和 2016 年中央一号文件强调,要稳妥推进经营权抵押贷款试点。由此可见,"三权分置"下,解决农业资金短缺的问题,盘活土地承包经营权的融资功能,及时总结试点地区的经验,并发现其中的问题,探索经营权抵押机制已经成为当下的重要任务。

---

① 赵美玲、袁云:《改革开放以来家庭农场的历史演变与发展导向》,《理论学刊》2015 年第 8 期。

(一) 尊重农民意愿,扩大经营权抵押覆盖面

经过调研①发现,农民承包地经营权抵押的意愿与"三权分置"政策一致,应该继续积极探索完善抵押机制。在受访的农户中,85%认为承包地经营权抵押贷款确有必要。这部分农民大多都已经加入了土地合作社,潍坊市和枣庄市的居多,在访谈中,他们都提到了资金难的问题,认为很有必要通过经营权抵押解决资金难题。枣庄市的"三位一体"抵押制度就是通过允许农地经营权抵押实现土地合作社(规模经营主体)较大额度的贷款。但在调研中还发现,从农户的贷款意愿来看,一些小规模农户对经营权抵押贷款的响应度也很高,如果能将抵押贷款扩大覆盖范围,惠及更多小规模农户,进一步总结经验、全面铺开,会带来更大的效益。

(二) 开展土地经营权确权工作

在中央还未正式提出"三权分置"时,枣庄市就已经作为试点地区对经营权抵押进行了探索。因此,在枣庄市的抵押制度设计中通过颁发农村土地使用产权证,将经营权从承包经营权中剥离出来,使其相对独立,并用来抵押担保。实际上,农村土地使用产权证就等同于"三权分置"中的经营权证。清晰的产权是进行抵押贷款的基本条件,以正在进行的全国范围内土地确权工作为契机,明确经营权主体,确定土地范围,界定经营期限,采取登记生效主义,尽快废除相关法律条文,包括《物权法》第184条,《担保法》第37条第二款"耕地的使用权不得抵押"的规定,允许农地经营权抵押融资,并颁发经营权证,切实做好经营权抵押的前期工作。

(三) 构建农村承包土地经营权价值评估体系

经过确权颁证后,经营权就具有了绝对性和对抗性,为经营权抵押创造了基本条件。在此基础上,建立评估机构,配备专业人员,使用科

---

① 资料来自山东省农地制度"三权分置"改革调查。

学专业的测算方法,按照农业区域布局,计量评估土地的区位、土壤肥力、盐碱成分、适宜种植作物、气候条件等,确定政府指导价,也可以进入"第三方"评估机构①。同时,建立和规范抵押估价评估、政策咨询等中介服务机构,完善农村土地产权交易市场,为经营权抵押搭建服务平台。

(四) 完善土地经营权市场交易体系,建立抵押物处置机制

经营权抵押实现的重要保障就是构建流转顺畅的土地经营权市场交易体系。农业生产本身的特点决定了受自然和市场等因素影响会比较大。随着试点的铺开,经营权抵押的风险会随之逐渐暴露出来,甚至还会表现出不可预知性和不可控性。金融机构在贷款人不能履行到期债务时,总会期望抵押物能够变现,而只有发育成熟的土地经营权市场交易体系才能解决金融机构担心的产权变现问题。可以借鉴德州市武城县的做法,选择优质的农业经营主体组成"项目池",一旦遇到不良贷款问题时,以土地经营权交易平台(产权交易平台)通过二次挂牌再流转经营权的方式,从"项目池"中寻找承接剩余经营权的合适主体。

(五) 构建土地经营权抵押的风险缓释机制

政府设立"贷款风险补偿金"专项资金,制定金融机构的损失赔付比例,实行专户管理、独立核算、封闭运行;发展政府支持的担保公司,建立土地经营权抵押担保基金,在此基础上,成立农村土地经营权信用担保公司,推进抵押模式多元化,构建土地经营权的风险缓释机制。

总之,土地经营权抵押的实现机制具有综合性和复杂性,除了涉及以上经营权的确权颁证登记、价值评估体系、交易市场体系、风险缓释机制外,还包括政策性土地银行的设立、监管主体的确定和监管责任的落实等,需要在试点工作中逐步完善并推广。

---

① 罗剑朝:《两权抵押贷款中几个问题有待重视》,《农村经营管理》2016 年第 9 期。

六、完善相关法律制度

随着社会主义市场经济体制的逐步完善,我们需要与时俱进,逐步改变原来主要通过政策规范来主导农地制度改革的做法,严格按照"全面依法治国"的顶层设计,解决法律条文中对集体土地所有权和承包经营权表述不清、法律保障不力等问题,切实推进"三权分置"改革,加快土地法制化进程,立法层面确立"三权分置"格局,建立健全中国特色农地产权法律制度。

(一) 构建完整的"三权分置"法律体系

围绕农地产权,发达国家基本形成了以宪法为指导,以物权法或财产法为基础,土地法为专门规定的法律法规体系。日本宪法(1946年)、美国宪法(1971年)等都为农地私有提供了宪法依据。在宪法的指导下,各国的民事法典或判例中都存在明确的农地产权规范。大陆法系国家民法中规定了土地所有权、用益物权和担保物权,其中,用益权(永佃权)可以出租、转让、继承或抵押等,英美法系国家财产法或判例中对地产权及其出租、转让、继承、抵押等作出了详细明确的规定。此外,各国的土地法中也有对农地专门管理的规定。如日本颁布的《农村土地法》(1952年制定,1970年、1982年修改)、《农业经营基础强化促进法》(1993年颁布)、《新农业基本法》(1999年颁布)。

各国在历次农地产权制度改革的关键时期都会颁布重要的法律法规,这些法律法规已经构成了结构严谨、内容完备、具有可诉性和可操作性的法律体系。在我国,《农村土地承包法》《物权法》等相关法律都已对农地所有权和承包经营权做了较为明确的规定,但是从法律的内容来看,农地承包经营权的物权理论尚需完善,农地"三权"的权能结构尚需细化和具体化;从法律的体系上看,农地流转的配套法律法规不健全,缺乏农村社会保障、农业金融等方面的立法。这些都要求我们根据经济发展的要求不断制定、修改和完善农地产权的相关法律。

认真梳理现有涉及"三权分置"的法律法规,将党和国家的重要政策精神、专家学者的理论研究成果和农民权利保障的现实需求,作为完善相关法律法规的重要依据和参考,加快立法工作,明确界定"三权"的权能及界限,将制度的实施落实到法律法规层面,加快构建"三权分置"法制化的制度保障体系。

(二) 完善"三权分置"法律法规

由于我国改革的逻辑和策略是"底层发动—政策推动—法律修改",因此,"三权分置"改革中法律表现出相对滞后性,使得当前出现了法律上"三权分置"的缺位现象,或者与"三权分置"政策不一致的地方。这就要求法律及时跟进,围绕农地政策及时修订。

首先,填补法律空白,补充现有法律条文。在我国,涉及农地权利的法律有《宪法》《民法通则》《物权法》《担保法》《农村土地承包法》《土地管理法》等,但是现有法律对"农民集体"的意思表达模糊,导致对农村土地集体所有权的主体认识不清。建议通过立法使所有权主体实体化,破解"三级所有"缺少明确界定而出现三级都有可能越权或被侵权的问题,明确界定乡集体、村集体、村民小组等与农民的权利边界,以及农地流转中发包者、承包者和经营者的权利边界;《农村土地承包法》要保障农民土地承包经营权的完整性,进一步明晰土地承包经营权的内涵和外延;《土地管理法》要明确农地征收和征用的范围和程序,保证失地农民的参与权、知情权和监督权,保证补偿与"土地承包关系长久不变"的制度走向相一致;继 2016 年 10 月 30 日中共中央办公厅、国务院办公厅印发并实施《关于完善农村土地所有权承包权经营权分置办法的意见》之后,2019 年 1 月 1 日,新修订的《农村土地承包法》生效,此法虽然对土地经营权的流转原则、流转价款、流转合同、再流转程序等做了相关规定,但仍不完善,建议制定专门的《土地经营权法》,对土地经营权的性质、价值评估、流转方式、抵押处置、监管管理、土地经营者的条件范围和责权利及工商资本获得土地经营权的条件、用途、期限等作出专门规定①。

其次,尽快修改与政策相互矛盾的法律条文。对承包经营权的权能、农户承包地的承包期限等作出修改。"三权分置"下需要修改的现行法律如下(见表4-1)。

表4-1 "三权分置"改革需要修改的现行法律表

现行法律		现行规定	修改建议	修改理由
《物权法》	第125条	土地承包经营权人依法对承包耕地享有占有、使用和收益的权利。	改为"享有占有、使用、收益和部分处分的权利"。	除占有、使用、收益三项权能外,土地承包经营权权能还包括转让、出租、有偿退出、抵押、担保等处分权能。
	第126条	耕地的承包期为三十年。	改为耕地的承包期为七十年。	落实"长久不变"。
	第184条	下列财产不得抵押:……(二)耕地等集体所有的土地使用权……。	取消	赋予承包经营权更大权能的需要。
《担保法》	第37条	下列财产不得抵押:……(二)耕地等集体所有的土地使用权……。	取消	赋予承包经营权更大权能的需要。
《土地管理法》	第14条	土地承包经营期限为三十年。	改为土地承包经营期限为七十年。	落实"长久不变"。
	第47条	征收土地的,按被征收土地的原用途给予补偿。	改为按照合理分配土地增值收益的原则,综合考虑被征地集体成员生活保障等因素给予补偿。	保障被征地集体成员土地财产权利。

---

① 张克俊:《农村土地"三权分置"制度的实施难题与破解路径》,《中州学刊》2016年第11期。

续表

现行法律		现行规定	修改建议	修改理由
《农村土地承包法》	第 20 条	耕地的承包期为三十年。	改为耕地的承包期为七十年。	落实"长久不变"。
	第 26 条	承包期内,承包方举家迁入设区的市,转为非农业户口的,应当交回承包地。	取消	不利于农业转移人口市民化。
	全文	土地承包经营权流转。	改为承包地经营权流转。	"三权分置"中流转的客体是经营权。

七、农地制度"三权分置"改革的配套措施

"三权分置"是全面深化改革的重要环节,将农地制度改革看作一个孤立的过程,仅仅依靠农地"三权分置"机制,改革将行之不远。因此,必须从全面深化改革的宏观视野,完善与土地制度改革配套的农村社会保障制度,推动新型城镇化建设,加快农村人口城市化进程,这些都是推动"三权分置"改革必不可少的条件。

(一) 完善与"三权分置"改革配套的农村社会保障制度

从理论上讲,土地作为生产要素体现生产功能,根据市场价格信号进行优化配置,农民的生存、医疗、养老等问题应该通过社会保障制度予以解决。然而,我国现阶段特定的历史条件下,农地成为农民生存的最后屏障,事实上发挥着社会保障的功能。作为农民基本社会保障替代品的"土地保障"在一定时期对于中国农村的稳定发挥了重要作用,但是,40 年以来,中国市场经济导向的改革带来了农村各种经济要素的全面流动,整体社会经济环境已然发生变化。随着市场经济的发展和农业现代化的推进,加之农业生产自身的风险因素多、生产成本高、周期长、受市场行情波动影响大,致使现阶段中国农村土地原本薄弱的保障功能更加弱化。

从世界发达国家的社会保障制度来看,大多强调国家作为社会保障责任的主体,承担着对全体公民的保障责任,作为财产权利和生产要素的农地并没有承担基本保障的义务。目前,我国在农村建立的最低生活保障属于社会救济的范畴,没有转变为以农村社会保险为核心的社会保障建设,始于1992年的农村养老保险也未体现国家的主体责任。因此,尽管当前农民外出打工的数量越来越多,非农收入占农民总收入的比例越来越大,土地承担的社会保障功能越来越弱化,但要真正推行"三权分置"改革,让农民放心流转土地,必须强化国家的农村社会保障作用并通过立法来保证实施。

在调研过程中发现,山东省广大农村尽管有一些社会保障,但是,农民因为缴纳的各种养老医疗保险基数太低,根本无法发挥社会保障的作用。农民别无选择,只有手里的土地,才能承担起"社会保障"的功能。在农村社会保障制度尚未完善之前,农民离开土地就会面临诸多风险。而完善农村社会保障体系是消除农民后顾之忧,并使之成为独立市场主体的必要条件,是建立完善农村社会主义市场经济体制的内容之一。

农村社会保障制度要根据我国农村实际情况,建立起具有中国特色的农村社会保障体系。当前最紧迫的是,扩大社会保障覆盖面,尽快建成新型农村养老、新型农村合作医疗和最低生活保障体系。一是放宽发放基础养老金的条件,提高农民的基础养老金数额,把已取得城市户口、流转出全部土地的农民纳入基础养老金序列,推进新农保与农民工养老保险制度、失地农民养老保险制度、城镇居民养老保险制度的衔接,增强农民流转土地的信心。二是拓宽新农合资金筹措渠道;提高新农合基金管理的透明度和民主参与度;加强基层医疗机构基础设施建设,提高医疗保障水平;扩大定点医疗机构范围,提高不同医疗机构就诊的补助比例,并实现农村医疗的全省联网乃至全国联网,彻底解决农民"看病难"和"因病致贫""因病返贫"的问题。三是加大财政补助力度,完善农村最低生活保障制度,不断提高农村社会保障标准和补助水平。真正消除农民流转土地的后顾之忧,从而更好地推进"三权分置"改革。

(二) 推动新型城镇化建设,加快农村人口城市化进程

土地是农民之本、农业之源,同时也是城市发展的立足之基,"三权分置"农地制度改革与推进新型城镇化密不可分,两者之间存在着广泛的"交集"。"三权分置"农地制度是决定农业生产绩效的基础制度安排,因此,它直接决定着农业现代化的实现,而农业现代化是新型城镇化的基础。同时,新型城镇化的核心内容是推动农业转移人口市民化,包括农民的就业转移、身份转变及资产流动等,土地作为农民最重要的财产,在新型城镇化过程中能否实现其价值直接影响着"三权分置"农地制度改革。因此,加快农村人口城市化,推进新型城镇化建设迫在眉睫。

推进新型城镇化建设,一是需要搞好城市规划和城市布局,适当发展大城市、积极发展中等城市、大力发展小城镇。二是加强小城镇建设,发挥以镇带村、以城带乡的作用,为小城镇建设提供"三个更多",即更多的基础设施和产业向小城镇布局、更多的公共服务向小城镇延伸、更多的财力向小城镇投入。三是促进农民非农就业。农村劳动力非农就业成为链接城市和农村的纽带,不仅可以大大增加农民的收入,而且有助于推动城乡一体化。通过调研发现,非农就业情况是影响农地流转的重要因素,只有解决好广大农民的非农就业问题,农民有了稳定的工作和固定的收入,土地承包经营权流转才能加速推进。因此,需要采取措施积极推动农民的非农就业。在实践中,加强对广大农民进行提高非农就业能力的各种培训。这些培训主要包括:首先是农民非农就业技能的培训。各级政府要根据市场的需求,结合各地农民的实际情况,为农民搭建平台,对农民进行针对性的技能培训,通过多种途径为农民提供非农就业岗位。其次是非农就业的法律法规政策的培训。农民的法律意识

相对淡薄,遇到问题或纠纷往往束手无策。各级政府要积极采取措施,通过发放宣传册、组织集中学习等多种方式,使广大农民能够了解掌握相关的法律法规,增强农民的法制观念,培养农民的法治思维。最后是社会公德培训。新型城镇化不仅是农民的空间转移和就业转移,还是农民的生活方式和生产方式的变革过程,是农民全面发展的过程,这就需要加强对广大农民的社会公德培训,使农民真正融入到城市生活中,真正转变为城镇市民,在进城就业的过程中完成一次再社会化。四是切实推进农民市民化进程,推进户籍制度改革,尽快解决农民进城后的住房、就业、医疗和教育等问题,让农民真正融入到城市里。我国的新型城镇化是人口集聚、"市民化"和公共服务协调发展的城镇化。如果只是片面强调农业转移人口的非农就业、农业劳动力的空间转移或者人口的短期集聚,而不能确保农业转移人口真正享有基本的公共服务,这样就根本谈不上进城农民生活质量的提升和人居环境的改善,也就不能实现真正意义上的新型城镇化。因此,要改革城镇人口社会管理制度,让农业转移人口在住房、医疗、教育、养老、失业救济等方面享有与城市人口同等的权利,赋予农业转移人口以完全的"市民权"。

综上,只有按照"适当发展大城市、积极发展中等城市、大力发展小城镇"的思路和要求,促进农民非农就业,切实推进农民市民化进程,尽快解决农民进城后的户籍、住房、就业、医疗和教育等问题,让农民真正融入到城市里,才能增强城镇对进城农民的吸引力,才能使进城农民放心流转土地或退出承包地,进而推动"三权分置"改革,形成土地制度改革与新型城镇化的互促共进。

本章小结

"三权分置"作为产生于农村土地承包实践的重大理论创新和制

度创新,最终的目的就是为了指导农地制度改革的实践。有序推进中国特色农地制度"三权分置"改革,首先需要对"三权分置"土地制度改革的目标要求、基本原则、基本思路、对策措施等进行整体性设计。紧紧围绕农业现代化和解决"三农"问题,推动形成"集体所有、家庭承包、多元经营"的新型农业经营机制的目标,按照"四个有利于"的要求,即要有利于农村稳定,实现共同富裕;要有利于维护农民权益,改变农民权利贫困的现状;要有利于发展现代农业,真正解决"谁来种地"和"怎样种地"问题;要有利于促进城镇化发展,真正从土地上解放农村劳动力。遵循"落实集体所有权,稳定农户承包权,放活经营权"的思路,沿着农民与土地关系这条主线,坚持"三条底线"原则、因地制宜原则、农地管理制度改革、农地流转制度与农地经营制度改革同步原则等基本原则。同时,需要把握"三权分置"农地制度改革中的重点:防止"一权独大",正确处理不同权利主体之间的利益关系;防止发展高于稳定,正确处理新型城镇化中农业适度规模经营与"耕者有其田"的关系;防止改革逻辑混乱,正确处理好现实、政策和法律之间的衔接问题;防止"一手抓",正确处理政府和市场在"三权分置"改革中的关系。

我们要深刻领会中央精神,把握政策导向,基于现实问题,总结借鉴国内外的成功经验,在深度研究"三权分置"基础上有步骤、有针对性地加以推进落实。这就需要优化各项制度保障,建立健全相关政策保障体系。主要包括构建农村土地承包关系长久不变实现机制,建立健全农地承包经营权流转制度,构建培育新型农业经营主体的政策体系,健全农业适度规模经营的政策措施,构建农村承包土地经营权抵押实现机制,完善相关法律制度,同时还需要完善与土地制度改革配套的农村社会保障制度,推进新型城镇化建设,加快农村人口城市化进程,充分发挥"三权分置"改革在实现农业现代化和解决"三农"问题中的重要作用。

结　论

　　新中国成立以来,中国农业经历了一个曲折的历程,而每一个历史时期的发展都与土地制度紧密相关。土地制度既直接关系农业农村经济发展,又与工业化、城镇化紧密相连,是关系到全面深化改革全局的根本制度。在改革开放前的历史时期,土地改革确立了"农户所有,农户经营"的产权结构,实现了耕者有其田,农民成为土地所有者和经营者,对土地的占有、使用、收益、处分等各项权能高度统一,这一制度安排极大地调动了农民的生产积极性。因此,土地改革在农业增长中表现出巨大的制度绩效,新中国从此发生了历史性的巨变。"一五"计划顺利完成后,中国进入了农业合作化和人民公社化,实行集体所有权和经营权的"两权合一",确立了"集体所有,集体经营"的产权统一模式。这种模式在一定程度上阻碍了农村生产力的发展,但同时,也为改革开放之后的农地制度创新埋下了伏笔。改革开放前的历史时期,中国农业就是在这样的制度安排下,艰难地发展、倒退、再发展。

　　改革开放后,"集体所有,集体经营"的产权统一模式逐渐发展为"集体所有,农户经营"的产权分化模式,实现了农地集体所有权和承包经营权的分离,我国逐步确立了集体所有、家庭承包经营的"两权分离"土地制度。从所有权主体和行使主体的一体化,逐渐发展为权利在集体和农民之间分化,渐进地赋予农民更多的土地权利,为进一步完善农地产权制度明晰了路径选择,并为下一步农地制度改革提供了制度保障。"两权分离"解放了农村生产力,兼顾了国家、集体和农民的利益,提高了农民的生产积极性,坚定了广大农民跟着党走中国特色社会主义道路的信心,中国农业和国民经济开始迅速崛起。

改革开放以来,由于城乡二元经济结构,我国农民基本完全从事农业劳作,非农就业的情况极少出现,承包权和经营权就没有分开的必要性。如果农业劳动力不转移、土地不流转,承包权和经营权可以融为一体,但是,随着工业化、城镇化、国际化的推进,出现了大量农业劳动力转移和土地流转加快的状况,"两权分离"下分散化粗放式经营已经不能适应国内农业现代化的要求,更难以应对日益激烈的国际农业竞争。这种情形下,承包权与经营权就有了分离的必要性和可能性。就必要性而言,与兼业农户相比,专业化、规模化、现代化农业经营者具有更高的生产效率,这一点早已被国际经验所证明;就可能性而言,在"三权分置"尚未通过政策法规正式确认之前,各地出于实际需要已经进行了较为成功的实践探索。当诱致性制度变迁发展到一定程度后,政策法规等正式制度作出回应就成为必然。党中央适时提出了在坚持土地集体所有的前提下,将农地集体所有权和承包经营权"两权分离"发展为集体所有权、承包权和经营权"三权分置",由"集体所有,家庭经营"的产权模式发展为"集体所有,农户承包,多元经营"的产权模式。

"三权分置"克服了"两权分离"的制度缺陷,继承了"两权分离"制度安排的精髓,在维持现行农地利益格局的基础上,进一步界定土地占有、使用、收益、处分等权能在不同主体间的分布,是新形势下农村基本经营制度的自我完善。其中,落实集体所有权是坚持农村基本经营制度的根本。无论农地制度怎么改,绝不能把集体所有制改垮了。坚持土地集体所有制性质,要维护集体经济组织在占有和处分方面的权能;稳定农户承包权是坚持农村基本经营制度的核心。稳定现有农村土地承包关系,无论农地是自营还是流转,集体土地承包权都将长久不变的属于承包户,最大程度地保护农民特别是进城农民承包土地的财产权益,让农民真正把土地当成自己的;放活经营权是坚持农村基本经营制度的关键。从承包经营权中分离出经营权,并使其独立化是"三权分置"最重要的意义所在,通过承包地经营权流转,实现土地资源在更大范围内的优化配置,进而形成经营主体的多元化和经营方式的多样化,发挥适度规模经营在现代农业中的引领作用,同时,为经营主体的农地经营权抵押融资创造条件,从而实现规模农业、科技农业和绿色农业,进而加快实现中国特色农业现代化,提高农业国际竞争力。

尽管我国农村土地制度"三权分置"改革的基本框架基本确立,改革的总体方向基本明确,但这不意味着农地制度改革创新的终结。一方面,部分问题在现有的政策法规中处于空白状态或仅有原则性规定;另一方面,随着经济社会的发展一些相关的具体政策和法律法规也需要与时俱进,不断修改或完善。目前,"三权分置"改革亟待解决现有农村土地承包关系长久不变问题、农地流转与农业适度规模经营问题、多元主体从事农地经营问题、农民承包地经营权抵押问题,需要重点补充完善与四大难题相对应的政策法规。

"三权分置"是多方因素共同作用、相互博弈达到平衡的结果,推进改革也具有牵一发而动全身的功效,是关系到多个方面、多个经济利益主体的极其复杂的综合性工程。因此,落实"三权分置",需要循序渐进、全面把握和整体布局,针对现实中的问题,综合考虑制度演进的内在逻辑和外部环境的影响,既不能走封闭僵化的老路,搞绝对的公有制,又不能走改旗易帜的邪路,搞土地私有化;既要坚持"集体所有、均田承包和家庭经营"的大格局,顺应改革开放以来我国农民个人享有的土地权利从无到有、权利期限从短期到长久、产权权能从残缺到趋于完整的不断扩展的趋势,又要助推农业转移人口市民化和新型城镇化的实现,致力于通过落实所有权,稳定承包权,放活经营权,积极探索集体所有制的有效实现形式,切实推动"三权分置"新型农地制度改革。

实践探索推动制度创新,制度创新引领新发展。"三权分置"是实践探索的产物,作为重大的理论创新和制度创新,"三权分置"又着眼于解决现实问题,进而推动新发展。当前各地实践探索日新月异,但从总体情况来看,"三权分置"尚处于单项改革阶段,协调性和统一程度尚待进一步提高。本书中提到的一些主张,比如,现有农地承包关系长久不变、农地经营权的抵押等,在一些地区已经进行了实践探索,形成了适合本地区并值得推广的经验。但还有一些主张,诸如对集体所有权问题、进城农民土地退留问题、承包地继承问题等,还有待在今后的理论和实践中进一步具体化。由于我国地域广阔,各地风土人情各异,农户家庭情况及利益诉求不同,因此,推进"三权分置",既要看到发展方向的必然性,针对现实问题,加强政策扶持和制度保障,又要看到过程的复杂性和长期性。我们坚信,随着实践的发展,"三权分置"的制度设计和制度创新将得到更多更好的检验和充实! 在国家全面的顶层设计和切实的底层实践中,我们必将突破层层障碍,破解我国农业现代化、集约化经营所遇到的瓶颈,提升农业生产力,开创中国特色农地制度改革的新时代,向实现农业现代化和全面建成小康社会迈进!

参考文献

一、经典文献类

[1]《马克思恩格斯文集》第1、2、3、4、7、8卷,人民出版社2009年版。

[2]《资本论》第3卷,人民出版社2004年版。

[3]《马克思古代社会史笔记》,人民出版社1996年版。

[4]《毛泽东选集》第1—4卷,人民出版社1991年版。

[5]《毛泽东文集》第6—8卷,人民出版社1999年版。

[6]《毛泽东农村调查文集》,人民出版社1982年版。

[7]《邓小平文选》第1—2卷,人民出版社1994年版。

[8]《邓小平文选》第3卷,人民出版社1993年版。

[9]《邓小平年谱(1975—1997)》(下),中央文献出版社2004年版。

[10]《十二大以来重要文献选编》(上、中),人民出版社1986年版。

[11]《十二大以来重要文献选编》(下),人民出版社1988年版。

[12]《十三大以来重要文献选编》(上、中),人民出版社1991年版。

[13]《十三大以来重要文献选编》(下),人民出版社1993年版。

[14]《十四大以来重要文献选编》(上),中央文献出版社1996年版。

[15]《十四大以来重要文献选编》(中),中央文献出版社1997年版。

[16]《十四大以来重要文献选编》(下),中央文献出版社1999年版。

[17]《十五大以来重要文献选编》(上),中央文献出版社2000年版。

[18]《十五大以来重要文献选编》(中),中央文献出版社2001年版。

[19]《十五大以来重要文献选编》(下),中央文献出版社2003年版。

[20]《十六大以来中央文献选编》(上),人民出版社2005年版。

[21]《十六大以来中央文献选编》(中),人民出版社2006年版。

[22]《十六大以来中央文献选编》(下),人民出版社2008年版。

[23]《十七大以来中央文献选编》(上),中央文献出版社2009年版。

［24］《十七大以来中央文献选编》（中），中央文献出版社2011年版。

［25］《十七大以来中央文献选编》（下），中央文献出版社2013年版。

［26］《十八大以来中央文献选编》（上），中央文献出版社2014年版。

［27］《十八大以来中央文献选编》（中），中央文献出版社2016年版。

［28］《习近平谈治国理政》第一卷，外文出版社2018年版。

［29］《习近平谈治国理政》第二卷，外文出版社2017年版。

二、著作类

［1］卜红双：《中国农村土地承包经营权流转制度研究》，辽宁师范大学出版社2015年版。

［2］曹锦清：《黄河边的中国》，上海文艺出版社2000年版。

［3］陈道：《经济大辞典·农业经济卷》，上海译文出版社1983年版。

［4］陈会广：《土地法学》，东南大学出版社2010年版。

［5］陈利根：《土地法学》，中国农业出版社2002年版。

［6］陈卫洪、洪名勇：《农村经济调查方法》，中国经济出版社2012年版。

［7］陈锡文：《建国以来农业合作化史料汇编》，中共党史出版社1992年版。

［8］陈锡文、赵阳、罗丹：《中国农村改革30年回顾与展望》，人民出版社2008年版。

［9］陈锡文：《中国农村制度变迁60年》，人民出版社2009年版。

［10］陈锡文、韩俊：《中国特色"三农"发展道路研究》，清华大学出版社2014年版。

［11］陈锡文、韩俊：《经济新常态下破解"三农"难题新思路》，清华大学出版社2016年版。

［12］陈锡文、韩俊：《转变中的村庄——清华大学中国农村研究院2014年暑期调研成果汇集》，清华大学出版社2016年版。

［13］陈锡文、韩俊：《中国农业供给侧改革研究》，清华大学出版社2017年版。

［14］陈志刚：《农地产权结构与农业绩效：基于转型期中国的实证研究》，中国大地出版社2006年版。

［15］丁关良、蒋莉：《依法有序地推进土地承包经营权流转研究——以浙江省为例》，科学出版社2013年版。

［16］杜润生：《中国的土地改革》，当代中国出版社1996年版。

［17］杜润生：《中国农村改革决策纪实》，中央文献出版社1999年版。

［18］杜润生：《中国农村体制变革重大决策纪实》，人民出版社2005年版。

［19］戴伟娟：《城市化进程中农村土地流转问题研究》，上海社会科学院出版社2011年版。

[20]段联峥:《马克思主义视域中的农民利益思想研究》,中国书籍出版社2015年版。

[21]费孝通:《乡土中国》,人民出版社2008年版。

[22]费孝通:《乡土重建》,岳麓书社2012年版。

[23]冯玉华:《中国农村土地制度改革理论与政策》,华南理工大学出版社1994年版。

[24]盖国强:《让农民把土地当成自己的——农村土地制度创新研究》,山东人民出版社2014年版。

[25]高晋康:《土地承包经营权流转制度瓶颈与制度创新》,法律出版社2014年版。

[26]国务院发展研究中心课题组:《中国特色农业现代化道路研究》,中国发展出版社2012年版。

[27]郭熙保:《经济发展理论与政策》,中国社会科学出版社2000年版。

[28]韩长赋:《中国现代化进程中的"三农"问题》,中国农业出版社2011年版。

[29]韩长赋:《改革创新促发展兴农富民稳供给——农村经济十年发展的辉煌成就(2002—2012)》,中国农业出版社2012年版。

[30]贺雪峰:《地权的逻辑——中国农村土地制度向何处去》,中国政法大学出版社2010年版。

[31]贺雪峰:《地权的逻辑Ⅱ:地权变革的真相与谬误》,东方出版社2013年版。

[32]贺雪峰:《小农立场》,中国政法大学出版社2013年版。

[33]贺雪峰:《新乡土中国》,北京大学出版社2013年版。

[34]贺雪峰:《回乡记:我们所看到的乡土中国》,东方出版社2014年版。

[35]洪名勇:《农地习俗元制度及实施机制研究》,经济科学出版社2008年版。

[36]洪名勇:《马克思土地产权制度理论研究——兼论中国农地产权制度改革与创新》,人民出版社2011年版。

[37]胡美灵:《当代中国农民权利的嬗变》,知识产权出版社2008年版。

[38]胡汝银:《中国改革的政治经济学》,上海三联书店1994年版。

[39]胡吕银:《土地承包经营权的物权法分析》,复旦大学出版社2004年版。

[40]华中科技大学中国乡村治理研究中心:《三农中国》,湖北人民出版社2006年版。

[41]黄少安:《产权经济学导论》,经济科学出版社2004年版。

[42]黄宗智:《中国的隐性农业革命》,法律出版社2010年版。

[43]黄祖辉、傅夏仙:《浙江农村股份合作制:制度创新与实践》,浙江人民出

版社 2002 年版。

［44］蒋省三、刘守英、李青:《中国土地政策改革:政策演进与地方实施》,上海三联书店 2010 年版。

［45］靳相木:《中国乡村地权变迁的法经济学研究》,中国社会科学出版社 2005 年版。

［46］柯炳生:《入世以来中国农业发展与新一轮谈判》,中国农业出版社 2005 年版。

［47］柯炳生:《中国农业经济与政策》,中国农业出版社 2005 年版。

［48］孔祥智:《农业经济学》,中国人民大学出版社 2014 年版。

［49］孔祥智:《农业政策学》,高等教育出版社 2014 年版。

［50］孔祥智:《中国农村改革之路》,中国人民大学出版社 2014 年版。

［51］孔祥智:《当代中国农村》,中国人民大学出版社 2016 年版。

［52］李伟:《中国特色农业现代化道路研究》,中国发展出版社 2012 年版。

［53］厉以宁、林毅夫、周其仁:《读懂中国改革:新一轮改革的战略和路线图》,中信出版社 2014 年版。

［54］廖洪乐:《中国农村土地制度六十年——回顾与展望》,中国财政经济出版社 2008 年版。

［55］林毅夫、蔡昉、李周:《中国的奇迹:发展战略与经济改革(增订版)》,格致出版社 2014 年版。

［56］刘守英、周飞舟、邵挺:《土地制度改革与转变发展方式》,中国发展出版社 2014 年版。

［57］刘正山:《当代中国土地制度史》上下,东北财经大学出版社 2015 年版。

［58］陆学艺:《中国农村现代化道路研究》,广西人民出版社 1998 年版。

［59］陆学艺:《三农论:当代中国农业、农村、农民研究》,社会科学出版社 2002 年版。

［60］陆学艺:《三农续论:当代中国农业、农村、农民研究》,社会科学出版社 2013 年版。

［61］罗必良:《产权强度、土地流转与农民权益保护》,经济科学出版社 2013 年版。

［62］罗必良:《中国农业经营制度——理论框架变迁逻辑及案例解读》,中国农业出版社 2014 年版。

［63］孟勤国:《中国农村土地流转问题研究》,法律出版社 2009 年版。

［64］钱忠好:《中国农村土地制度变迁和创新研究》,中国农业出版社 1999 年版。

［65］钱忠好:《中国农村土地制度变迁和创新研究》(续),社会科学文献出版社 2005 年版。

[66]秦晖:《农民中国:历史反思与现实选择》,河南人民出版社2003年版。

[67]曲福田、黄贤金、王同顺:《中国土地制度研究——土地制度改革的产权经济分析》,中国矿业大学出版社1997年版。

[68]曲福田、刘守英、刘向南:《中国工业化、城镇化进程中的农村土地问题研究》,经济科学出版社2010年版。

[69]石莹、赵昊鲁:《马克思主义土地理论与中国农村土地制度变迁》,经济科学出版社2007年版。

[70]宋洪远:《中国农村改革三十年》,中国农业出版社2008年版。

[71]汪晖、陶然:《中国土地制度改革难点、突破与政策组合》,商务印书馆2015年版。

[72]王海军:《改革开放以来中共理论创新基本经验》,中共党史出版社2011年版。

[73]王颉、樊平、陈光金:《多维视角下的农民问题》,江苏人民出版社2007年版。

[74]王利明:《物权法论》,知识产权出版社2007年版。

[75]王卫国:《中国土地权利研究》,中国政法大学出版社1997年版。

[76]王泽鉴:《法律思维与民法实例》,中国政法大学出版社2001年版。

[77]文贯中:《中国当代土地制度论文集》,湖南科技出版社1994年版。

[78]文贯中:《吾民无地:城市化、土地制度与户籍制度的内在逻辑》,东方出版社2014年版。

[79]温铁军:《三农问题与世纪反思》,生活·读书·新知三联书店2005年版。

[80]温铁军:《新农村建设——理论探索》,文津出版社2006年版。

[81]温铁军:《中国农村基本经济制度研究——"三农"问题的世纪反思》,中国经济出版社2000年版。

[82]温铁军:《三农问题与制度变迁》,中国经济出版社2005年版。

[83]温铁军:《八次危机:中国的真实经验1949—2009》,东方出版社2013年版。

[84]温铁军、杨帅:《"三农"与"三治"》,中国人民大学出版社2016年版。

[85]吴越:《土地承包经营权流转制度瓶颈与制度创新》,法律出版社2014年版。

[86]许恒周:《农民阶层分化、产权偏好与农村土地流转研究》,经济科学出版社2013年版。

[87]徐勇:《三农中国》,湖北人民出版社2003年版。

[88]徐勇:《农民改变中国》,中国社会科学出版社2012年版。

[89]姚洋:《土地、制度和农业发展》,北京大学出版社2004年版。

[90]叶兴庆:《现代化与农民进城》第 3 部,中国言实出版社 2013 年版。

[91]叶兴庆:《农村经济调查与研究》第 1 部,中国发展出版社 2015 年版。

[92]叶兴庆:《农村经济调查与研究》第 2 部,中国发展出版社 2015 年版。

[93]叶兴庆:《农村集体产权权利分割问题研究》,中国金融出版社 2016 年版。

[94]于学江:《山东省农村土地流转的影响因素分析与对策研究》,光明日报出版社 2014 年版。

[95]翟研宁:《农村土地承包经营权流转机制研究》,中国农业科学技术出版社 2014 年版。

[96]张桂英:《中国共产党农民利益政策研究》,东北师范大学出版社 2015 年版。

[97]张红宇、陈良彪:《中国农村土地制度建设》,人民出版社 1995 年版。

[98]张红宇:《中国农村的土地制度变迁》,中国农业出版社 2002 年版。

[99]张红宇:《中国农业政策的基本框架》,中国财政经济出版社 2009 年版。

[100]张红宇:《新型城镇化与农地制度改革》,工人出版社 2014 年版。

[101]张红宇:《新中国农村的土地制度变迁》,湖南人民出版社 2014 年版。

[102]张秋锦、张强、龚介民:《农本论——当代中国农民问题思考》,中国农业出版社 2008 年版。

[103]张曙光、刘守英:《中国制度变迁的案例研究》,中国财政经济出版社 2011 年版。

[104]张一平:《地权变动与社会重构》,上海世纪出版集团 2009 年版。

[105]张宇燕:《经济发展与制度选择》,中国人民大学出版社 1992 年版。

[106]张月蓉:《完善我国农村土地制度的途径》,知识出版社 1992 年版。

[107]张云华:《中国农地流转问题调查》,上海远东出版社 2012 年版。

[108]张朝尊:《中国社会主义土地经济问题》,中国人民大学出版社 1991 年版。

[109]赵美玲:《中国农业国际竞争力:理论与实证研究》,天津社会科学院出版社 2005 年版。

[110]赵阳:《共有与私有——中国农地产权制度的经济学分析》,生活·读书·新知三联书店 2007 年版。

[111]郑永年:《中国模式:经验与困局》,浙江人民出版社 2010 年版。

[112]郑功成:《中国社会保障制度变迁与评估》,中国人民大学出版社 2002 年版。

[113]周诚:《土地经济研究》,中国大地出版社 1966 年版。

[114]周诚:《土地经济学原理》,商务印书馆 2003 年版。

[115]周其仁:《产权与制度变迁:中国改革的经验研究》,社会科学文献出版

社 2002 年版。

[116]周其仁:《中国做对了什么——回望改革 面向未来》,北京大学出版社 2010 年版。

[117]周其仁:《改革的逻辑》,中信出版社 2013 年版。

[118]周其仁:《城乡中国》上下,中信出版社 2014 年版。

[119]朱春燕:《〈资本论〉产权思想研究》,中国社会科学出版社 2008 年版。

[120]朱启臻:《农村社会学》,中国农业出版社 2007 年版。

[121]朱启臻:《农业社会学》,社会科学文献出版社 2009 年版。

[122]朱启臻:《生存的基础》,社会科学文献出版社 2013 年版。

[123]邹秀清:《中国农地产权制度与农民土地权益保护》,江西人民出版社 2008 年版。

[124]邹秀清:《土地承包经营权权能拓展与合理限制研究——基于农地保障 功能区域差异视角》,中国社会科学出版社 2013 年版。

[125][美]D.盖尔·约翰逊:《经济发展中的农业、农村、农民问题》,林毅夫、 赵耀辉译,商务印书馆 2004 年版。

[126][美]道格拉斯·C.诺思:《制度、制度变迁与经济绩效》,刘守英译,生 活·读书·新知三联书店 1994 年版。

[127][美]道格拉斯·C.诺思:《经济史中的结构与变迁》,陈郁、罗华平译, 生活·读书·新知三联书店 1991 年版。

[128][美]康芒斯:《制度经济学》,赵睿译,华夏出版社 2013 年版。

[129][美]马尔科姆·吉利斯:《发展经济学》,李荣昌译,经济科学出版社 1989 年版。

[130][日]速水佑次郎、神门善久:《发展经济学》,李周译,社会科学文献出 版社 2009 年版。

[131][日]速水佑次郎、[美]弗农·拉坦:《农业发展的国际分析》,郭熙保、 张进铭译,中国社会科学出版社 2000 年版。

[132][苏]乌达钦:《土地规划理论问题》,许牧译,农业出版社 1960 年版。

[133][美]西奥多·W.舒尔茨:《改造传统农业》,梁小民译,商务印书馆 1987 年版。

[134][美]伊利、莫尔豪斯:《土地经济学原理》,滕维藻译,商务印书馆 1982 年版。

三、论文类

(一) 期刊论文类

[1]本刊编辑部:《城镇化背景下的农地流转——我国农村土地承包经营权流

转综述》,《农村工作通讯》2014 年第 10 期。

[2]蔡立东、姜楠:《农地三权分置的法实现》,《中国社会科学》2017 年第 5 期。

[3]陈朝兵:《农村土地"三权分置":功能作用、权能划分及制度构建》,《中国人口·资源与环境》2016 年第 4 期。

[4]陈冬、洪名勇:《我国农村土地产权制度的变迁分析及发展方向探究——基于马克思土地产权理论》,《国土资源科技管理》2014 年第 1 期。

[5]陈洁:《对农村土地集体所有权、承包权、经营权的探析——基于"三权分置"新制度的角度》,《法制博览》2015 年第 10 期。

[6]陈金涛、刘文君:《农村土地"三权分置"的制度设计与实现路径探析》,《求实》2016 年第 1 期。

[7]陈锡文:《如何推进农民土地使用权合理流转》,《中国改革》2002 年第 9 期。

[8]陈小方、李主其、杜福林:《农村耕地"三权分置"发展方向探究——以改革开放以来耕地权属变革为切入点》,《探索与争鸣》2015 年第 3 期。

[9]陈小君:《我国农村土地法律制度变革的思路与框架——十八届三中全会〈决定〉相关内容解读》,《法学研究》2014 年第 4 期。

[10]陈永志、黄丽萍:《农村土地使用权流转的动力、条件及路径选择》,《经济学家》2007 年第 1 期。

[11]程宗璋:《关于农村土地承包经营权继承的若干问题》,《中国农村经济》2002 年第 7 期。

[12]戴炜:《"三权分置"视阈下集体土地所有权的二元构造》,《南京农业大学学报》2016 年第 6 期。

[13]丁关良、李贤红:《土地承包经营权流转内涵界定研究》,《浙江大学学报(人文社会科学版)》2008 年第 6 期。

[14]丁关良、阮韦波:《农村集体土地产权"三权分离"论驳析——以土地承包经营权流转中"保留(土地)承包权、转移土地经营权(土地使用权)"观点为例》,《山东农业大学学报(社会科学版)》2009 年第 4 期。

[15]丁文:《论土地承包权与土地承包经营权的分离》,《中国法学》2015 年第 3 期。

[16]房绍坤:《论土地承包经营权抵押的制度构建》,《法学家》2014 年第 2 期。

[17]冯玉华、张文方:《论农村土地的"三权分离"》,《经济纵横》1992 年第 9 期。

[18]傅晨、刘梦琴:《农地承包经营权流转不足的经济分析经济》,《体制改革》2005 年第 6 期。

［19］高富平：《农地"三权分置"的法理解析与制度意义》，《社会科学辑刊》2016 年第 5 期。

［20］高飞：《农村土地"三权分置"的法理阐释与制度意蕴》，《法学研究》2016 年第 3 期。

［21］高海、刘红：《劳务出资对土地承包经营权入股合作社的启迪——基于重庆、浙江等地方性文件的样本分析》，《农业经济问题》2010 年第 11 期。

［22］高尚全：《土地制度改革的核心是建立新型的产权制度》，《经济研究》1991 年第 3 期。

［23］高圣平：《土地承包经营权权能论纲——以处分权能为中心》，《社会科学》2012 年第 7 期。

［24］高圣平：《新型农业经营体系下农地产权结构的法律逻辑》，《法学研究》2014 年第 4 期。

［25］高远至：《三权分离：农地产权新路径渐清晰》，《半月谈》2014 年第 3 期。

［26］龚睿：《农村土地"三权分置"的制约因素及路径研究》，《中国农业资源及区划》2016 年第 5 期。

［27］郭继：《土地承包经营权抵押的实践困境与现实出路——基于法社会学的分析》，《法商研究》2010 年第 5 期。

［28］郭家虎、于爱芝：《土地承包经营权抵押制度创新的约束条件及破解》，《财政研究》2010 年第 5 期。

［29］郭平：《农地征收制度的变革契机——土地承包经营权的征收补偿制度》，《华南农业大学学报（社会科学版）》2007 年第 3 期。

［30］郭晓鸣：《"三权分置"改革必须构建三大制度支撑》，《行政管理改革》2016 年第 2 期。

［31］郭忠兴、刘小红、陈兴雷：《完善土地承包经营权权能的路径研究》，《南京农业大学学报（社会科学版）》2010 年第 10 期。

［32］郭忠兴、罗志文：《农地产权演进：完整化、完全化与个人化》，《中国人口・资源与环境》2012 年第 10 期。

［33］韩俊：《中国农村土地制度建设三题》，《管理世界》1999 年第 3 期。

［34］何虹、许玲：《农村土地承包经营权确权登记制度的法律完善——基于苏南农村视角》，《农村经济》2013 年第 6 期。

［35］贺大庆、彭近朱：《土地承包经营权：地位、性质及构成的再认识》，《知识经济》2008 年第 11 期。

［36］贺雪峰、刘金志：《土地何以成了农民的权利问题》，《中国农业大学学报（社会科学版）》2010 年第 1 期。

［37］贺雪峰：《关于"中国式小农经济"的几点认识》，《南京农业大学学报（社会科学版）》2013 年第 6 期。

［38］贺雪峰:《论土地资源与土地价值——当前土地制度改革的几个重大问题》,《国家行政学院学报》2015年第3期。

［39］贺雪峰:《为谁的农业现代化》,《开放时代》2015年第5期。

［40］衡霞、郑亮:《农地"三权分离"下农村社会治理新模式研究》,《云南社会科学》2016年第1期。

［41］胡家强、张娜:《对我国农村土地承包经营权继承的法律思考》,《济南大学学报(社会科学版)》2009年第2期。

［42］胡震、朱小庆吉:《农地"三权分置"的研究综述》,《中国农业大学学报(社会科学版)》2017年第1期。

［43］胡振华、沈杰、胡子悦:《农地产权二元主体视角下"三权分置"的确权逻辑》,《中国井冈山干部学院学报》2015年第4期。

［44］黄海平、黄宝连:《大力完善农地使用权流转制度促进我国新农村建设》,《农业经济》2006年第6期。

［45］黄静:《"三权分置"下农村土地承包经营权流转规范问题研究》,《河南财经政法大学学报》2015年第4期。

［46］黄莹莹:《统筹城乡背景下农村土地"三权分置"机制研究》,《科技广场》2015年第1期。

［47］黄祖辉、王朋:《农村土地流转:现状、问题及对策——兼论土地流转对现代农业发展的影响》,《浙江大学学报(人文社会科学版)》2008年第2期。

［48］惠献波:《美国、德国、日本农地金融制度及经验借鉴》,《南方金融》2013年第12期。

［49］冀县卿、钱忠好:《交易费用、农地流转与新一轮农地制度改革——基于苏、桂、鄂、黑四省区农户调查数据的分析》,《江海学刊》2015年第2期。

［50］贾林青:《确认农地经营权还须制度保障》,《中国经济报告》2014年第12期。

［51］贾拓、姚金楼、王承萍:《"三权分离"视角下农村土地经营权融资机制研究》,《金融纵横》2015年第4期。

［52］焦富民:《"三权分置"视阈下承包土地的经营权抵押制度之构建》,《政法论坛》2016年第5期。

［53］金玉石:《"三权分置"背景下再析农村土地流转模式》,《农村经济与科技》2016年第22期。

［54］孔祥智:《城乡差距是怎样产生的——改革开放以来农民对工业化、城镇化的贡献研究》,《世界农业》2016年第1期。

［55］孔祥智、张琛:《十八大以来的农村土地制度改革》,《中国延安干部管理学院学报》2016年第2期。

［56］孔祥智:《农业供给侧改革的基本内涵与政策建议》,《改革》2016年第

2 期。

[57]孔祥智:《中国农村土地制度:形成、演变与完善》,《中国特色社会主义研究》2016 年第 4 期。

[58]孔祥智:《〈农民专业合作社法〉出台的意义》,《中国农民合作社》2016年第 10 期。

[59]赖丽华:《基于"三权分置"的农地经营权二元法律制度构造》,《西南民族大学学报(人文社科版)》2016 年第 11 期。

[60]黎翠梅:《农村土地承包经营权抵押贷款制度探讨》,《软科学》2008 年第2 期。

[61]李长健、陈志科:《土地承包经营权之继承问题探析》,《南京农业大学学报(社会科学版)》2008 年第 1 期。

[62]李长健、杨莲芳:《三权分置、农地流转及风险防范》,《西北农林科技大学学报(哲学社会科学版)》2016 年第 4 期。

[63]李国强:《论农地流转中"三权分置"的法律关系》,《法律科学(西北政法大学学报)》2015 年第 6 期。

[64]李宏伟:《农村产权融资面临的问题与出路——基于承包地"三权分离"条件下的抵押担保》,《西南金融》2015 年第 4 期。

[65]李宁、陈利根、孙佑海:《现代农业发展背景下如何使农地"三权分置"更有效——基于产权结构细分的约束及其组织治理的研究》,《农业经济问题》2016年第 7 期。

[66]李伟伟、张云华:《农民家庭土地承包经营权及其政策界定》,《改革》2012 年第 8 期。

[67]李伟伟:《"三权分置"中土地经营权的性质及权能》,《中国党政干部论坛》2016 年第 5 期。

[68]李伟伟:《"三权分置"中土地经营权的权利性质》,《上海农村经济》2016年第 12 期。

[69]李晓红、黄瑾:《三权分置农地制度下农民财产权利受损的产权逻辑》,《广西民族大学学报(哲学社会科学版)》2016 年第 6 期。

[70]李有群:《农地"三权分置"下对农民权益保护的思考》,《中国市场》2016年第 25 期。

[71]李宗录、张德梅:《论"三权分置"中土地承包权与经营权的权利性质》,《石家庄学院学报》2017 年第 1 期。

[72]联合调研组:《农村土地确权试点调查》,《政策》2015 年第 1 期。

[73]梁亚荣、万颖萍:《对土地承包经营权应予以补偿——〈农村土地承包法〉对土地征用补偿的影响》,《中国土地》2003 年第 4 期。

[74]刘凯湘:《论农村土地承包经营权的可继承性》,《北方法学》2014 年第

2 期。

[75]刘若江:《马克思土地产权理论对我国农村土地流转的启示——以三权分离的视角》,《西北大学学报(哲学社会科学版)》2015 年第 3 期。

[76]刘秀娟、许月明:《完善农地股份合作制的构想》,《中国土地》2008 年第 9 期。

[77]刘永荣:《集体土地承包经营权入股的法律困境与出路——基于重庆市巴南区集体土地产权改革的调研分析》,《西南政法大学学报》2009 年第 5 期。

[78]刘征峰:《农地"三权分置"改革的私法逻辑》,《西北农林科技大学学报(社会科学版)》2015 年第 5 期。

[79]楼建波:《农户承包经营的农地流转的三权分置——一个功能主义的分析路径》,《南开学报(哲学社会科学版)》2016 年第 6 期。

[80]骆传刚、周贵义、刘畅:《破解三权分置法律瓶颈助推土地经营权融资》,《黑龙江金融》2015 年第 2 期。

[81]马贤磊、仇童伟、钱忠好:《农地产权安全性与农地流转市场的农户参与——基于江苏、湖北、广西、黑龙江四省(区)调查数据的实证分析》,《中国农村经济》2015 年第 2 期。

[82]梅福林:《我国农村土地流转的现状与对策》,《统计与决策》2006 年第 19 期。

[83]聂婴智、韩学平:《农地"三权分置"的风险与法治防范》,《学术交流》2016 年第 10 期。

[84]牛震、王长亮:《枣庄试水农村土地保融资》,《农村工作通讯》2014 年第 11 期。

[85]农村经济课题组:《内地农村土地规模经营问题探析》,《武汉交通科技大学学报(哲学社会科学版)》1998 年第 1 期。

[86]农业部农村改革试验区办公室:《从小规模均田制走向适度规模经营——全国农村改革试验区土地适度规模经营阶段性试验研究报告》,《中国农村经济》1994 年第 12 期。

[87]欧大军:《马克思产权理论的时代价值——基于我国农村土地产权制度的思考》,《红广角》2013 年第 2 期。

[88]潘俊:《农村土地"三权分置":权利内容与风险防范》,《中州学刊》2014 年第 11 期。

[89]潘俊:《农村土地承包权和经营权分离的实现路径》,《南京农业大学学报(社会科学版)》2015 年第 4 期。

[90]潘小英:《"三权分置"后的农民权益保护》,《中共郑州市委党校学报》2015 年第 2 期。

[91]庞敏英、张生旭:《土地承包经营权抵押可行性探究》,《河北法学》2004

年第 4 期。

[92]钱忠好:《外部利润、效率损失与农地股份合作制度创新》,《江海学刊》2007 年第 1 期。

[93]秦晖:《中国农村土地制度与农民权利保障》,《探索与争鸣》2002 年第 7 期。

[94]任红霞:《〈马克思古代社会史笔记〉土地产权制度理论诠释及其时代价值》,《改革与战略》2016 年第 1 期。

[95]单平基:《"三权分置"理论反思与承包经营权的解决路径》,《法学》2016 年第 9 期。

[96]申惠文:《农地三权分离改革的法学反思与批判》,《河北法学》2015 年第 4 期。

[97]沈萌:《农地"三权分置"助推农业供给侧改革结构性调整》,《农村工作通讯》2016 年第 24 期。

[98]石峰:《试论农村土地承包经营权流转制度的完善》,《上海大学学报(社会科学版)》2007 年第 5 期。

[99]石胜尧:《土地承包经营权的继承:流转的依据与对策》,《中国土地科学》2010 年第 1 期。

[100]史卫民:《土地承包经营权抵押制度探析》,《经济体制改革》2009 年第 5 期。

[101]宋才发:《建立农村集体土地三权分置制度的法治探讨》,《学习论坛》2016 年第 7 期。

[102]孙凌云:《论土地承包经营权入股的法律规制》,《开发研究》2012 年第 3 期。

[103]孙宪忠:《推进农村土地"三权分置"需要解决的法律认识问题》,《党政视野》2016 年第 2 期。

[104]孙宪忠:《推进农地三权分置经营模式的立法研究》,《中国社会科学》2016 年第 7 期。

[105]孙中华:《关于农村土地"三权分置"有关政策法律性问题的思考》,《农业部管理干部学院学报》2015 年第 3 期。

[106]唐薇、吴越:《土地承包经营权抵押的制度"瓶颈"与制度创新》,《河北法学》2012 年第 2 期。

[107]田则林、余义之、杨世友:《三权分离:农地代营——完善土地承包制、促进土地流转的新途径》,《中国农村经济》1990 年第 2 期。

[108]汪洋:《土地承包经营权继承问题研究——对现行规范的法构造阐释与法政策考量》,《清华法学》2014 年第 4 期。

[109]王立彬:《农村土地"三权分离"概念首发过程亲历》,《中国记者》2015

年第 6 期。

　　[110]王怀勇、徐浩:《"三权分置":农村土地产权制度的重大创新》,《中国农村金融》2016 年第 24 期。

　　[111]王曙光:《农地改革打开金融创新的空间》,《中国农村金融》2015 年第 7 期。

　　[112]王蜀黔:《论中国农村土地承包经营权的继承》,《贵州师范大学学报(社会科学版)》2007 年第 5 期。

　　[113]王水英:《农村土地承包经营权确权与流转的问题与对策》,《农村工作通讯》2013 年第 20 期。

　　[114]王伟光:《马克思恩格斯关于利益问题的理论探索》,《中共中央党校学报》1997 年第 4 期。

　　[115]王晓映:《"三权分置"产权结构下的土地登记》,《农村经济》2016 年第 6 期。

　　[116]王艳萍:《土地承包经营权的抵押及其限制》,《经济社会体制比较》2011 年第 1 期。

　　[117]韦鸿、王琦玮:《农村集体土地"三权分置"的内涵、利益分割及其思考》,《农村经济》2016 年第 3 期。

　　[118]魏再晨:《用"三权分置"唤醒沉睡土地》,《中国金融家》2016 年第 12 期。

　　[119]文杰:《建立土地承包经营权信托制度的法律思考》,《农业经济》2007 年第 12 期。

　　[120]温世扬:《农地流转:困境与出路》,《法商研究》2014 年第 2 期。

　　[121]吴兴国:《承包权与经营权分离框架下债权性流转经营权人权益保护研究》,《江淮论坛》2014 年第 5 期。

　　[122]吴越、吴义茂:《农地赋权及其土地承包经营权入股范式》,《改革》2011 年第 2 期。

　　[123]夏菁、姚望:《当前我国农民利益表达现状及对策思考》,《中国特色社会主义研究》2007 年第 6 期。

　　[124]夏柱智:《从多地试点看农村土地确权》,《南风窗》2013 年第 25 期。

　　[125]夏柱智:《农地流转制度创新的逻辑与步骤》,《华南农业大学学报(社会科学版)》2014 年第 3 期。

　　[126]项继权:《我国农地产权的法律主体与实践载体的变迁》,《华中农业大学学报(社会科学版)》2014 年第 1 期。

　　[127]肖诗顺、高锋:《农村金融机构农户贷款模式研究——基于农村土地产权的视角》,《农业经济问题》2010 年第 4 期。

　　[128]肖卫东、梁春梅:《农村土地"三权分置"的内涵、基本要义及权利关

系》,《中国农村经济》2016 年第 11 期。

[129]晓叶:《探索农村土地的有效实现形式——也谈农村土地三权分置》,《中国土地》2016 年第 12 期。

[130]谢根成、付露露:《农村土地承包经营权信托的必要性与可行性分析》,《农村经济》2011 年第 9 期。

[131]谢小荣、傅晨:《2000—2007:中国农村土地使用权流转研究综述》,《财贸研究》2008 年第 5 期。

[132]杨仕兵、魏雪:《土地承包经营权"三权分置"下的农民股东权保护》,《中国石油大学学报(社会科学版)》2016 年第 6 期。

[133]杨仕强:《农村土地承包经营权确权过程问题分析及建议》,《南方农业》2015 年第 3 期。

[134]姚洋:《中国农村土地制度安排与农业绩效》,《中国农村观察》1998 年第 6 期。

[135]姚洋:《中国农地制度:一个分析框架》,《中国社会科学》2000 年第 2 期。

[136]叶兴庆:《从"两权分离"到"三权分离"——我国农地产权制度的过去和未来》,《中国党政干部论坛》2014 年第 6 期。

[137]叶兴庆:《集体所有制下农用地的产权重构》,《毛泽东邓小平理论研究》2015 年第 2 期。

[138]禹桂枝:《促进土地承包经营权流转的对策与措施》,《中州学刊》2008 年第 2 期。

[139]袁达松、郑潮龙:《我国农村土地承包经营权登记制度的完善》,《中州学刊》2013 年第 2 期。

[140]袁云:《新生代农民工返乡创业的新特点及金融支持研究》,《理论与现代化》2014 年第 6 期。

[141]袁云:《推进天津农村土地承包经营权流转的思考》,《中国国情国力》2015 年第 6 期。

[142]岳意定、王琼:《我国农村土地信托流转模式的可行性研究及构建》,《生态经济》2008 年第 1 期。

[143]藏波、张清勇、丰雷等:《2014 年土地科学研究重点进展评述及 2015 年展望——土地市场和土地制度分报告》,《中国土地科学》2015 年第 2 期。

[144]张红宇:《中国农村土地产权政策:持续创新——对农地使用权变革的重新评判》,《管理世界》1998 年第 6 期。

[145]张红宇:《三权分离、多元经营与制度创新——我国农地制度创新的一个基本框架与现实关注》,《南方农业》2014 年第 2 期。

[146]张红宇、张海阳、李伟毅:《中国特色农业现代化:目标定位与改革创

新》,《中国农村经济》2015 年第 1 期。

[147]张红宇:《新型农业经营主体发展趋势研究》,《经济与管理评论》2015年第 1 期。

[148]张静:《土地使用规则的不确定:一个解释框架》,《中国社会科学》2003年第 1 期。

[149]张克俊:《农村土地"三权分置"制度的实施难题与破解路径》,《中州学刊》2016 年第 11 期。

[150]张曙光:《土地流转与农业现代化》,《管理世界》2010 年第 7 期。

[151]张术环:《完善我国农地使用权的流转制度》,《商业研究》2006 年第5 期。

[152]张燕梅:《马克思土地产权权能理论对农地制度创新的启示》,《福州党校学报》2012 年第 2 期。

[153]张毅、张红、毕宝德:《农地的"三权分置"及改革问题——政策轨迹、文本分析与产权重构》,《中国软科学》2016 年第 3 期。

[154]赵翠萍、侯鹏、张良悦:《"三权分置"下的农地资本化:条件、约束及对策》,《中州学刊》2016 年第 7 期。

[155]赵美玲、王述英:《世界农业发展新特点与提高我国农业国际竞争力》,《南开学报》2002 年第 2 期。

[156]赵美玲:《农业国际竞争力评价指标体系与评价模型研究》,《南开经济研究》2005 年第 6 期。

[157]赵美玲、杨秀萍、王素斋:《农村土地承包经营权流转:现状、问题与对策》,《长白学刊》2010 年第 6 期。

[158]赵美玲、马明冲:《我国农业社会化服务组织发展现状与路径探析》,《广西社会科学》2013 年第 2 期。

[159]赵美玲、袁云:《改革开放以来家庭农场的演变历程与发展导向》,《理论学刊》2015 年第 8 期。

[160]赵晓力:《通过合同的治理》,《中国社会科学》2000 年第 2 期。

[161]赵一哲、王青:《农地承包经营权抵押贷款风险的研究——基于涉农金融机构视角》,《安徽农业大学学报(社会科学版)》2015 年第 3 期。

[162]周定财、王亚星:《农地"三权分置"视阈下新型农业经营主体的素质要求和培育途径》,《理论导刊》2016 年第 11 期。

[163]朱广新:《论土地承包经营权的主体、期限和继承》,《吉林大学社会科学学报》2014 年第 4 期。

[164]朱继胜:《论"三权分置"下的土地承包权》,《河北法学》2016 年第 3 期。

[165]祝天智、王亚星:《全面深化改革视阈下的农地三权分置研究》,《当代经济管理》2016 年第 5 期。

（二）学位论文类

[1]冀县卿：《改革开放后中国农地产权结构变迁与制度绩效：理论与实证分析》，博士学位论文，南京农业大学，2010年。

[2]雷红：《农地使用权制度变迁与创新研究》，博士学位论文，四川大学，2007年。

[3]易永锡：《中国现阶段农地制度研究》，博士学位论文，华中科技大学，2010年。

[4]张红宇：《中国农村土地制度变迁的政治经济学分析》，博士学位论文，西南农业大学，2001年。

[5]赵光南：《中国农地制度改革研究》，博士学位论文，武汉大学，2011年。

四、报纸类

[1]陈锡文：《农村土地制度改革，底线不能突破（权威访谈学习贯彻十八届三中全会精神）——专访中央农村工作领导小组副组长、办公室主任陈锡文》，《人民日报》2013年12月5日。

[2]冯海发：《对十八届三中全会〈决定〉有关农村改革几个重大问题的理解》，《农民日报》2013年11月18日。

[3]郭晓鸣：《习近平定调土地制度改革，明确三权分置》，《第一财经日报》2014年9月30日。

[4]韩长赋：《农村土地制度改革须守住三条底线》，《人民日版》2015年1月29日。

[5]韩长赋：《土地"三权分置"是中国农村改革的又一次重大创新》，《光明日报》2016年1月26日。

[6]韩长赋：《农地三权分置有序实施土地流转更放心》，《人民日报》2017年2月12日。

[7]高云才：《"三权分置"是农村土地产权制度重大创新》，《人民日报》2016年11月4日。

[8]高伟：《农村土地三权分置改革专家谈》，《经济参考报》2015年8月6日。

[9]李慧：《"三权分置"：农村改革又一重大制度创新》，《光明日报》2016年11月4日。

[10]宋洪远：《实行三权分置　坚守三条底线》，《人民日报》2014年12月21日。

[11]叶贞琴：《转变发展方式，打造粮食发展新增长势——关于我国粮食"九连增"后的若干思考》，《农民日报》2012年12月11日。

[12]张红宇：《构建以"三权分离"为特征的新型农地制度》，《中国经济时报》

2013 年 7 月 26 日。

[13]张红宇:《关于扶持新型农业经营主体发展的若干思考》,《农民日报》2013 年 6 月 26 日。

[14]张桃林:《10 亩以下农户超 2 亿,小规模分散经营难改变》,《人民日报》2016 年 12 月 25 日。

[15]郑风田:《全国农地流转面积已达四分之一》,《经济参考报》2014 年 1 月 14 日。

五、外文类

（一）著作类

[1]Feder, G., *The Economics of Land and Titling in Thailand*, in the Economics of *Rural Organization: Theory, Practice and Policy*, Oxford: Oxford University Press, 1993.

[2]North D., *Structure and Change in Economic History*, New York: W.W.Norton & Campany Inc, 1981.

[3]North D., *Institutions, Institutional Change and Economic Performance*, Cambridge: Cambridge University Press, 1990.

[4]North D., *Understanding the Process of Economic Change*, Princeton: Princeton University Press, 2005.

[5]North Douglass, Thomas Robert., *The Rise of the Western World: A New Economic History*, Cambridge: Cambridge University Press, 1973.

[6]Oi J.C., *Rural China Takes Off: Institutional Foundations of Economic Reform*, Berkeley: University of California Press, 1999.

[7]Popkin S., *The Rational Peasant: The Political Economy of Rural Society in Vietnam*, Berkeley: University of California Press, 1979.

[8]Redfield R., *Peasant Society and Culture*, Chicago: Chicago University Press, 1956.

[9]Schotter A., *The Economic Theory of Social Institutions*, Cambridge: Cambridge University Press, 1981.

[10]Theodore W.Schultz., *Transforming Traditional Agriculture*, New Haven: Yale University Press, 1964.

（二）论文类

[1]Blume, L., Rubinfeld, D., Shapiro, P., "The Taking of Land: When Should Compensation be Paid?", *Quarterly Journalof Economics*, No.99(1984), pp.71–92.

[2]Demsetz H., "Toward a Theory of Property Rights", *American Economic Review*, No.57(1967), pp.347–359.

[3] Feder G. and A. Nishio., "The benefits of land registration and titling: Economic and social perspectives", *Land Use Policy*, Vol.15, No.1(1998), pp.25-43.

[4] Feder, G., and D. Feeny., Land Tenure and Property Rights: Theory and Implications for Development Policy, *The World Bank Economic Review*, No.5(1991), pp. 135-155.

[5] Feder G., Lawrence J. and Lin J.Y., The Determinants of Farm Investment and Residential Construction in Post-reform China, *Economic Development and Cultural Change*, Vol.41, No.1(1992), pp.1-26.

[6] Fleisher, Belton M. Yunhua Liu., Economies of scale, plot size, human capital and productivity in Chinese agriculture, *Quarterly Review of Economics and Finance*, Vol. 32, No.3(1992), pp.112-123.

[7] Louis Putterman., The rule of ownership and Property Rights in China's Economic Transition, *China's Quarterly*, No.144(1995), p.1047.

[8] Nguyen T., Cheng E. and Findlay C., Land Fragmentation and Farm Productivity in China in the 1990s, *China Economic Review*, Vol.7, No.2(1996), pp. 169-180.

[9] Nosal E., The Taking of Land: Market Value Compensation Should be Paid, *Journal of Public Economics*, No.82(2001), pp.431-443.

[10] Oi J.C., The role of Local State in China's transitional Economy, *Journal of China Quarterly*, No.144(1992), pp.1132-1149.

[11] Ostrom E., Private and Common Property Rights, *Journal of Economic Issues*, Vol.22, No.4(1998), pp.1071-1087.

[12] Rozelle S., Guo L., Shen M., Huqhart A. and Giles J., Leaving China Farms: Survey Results of New Paths and Remaining Hurdles to Rural Migration, *The China Quarterly*, No.158(1999), pp.367-368.

[13] Wan G.H. and Chen E.J., Effects of Land Fragmentation and Returns to Scale in the Chinese Farming Sector, *Applied Economics*, No.33(2001), pp.183-194.

[14] Wu Z.P., Liu M.Q. and John D., Land Consolidation and Productivity in Chinese Household Crop Production, *China Economic Review*, Vol.16, No.1(2005), pp. 28-49.

[15] Yao Y., The Development of the land Lease Market in Rural China, *Land Economics*, Vol.76, No.2(2000), pp.252-266.

[16] Zhang W. and Makeham J., Recent Developments in the Market for Rural land Use in China, *Land Economics*, Vol.68, No.2(1992), pp.139-162.

六、电子资源类

[1][美]罗伊·普罗斯特曼:《17省土地调查报告:保障土地所有权,推动农村大发展——中国17省调查报告的结论与建议》,2010年6月12日,见 http://www.chianreform.net/2010/06/12。

[2]农业部部长:《农村土地承包权经营权分离条件基本成熟》,2014年10月17日,见 http://finance.chinanews.com/cj/2014/10-17/6691864.shtml。

[3]《农业部部长韩长赋就"推进农业供给侧结构性改革"答记者问》,2017年3月7日,见 http://news.xinhuanet.com/photo/2017-03/07/c_1120582191_2.htm。

[4]习近平:《加大推进新形势下农村改革力度》,2016年4月28日,见 http://news.xinhuanet.com/politics/2016-04-28/c_1118763826.htm。

后　记

　　这本沉甸甸的书稿承载着太多人的恩泽与期望。当书稿完成，提笔致谢之时，我不禁感慨万千。感谢我的恩师赵美玲教授。恩师德高身正的高尚品格、严谨务实的学术风范、言传身教的育人风格和几十年如一日的敬业精神，深深地影响着我的工作、学习和生活。在撰写过程中，从选题到结构设计，从文献搜寻到调查研究，从行文表达到观点提炼，恩师都悉心指导、严格把关，倾注了大量心血。在恩师的鼓励与谆谆教导下，书稿才得以顺利完成。感谢在我犹豫徘徊时为我助力的家人们！感谢在我孤独前行时伴我左右的朋友们！你们的激励给了我莫大的鼓舞，使我不敢有丝毫的松懈，兢兢业业地开展并完成研究工作。

　　我生于农村、长于农村，对农村怀有难以割舍的深厚情感，切身体会到农村土地政策对农民生活乃至命运的重大影响，最终选定农村土地制度作为研究对象。农村土地制度改革最根本的是坚持实事求是，一切从实际出发。因此，在撰写书稿及后期修改过程中，我利用寒暑假进行了实地调研。在调研过程中，山东省枣庄市经管局冯海波科长、东营市垦利县农业局农经站隋晓勇站长、潍坊市和德州市农业部门的相关负责人员给了我大力支持，使我获得了大量珍贵的第一手材料，较为全面翔实地掌握了当地农地制度改革的实际情况。通过研究，深度发掘和力图破解"三权分置"改革过程中存在的难点问题。同时，当地农民也给予了我很大的帮助，他们怀着对土地的热爱之情，关注国家的农村土地改革政策,希望政府和社会各界更加重视农村、农业和农民问题。回想起他们热切期盼的目光、朴实无华的言语和辛勤劳作的身影,将激励我持续关注农村土地问题,并进行深入研究。

在研究过程中,诸位学者和专家的论述及阐释,给了我重要的启示和帮助。在此谨向相关著作和论文的作者深表谢意!在本书校订和出版过程中,人民出版社编辑室和汪逸编辑为本书的出版付出了艰辛的劳动,在此表示衷心的感谢!本书系 2020 年天津市哲学社会科学规划研究项目"党史、新中国史、改革开放史、社会主义发展史"研究专项"新中国成立以来中国农地制度的历史变迁与经验研究"(项目编号:TJSSZX20-38)的成果。限于时间和水平,研究中还有一些重大的理论和实践问题尚待继续深入探讨,本书尚有不足之处需要深度思考,敬请各位专家和读者批评指正。

袁　云

2020 年 11 月

责任编辑:汪　逸
封面设计:王欢欢

图书在版编目(CIP)数据

中国特色农地制度"三权分置"改革及实现路径研究/袁云 著.—北京:
人民出版社,2021.1
ISBN 978－7－01－021005－6

Ⅰ.①中…　Ⅱ.①袁…　Ⅲ.①农地制度-经济体制改革-研究-中国
Ⅳ.①F321.1

中国版本图书馆 CIP 数据核字(2019)第 133952 号

中国特色农地制度"三权分置"改革及实现路径研究
ZHONGGUO TESE NONGDI ZHIDU SANQUAN FENZHI GAIGE JI SHIXIAN LUJING YANJIU

袁　云　著

人民出版社 出版发行
(100706 北京市东城区隆福寺街 99 号)

北京虎彩文化传播有限公司印刷　新华书店经销

2021 年 1 月第 1 版　2021 年 1 月北京第 1 次印刷
开本:710 毫米×1000 毫米 1/16　印张:15.5
字数:208 千字

ISBN 978－7－01－021005－6　定价:59.00 元

邮购地址 100706　北京市东城区隆福寺街 99 号
人民东方图书销售中心　电话 (010)65250042　65289539